溫泉探秘賞楓景 *Easy Go!*®

福岡長崎
北九州

23~24年版

溪流**仙境**夢幻**花海**　泡湯**親子遊**
勇闖**火山**　**地獄**樂園離煩囂出走

遊遍6大縣：**福岡**、**大分**、**熊本**、**長崎**、**佐賀**、**宮崎**，
　　新增**西九州新幹線**

· **436個遊點**，囊括**九重夢大吊橋**、**藍島訪貓**、**有田陶瓷公園**、
　菊池溪谷、**Bio Park**、別府8大地獄、御船山樂園...

· 必吃名物：**宮崎拉麵**、熊本熊文字燒、長崎蛋糕、
　佐賀牛、**諏訪牡丹餅**...

· 盡掃手信：精選各大商場、**Outlets**、商店街店鋪

· 詳盡住宿及交通資訊，包括北九州 **特色列車**，
　專業繪製**64幅地圖及鐵路圖**

TRAVEL

跨版
生活

景點推介標誌

賞紅葉　賞櫻　賞梅　親子

限定　必影　推介　人氣　必吃

適合住宿　必到　免費泡腳　泡湯

景點Info Box圖示說明　　　　**地圖使用說明：**

🏠地址　🕐營業時間　📞電話　🚌前往交通　　● 書內有介紹的景點
🏠網址　$收費　⚠泊車資訊　f Facebook 專頁　　● 書內沒有介紹的景點

作者序

在九州享受一個人之旅

成功第一次到日本自遊行後，我前往的地方總離不開東京、大阪及北海道。直到編寫本書時，才深入研究有關九州的資料。別府、由布院、黑川溫泉等均耳有所聞；擁有西方色彩，並在戰時曾被原爆所害的長崎，一直都想親身前往看看；到現在還在活躍的阿蘇火山；近年紅遍網絡的熊本吉祥物 KUMAMON；還有各款特色火車穿梭九州……我開始後悔起來：怎麼先前從未想過到九州？這地方玩一個月也嫌不夠啊！

由於其他工作所限，這次用了三星期時間，玩遍了九州各大觀光勝地。同時靠着好友們的幫忙，提供更多資料及相片，讓我能介紹更多九州值得一遊的景點予讀者朋友。無言感激，只能在序撥一小塊「土地」讓朋友抒發一下感受以示謝意：

「喜歡旅行，因在旅程中的所見所聞，擴闊了我的視野，察看到自己的渺小，更自覺是『井底之蛙』。

人生中第一次自駕遊，就是在日本九州。也許是先入為主的感覺，又或是過度興奮的心情，總覺得最適合自駕遊的地方正是這裏。不論是司機還是乘客，在這小小的車廂內是絕對不會感到苦悶的，因窗前那如詩如畫的景色，令人忘掉了時間的流逝。車窗在天朗氣清的環境下打開，讓我呼吸着

清新的空氣，整個人恍如沐浴在大自然中，這真是上天給城市人的一大恩賜。

　　若喜歡感受當地人的生活，可選擇乘坐鐵道，因九州的鐵道網很完善。這裏有很多具特色的觀光列車，通往各主要觀光地。如前往指宿的玉手箱號、前往由布院及別府的由布之森、穿越熊本與人吉的蒸汽火車 SL 人吉……正因如此，我再到訪九州時，便捨棄自駕遊，以鐵道穿梭各個景點，滿足我這個鐵道痴。

　　在此，感謝給我寶貴意見的朋友，讓我的行程更趨完善，更要特別道謝協助我預約觀光列車的好友。最後，感謝作者騰出珍貴的空間，讓我一嘗執筆之樂。

詩人」

　　同時這次值得紀念的，亦是我幾十歲人的第一次一個人旅行。即使你是女生，到日本自遊行的好處，就是當地有讓人安心的治安與環境。一個人旅行，不但能享受自遊行的樂趣，更能讓你重新認識自己，感覺非常特別！若有機會，在一生人中，大家一定要嘗試一下自己去旅行的滋味喔！當然，九州是一個絕對不錯的選擇啦！

Li

作者簡介

Li，一個文科生，半途出家成了傳説中的 IT 人，卻又忘不了筆桿，最後變成一個半調子的文人。喜歡旅行，憑着一股傻勁到了不同的地方擴闊眼界之餘，閒時亦愛看書，尤其是漫畫，因而被人稱為與外表不相符的開朗御宅族。不定期把日常所見所想、旅行逸事放在 Blog 上與世人分享，歡迎大家隨時光臨賜教。

www.utongue.blogspot.hk

已出版日本旅遊書包括：《藍天碧海琉球風情 Easy GO！——沖繩》、《秘境神遊新鮮嘗 Easy GO！——鳥取廣島》、《北陸古韻峻美山城 Easy GO！——名古屋日本中部》、《暖暖樂土清爽醉遊 Easy GO！——日本東北》。

Part 1
北九州好玩、好食、好手信

寓教於樂！親子玩樂 6 大熱點

1. 一蘭の森

福岡縣
福岡市

　　一蘭の森開放部分工場區域讓遊客參觀，除了可深入瞭解拉麵製作過程，還可試以不同時代背景的一蘭屋台所提供的元祖及限定味道拉麵。(P.130)

2. 国營海の中道海浜公園

福岡縣
福岡市

　　公園內除了有水族館、名車歷史館、兒童遊樂場Wonder World、動物之森外，還有Sunshine Pool 內有多條水上滑梯，安全、刺激又好玩，是小朋友放電和消暑之選！(P.127)(攝影：蘇飛)

3. 大分 Marine Palace 水族館

大分縣
大分市

　　水族館是讓小朋友認識到海洋世界的最佳途徑！大分的 Marine Palace 水族館內有容量達 1,800 噸的大型水槽，飼養了 50 多種海洋生物，包括有海獅、海象、鯊魚、海豚等。可在此玩上一整天！(P.207)(攝影：黃穎宜)

4. 人吉鐵道博物館 MOZOCA Station 868

熊本縣
人吉市

　　館內有以阿蘇Boy號主角小黑為主題的兒童玩樂區，內有小型波波池、露天迷你小火車，還可租借制服拍照，大人小朋友皆可一齊玩。(P.286)

5. 長崎 Bio Park

長崎縣
佐世保市

　　這裏的動物大多都可在特定區域內自由走動，所以如赤鼻熊、黑狐猴和紅鶴等動物可盡情接觸。在名為 PAW 的建築物內還有小動物，如倉鼠、貓、狗、兔等，其可愛程度讓人驚呼連連呢。(P.324)(攝影：Pak)

6. 佐賀縣立宇宙科學館

佐賀縣
武雄市

　　內裏有深受小朋友歡迎的摸擬月球漫步體驗，以及可在鋼線上摸擬太空踩單車，十分有趣好玩！(P.360)

親子景點　溫泉鄉、賞楓熱點　旅遊熱點　必吃美食　人氣手信

好玩好食好手信

入門資訊　北九州交通　自由行程　北九州住宿

浸不完！泡盡北九州 **7** 大溫泉鄉

雖然大部分的海外遊客都會以東京、大阪及北海道作為泡湯首選，但日本當地人卻獨愛到九州，只因九州除了擁有美麗的大自然風光外，更是溫泉之都！許多著名的溫泉均集中在北九州，泡湯可謂到北九州的指定動作！

大分縣 別府市

（攝影：蘇飛）

1. 別府溫泉

別府溫泉固然有名，而砂湯同樣有益健康，又可邊焗邊賞別府灣海景。(P.187)

大分縣 由布市

2. 由布院溫泉

41 至 98 度的單純性溫泉，可緩解各種痛症。(P.68)
（攝影：蘇飛）

熊本縣 玉名市

3. 玉名溫泉

弱鹼性的透明泉水。(P.260)
（攝影：Pak）

熊本縣 阿蘇郡

4. 黑川溫泉

古色古香的國民保養溫泉地。(P.278)（攝影：詩人）

長崎縣 雲仙市

5. 雲仙地獄

在溫泉的噴氣孔上帶有白色至淡黃色的湯之花，在迷霧下更為美麗。(P.335)
（攝影：詩人）

佐賀縣 嬉野市

6. 嬉野溫泉

有 1,300 年歷史，泉水有去除角質層、皮脂及柔滑肌膚的功效，是日本三大美肌湯之一。(P.363)

佐賀縣 武雄市

7. 武雄溫泉

日本最古老木造公眾浴場。(P.358)

醉紅景致！北九州 **6** 大賞楓熱點

1. 小倉城
福岡縣 小倉

P.155

2. 金鱗湖
大分縣 由布市

（攝影：蘇飛）
P.200

3. 一目八景
大分縣 中津市

P.215

4. 菊池溪谷
熊本縣 菊池市

P.269

5. 九年庵
佐賀縣 神埼市

P.372

6. 大興善寺
佐賀縣 基山町

P.377

北九州賞楓期情報

　　約10月下旬至11月為北九州紅葉全盛期，各景點滿開時間略有不同。

Info

北九州各縣詳盡賞楓情報
koyo.walkerplus.com

親子景點

溫泉鄉、賞楓熱點

旅遊熱點

必吃美食

人氣手信

玩個夠！

去盡北九州 12 大旅遊 熱點

福岡縣 柳川市

1. 金黃花海 柳川向日葵園

在柳川向日葵園逢 5、6 月就有 50 萬朵向日葵盛放眼前，若然遇上好天氣，藍天與充滿活力的向日葵，給人生機處處的感覺。而且在夏季漫步在花海之間，好像置身於日本純愛電影場景中，好不浪漫。(P.152)

(相片由柳川市役所觀光課提供)

2. 朝聖貓咪島 藍島

福岡縣 小倉

貓奴必到！藍島的貓不像一般貓咪般高傲，都是不怕人且很熱情。當然，你也要「識做」給牠們飼料啦。(P.162)

(攝影：Tina & Fai)

福岡縣 北九州市

3. CNN 認可美景 河內藤園

在 4、5 月紫藤花開的季節，這一私營花園頓時染上了夢幻紫色。更曾被美國 CNN 選為 31 個最美麗的景色之一。來到日本要賞花的話，這裏是賞櫻、賞紅葉以外的好選擇！(P.162)

(相片由日本國家旅遊局 JNTO 提供)

大分縣 別府市

4. 別府地獄赤湯 血之池地獄

血之池地獄是別府地獄溫泉區其中一處「地獄」。泉色赤紅，確實看似是一池血水。而且是日本最古老的天然溫泉，其遠古歷史使之更添神秘感。另外，這裏有免費足湯，其礦物成分可改善皮膚問題。(P.186)

大分縣 中津市

5. 山明水秀 青の洞門

青の洞門是耶馬溪的景點之一，是在 1735 年人工開挖的隧道。在洞門上的競秀峰與河川公園，景色如油畫優美。耶馬溪為著名的紅葉勝地，但屆時遊人甚多，即使選擇在其他季節前來，這裏的美景也絕不會令你失望！(P.212)(攝影：蘇飛)

熊本縣 熊本市

6. 和風庭院 水前寺成趣園

水前寺成趣園是一座大名庭園，由熊本藩細川氏初代藩主建造，現為國家指定名勝史跡，每年的春秋二祭更會在園內舉辦流鏑馬 (日本騎射藝術)。(P.249)

7. 日本指定史跡
熊本城

　　熊本城貴為日本三大名城之一，是日本指定史跡。登上熊本城的天守閣可飽覽熊本市的美景。而城樓內十分華麗，天花板上的各式雕花，以及牆上的壁畫，盡顯皇室之氣。雖然熊本城因地震仍未完全修復，但走上城樓和欣賞周邊銀杏美景，其美麗和氣勢還是不減。(P.240)

熊本縣
熊本市

長崎縣
長崎市

9. 歐洲風情
哥拉巴公園

　　鄰近大浦海岸的哥拉巴公園，是具異國色彩的建築群，多座建築都是國際級的重要文化遺產。遊客可到懷舊照相館穿上 18 世紀的洋裝，穿着在園內漫步，試試體驗一下做紳士、淑女的感覺。(P.306)

8. 電影取景地 軍艦島

　　軍艦島外型十足一艘軍艦，氣勢逼人。島上以前曾是煤礦重地，後來被荒廢。現在是不少電影的取景地，例如《進擊的巨人》、《大逃殺2》，甚至荷里活經典占士邦系列電影《新鐵金剛：智破天凶城》都在此取景，故不少人因其荒涼之美及名氣而前來參觀。(P.313)

長崎縣
長崎市

（攝影：黃穎宜）

佐賀縣
佐賀市

10. 財富福神
惠比須像巡遊

　　佐賀縣古來盛行供奉惠比須，單單佐賀市已有多達 800 尊惠比須像！遊客可在惠比須站或 JR 佐賀站內的觀光協會取得惠比須地圖，到不同的惠比須像前蓋章及參拜。參拜前可閱讀神像旁的解說牌，拜見時，放低視線於神像之下，然後雙手合掌。(P.350)

11. 雪白神社
武雄神社

　　一般神社主色都為木色調，而武雄神社最特別的是本殿以白色為主，驟眼看似一所小宮殿。在此可試試佐賀縣古老的許願方式──步射占卜，來射一箭看你的願望能否達成吧。(P.359)

佐賀縣
武雄市

宮崎縣
宮崎市

12. 巨型化石
鬼の洗濯岩

　　在宮崎市青島可觀看到鬼の洗濯岩，其岩石是巨型化石，乃經過幾千萬年前的海水侵蝕，形成獨特的波狀岩，是十分壯觀的海景！(P.384)

吃到飽！食盡北九州 11 大必吃 美食

大分縣　每鍋 ¥2,550(HK$193)

1. 土鍋料理 豐後牛肉飯

豐後牛肉飯絕非一般牛肉飯，使用了大分特產的豐後牛，並用特製土鍋烹調。牛肉不是半生熟的軟嫩口感，是有咬口的牛肉，口腔會充滿牛肉的肉香，再配以吸收了肉汁的白飯，實是絕配。(P.193)(攝影：蘇飛)

福岡縣　定食每盒 ¥3,700(HK$281) 起

2. 秘製醬汁 鰻魚蒸飯

柳川鰻魚飯最特別之處就是以蒸為主，淋上秘製醬汁，加上蛋絲，滋味無窮。(P.152)(攝影：Carlton)

大分縣　每盒 ¥1,110(HK$83)

3. 地獄美食 地獄蒸壽司

地獄蒸壽司可謂名副其實的「地獄美食」，因確實用地獄噴出的水蒸氣蒸熟壽司，十分特別。有星鰻和章魚兩種口味可選。除了地獄蒸壽司外，也有地獄蒸點心、鬼石饅頭等地獄料理。難得到別府溫泉，實在值得一試。(P.184)(攝影：蘇飛)

福岡縣　每碗 ¥860(HK$62)

4. 博多名物 一風堂拉麵

一風堂(大名本店)自慢的口味白丸元味與元祖赤丸新味，白丸是正宗的九州豚骨拉麵香濃爽口，而赤丸新味則添加特製調味油和辛辣味噌，適合愛吃重口味人士。(P.116)

熊本縣

5. 古法炮製甜品 白玉三味

由古法製成的白玉，選用了佐賀縣神崎市的糯米，堅持以石磨磨碎糯米，以保持原有的米香。單純吃白玉的話，味道略帶香甜，可根據個人口味配上黃豆粉、抹茶或醬油。(P.242)(攝影：Pak)

每道 ¥990(HK$58)

熊本縣 每道 ¥900(HK$53)

吃熊本熊
6. 熊本熊文字燒

在熊本縣除了可見到熊本熊外，還可以親手製作並吃掉「熊料理」。其實就是將已經炒熟的材料混和高湯和麵糊，倒在鐵板上燒，製成文字燒。食客更可以在文字燒上畫出熊本熊的模樣，十分有趣。(P.259)(攝影：Pak)

長崎縣 海膽帶子丼 ¥1,990(HK$143)

即撈即食
8. 海鮮市場長崎港

來到日本怎會不吃新鮮海鮮料理？鄰近長崎港的海鮮市場長崎港就有各種海鮮，種類甚多。可即在水缸撈起海產，請店員製作，保證新鮮。(P.302)(攝影：Pak)

佐賀縣 每客 ¥750 (HK$57)

動畫中的名物
10. 滑蛋豬排蓋飯

溫泉兼茶屋的美人の湯，嘆完美肌溫泉，順便來打卡試試《Yuri!!! on Ice》的勇利最愛──滑蛋豬排蓋飯！(P.344)

長崎縣 套餐 ¥580(HK$34)

飽含祝福
7. 牡丹餅和安倍川餅

裹滿黃豆粉的是安倍川餅，豆沙色的就是牡丹餅了。牡丹餅是稻米混合糯米，再加入砂糖和紅豆的一道甜點。口感煙韌，味道不會太甜，套餐附送一杯綠茶解膩，十分細心。而在日本傳統習俗中，吃牡丹餅有快高長大和回復體力之意，不妨到此休息一下，再繼續旅程吧。(P.298)

佐賀縣 套餐 ¥9,200(HK$541)

高級和牛
9. 佐賀牛

來到佐賀必食的佐賀牛，佐賀牛是4至5級的高級和牛，鮮嫩多汁，會想一口接一口的吃下去。另外套餐也有精緻的前菜、米飯、飲品等，十分值得一試。(P.348)

宮崎縣 每份 ¥2,940(HK$174)

A5 級
11. 宮崎牛

宮崎牛鮮甜、多汁、嫩滑，一入口融化在舌尖上，可謂牛肉中的極品！(P.384)(攝影：黃穎宜)

親子景點

溫泉鄉、賞楓熱點

旅遊熱點

必吃美食

人氣手信

買不停！掃盡北九州 11 大人氣 手信

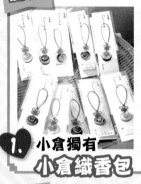

每個 ¥540
(HK$41)

小倉織是一種傳統棉布，早於江戶時代就用於和服的褲裙和腰帶上。有着厚而堅韌、摸上去卻又柔軟的質地。小小一個小倉織香包，十分適合作手信。(P.158)

1. 小倉獨有 小倉織香包

福岡縣

每瓶 ¥1,595
(HK$121)

2. 人氣手信 香蕉酢

是門司港的人氣手信。(P.171)
（攝影：黃穎宜）

福岡縣

每盒 ¥2,157
(HK$127)

回味無窮
3. 一蘭拉麵套裝

除了可試試日本一蘭和香港一蘭的分別外，更可將拉麵買回家回味一番。(P.130)

大分縣

每盒 ¥1,500
(HK$88)

用血之池地獄池底的沉澱物製成，可改善各種皮膚問題，是實用手信之選。

4. 治療之用 血之池軟膏

大分縣

每份 ¥600
(HK$45)

5. 耶馬溪特產 卷柿

耶馬溪必買手信。(P.213)
（攝影：蘇飛）

熊本縣

可愛吉祥物
6. 熊本熊手信

來到熊本縣當然少不了買熊本熊的手信回家，食物和擺設都有齊，有些更是地區限定。(P.250、254)

朱古力蛋糕每盒
¥680(HK$52)

熊本縣

7. 香醇飲品 醋飲

使用當造的水果及農產品所製的醋飲，有各種口味可供選擇，連辣椒味也有！想買些有新意的手信就可到此一買了。(P.258)(攝影：Pak)

熊本縣 每支 ¥435(HK\$33)

8. 港町出產 醬油

來到日本不少人會購入各式調味料，醬油為當中較受歡迎的一種。(P.283)

長崎縣 每個蛋糕 (大)¥1,782(HK\$105)，(小)¥1,426(HK\$84)

9. 長崎必入手 長崎蛋糕

長崎最著名的手信必定是長崎蛋糕，鬆軟綿密的口感，讓人欲罷不能呢。(P.301)

佐賀縣

是博物館內人氣 No.1 的紀念品，當擺設不會太大，很適合作為手信送給人。(P.351)

10. 小型熱氣球 熱氣球紙模型

宮崎縣 每個 ¥600(HK\$45)

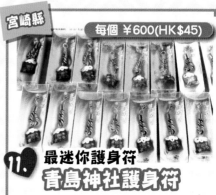

11. 最迷你護身符 青島神社護身符

號稱日本最迷你護身符，多買幾個都不怕超重。(P.385)

親子景點

溫泉鄉、賞楓熱點

旅遊熱點

必吃美食

人氣手信

睇不盡！北九州 花季 及 慶典

2023 年花季及慶典	
3 月 24 日	阿蘇火之祭
每年 2 月 15 日~3 月 31 日	天領日田おひなまつり (天領日田雛人形祭典)
2 月中~4 月中	豪斯登堡鬱金香祭
3 月底 (福岡於 3 月 24 日開始開花，至 4 月 4 日盛放)	櫻花季節
4 月 1 日~3 日	別府八湯温泉まつり (別府八湯溫泉祭)
每年 4 月 29 日~5 月 5 日	有田陶器市
每年 5 月 3 日~4 日	博多どんたく港祭
每年 7 月 1 日~15 日	博多祇園山笠祭
每年 7 月第三個周五至日	小倉祇園太鼓祭
8 月 2 日~4 日 (每年 8 月第一個周五至日)	大分七夕祭
8 月 15 日~16 日	山鹿灯籠まつり (山鹿燈籠祭)
每年 10 月 7 日~9 日	長崎くんち (長崎宮日節)
10 月 26 日及之後的周六及日	宮崎神宮大祭
10 月 31 日~11 月 4 日	佐賀國際熱氣球節
11 月初	紅葉盛開
11 月 2 日~4 日	唐津くんち (唐津宮日節)
6 月底~10 月初	豪斯登堡光之王國
12 月底~4 月初	豪斯登堡「白銀の世界」点灯式
11 月中~翌年 2 月初	高千穗夜神樂

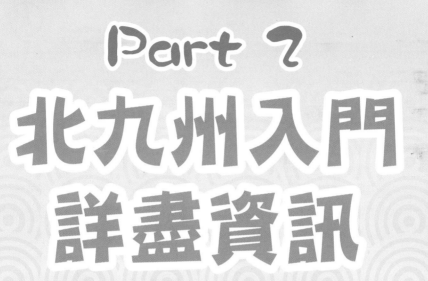

Part 2
北九州入門
詳盡資訊

九州位置地圖

山口縣

藍島(P.162)

北九州市
(小倉、門司港)

福岡縣

福岡市

豐後
高田市

唐津市

太宰府市

宇佐市

中津市

杵築市

佐賀縣

朝倉市

鳥栖市
基山町

平戶島

佐賀市 神埼市

別府市

有田町

武雄市

九重町

大分市

佐世保市

嬉野市

柳川市

由布市

西海市

鹿島市

千綿市

大村市

菊池市

大分縣

五島列島

玉名市

阿蘇市

長崎市

長崎縣

雲仙市

熊本市

高千穗

軍艦島(P.313)

熊本縣

宇城市

宮崎縣

天草市

人吉市

鹿兒島縣

宮崎市

日南海岸

40 公里

© 跨版生活圖書出版

北九州各縣特色

　　九州位於日本本島西南面，為日本第三大的島嶼，亦是世界第三大島嶼。九州有七個縣，包括福岡、佐賀、長崎、熊本、大分、宮崎、鹿兒島。而本書只介紹北九州，即鹿兒島以外的縣份。因鹿兒島位處九州西南面，故不屬於北九州。九州四季分明，春天時櫻花滿開，夏天時平均溫度為 27℃，秋天則是賞紅葉的旺季，而冬天則會低至7℃，一些地區更會下起雪來！

　　北九州以大自然美景見稱，世界聞名的阿蘇火山、充滿異國風情的長崎、擁有日本三大名城之一的熊本，還有別府地獄等都是旅遊熱點，即使在北九州逗留一個月，也不能玩盡所有景點呢！

北九州六大縣精華介紹：

福岡縣

　　不少由外國前往九州的直航班機均以福岡機場為目的地，令福岡成為遊覽九州的必到之處。福岡的著名景點包括門司港、小倉城、柳川、太宰府及天神一帶的購物區等，光是這些地方已足夠讓遊客玩足一星期！

長崎縣

　　長崎縣鄰近佐賀縣，是第二次世界大戰時被美國投射原子彈的其中一地，因而遺下不少戰後遺跡。到了今天，長崎市內的稻佐山被選為世界三大夜景，加上人氣再現的豪斯登堡，吸引大量人流前往遊覽。

佐賀縣

　　佐賀縣包括唐津、有田等。唐津以魷魚及海鮮聞名；有田則以陶器揚名國際，而極具歷史價值的吉野ケ里歷史公園亦位於佐賀。此外，不少賞楓名所如九年庵及大興善寺皆位於縣內的神埼市及基山町，吸引大批遊客在秋天前往遊覽。

熊本縣

　　在熊本縣除了可買到不少熊本熊 (Kumamon) 的限定精品外，還可遊覽有日本三大名城之稱的熊本城，以及著名的阿蘇火山。

大分縣

　　大分縣最著名的必定是溫泉，只因縣內的溫泉數目及湧出量屬日本第一！無人不曉的別府溫泉加上八大地獄，還有日本國內知名度甚高的由布院溫泉等都在大分。

宮崎縣

　　宮崎縣極具熱帶風情，亦是日本神話的發源地，不少景點均與日本古代神話結下不解之緣。縣內的飫肥城下町更有九州小京都的稱號，走在橫街小巷中，猶如時光倒流回到過去一樣。

各縣特色

實用資料

飛往北九州

簽證

香港及台灣旅客

香港居民需持有有效的香港特區護照或海外國民護照 (BNO)，台灣居民則必須持有有效的中華民國護照，便可享免簽證在日本逗留時間最長 90 天。

要留意，護照有效期必須覆蓋回程那一天，例如預計 2023 年 12 月 11 日回程，護照限期起碼包含這一天，不然可能會被拒絕入境或要求縮短行程。如果護照有效期不多，最好準備回程機票，過關時給相關職員檢查。

> **Tips**
> 現時入境日本的旅客均需拍照與記錄手指摸。另外，日本會徵收 ¥1,000(HK$71) 國際觀光旅客稅，過境旅客或 2 歲以下則豁免。

內地旅客

內地旅客需要前往日本領事館或透過代辦機構辦理日本簽證，最長可逗留 90 天，詳情可參考日本國駐華大使館網站：www.cn.emb-japan.go.jp/consular.htm。

天氣

九州的四季分明，比東京及大阪來得溫暖。九州地域廣闊，單是位於北部的福岡與較南的宮崎縣，兩者的氣候已大不相同，福岡天氣較清涼，宮崎一帶則較為和暖，因此出遊時記得留意最新天氣動向，兼且不要搞錯身處甚麼縣。下表列出福岡縣的溫度及降雨量。(日本氣象協會：tenki.jp)

地區	一月	二月	三月	四月	五月	六月	七月	八月	九月	十月	十一月	十二月
福岡	6.6℃ 71.8mm	7.4℃ 75.6mm	10.4℃ 99.7mm	15.1℃ 124.2mm	19.4℃ 136.9mm	23.0℃ 262.7mm	27.2℃ 283mm	28.1℃ 199.8mm	24.4℃ 178mm	19.2℃ 95.3mm	13.8℃ 86.9mm	8.9℃ 70.1mm

語言

北九州與其他日本地區一樣，均以日文為主要語言，不過近年九州銳意發展旅遊業，不少地區的導賞人員均會簡單英語，而長崎地區更有許多中國留學生前往打工，你可以國語跟他們溝通。(常用日語拼音見附錄 P.397)

> **Tips**
> 日本膠袋稅
> 2020 年 7 月起，日本落實「塑膠袋收費政策」，購物用塑膠袋會被商店收取 ¥3-5(HK$0.2-0.3) 不等的膠袋稅。

時差、電壓

日本比香港及台灣快 1 小時，旅客要特別注意航班的時間。日本的電壓為 100V，頻率分 50Hz、60Hz，插頭為兩腳扁型，香港旅客宜帶備轉換插頭，台灣旅客則不用。

▶香港旅客要自備轉換插。

日元兌換

日本的貨幣單位為日元 (¥)，紙幣分為 ¥10,000、¥5,000、¥2,000 與 ¥1,000；硬幣分為 ¥500、¥100、¥50、¥10、¥5 與 ¥1。香港大部分銀行均提供日元兌換服務，如旅客為兌換銀行的客戶，部分銀行可豁免手續費。近年日元兌港元和台幣的匯率十分波動，若要查詢即時價位可瀏覽 Yahoo! 的財經股市網頁，網站：tw.stock.yahoo.com/currency-converter。

國內外打電話方法

只要你的手提電話支援 3G 及 4G，並在出發前已向電訊供應商申請漫遊服務，抵達日本後轉用 3G 或 4G 接收便可使用當地的電話網絡。若擔心漫遊服務費太貴，可在本地或日本購買有通話功能的預付電話卡，亦可在電訊公司手機 APP 或網站預購漫遊數據 (詳情參考 P.25)。

從香港致電北九州：電訊供應商的長途電話字頭 +81(日本國碼)+ 日本各區區碼 + 電話號碼*

從北九州致電回港：電訊供應商的長途電話字頭 +852(香港地區區號)+ 香港電話號碼

從北九州各區撥號：區號 + 電話號碼*

*本書景點電話已包含區號。

海外自動櫃員機提款

一般日本銀行不接受海外提款卡提款，不過日本的 7-11 便利店設置了 ATM，提供海外提款服務，並設置了中英文網頁，讓人可全日隨時隨地提取現金。**提款過程**很簡單：先插入銀行卡，然後選擇要使用的語言，再輸入密碼及金額就完成。可使用的銀行卡包括 Visa、Plus、JCB、American Express、銀聯等。銀行可能會收取海外提款的手續費，詳情可先向相關銀行查詢。另外，謹記出發前要開通海外提款服務。

Info
Seven Bank
www.sevenbank.co.jp/intlcard/index5.html

日本法定假期

日本法定假期可參考內閣府的網站：www8.cao.go.jp/chosei/shukujitsu/gaiyou.html。

日本 2023~2024 年法定假期

2023 年	2024 年	假期名稱
1 月 1 日 (周日)	1 月 1 日 (周一)	元旦 (元日)
1 月 2 日 (周一)	/	元旦 (補假)
1 月 9 日 (周一)	1 月 8 日 (周一)	成人日 (成人の日)
2 月 11 日 (周六)	2 月 11 日 (周日)	建國記念日 (建国記念の日)
/	2 月 12 日 (周一)	建國記念日 (補假)
2 月 23 日 (周四)	2 月 23 日 (周五)	天皇誕辰 (天皇誕生日)
3 月 21 日 (周二)	3 月 20 日 (周三)	春分節 (春分の日)
4 月 29 日 (周六)	4 月 29 日 (周一)	昭和日 (昭和の日)
5 月 3 日 (周三)	5 月 3 日 (周五)	憲法紀念日 (憲法記念日)
5 月 4 日 (周四)	5 月 4 日 (周六)	綠色日 (みどりの日)
5 月 5 日 (周五)	5 月 5 日 (周日)	兒童節 (こどもの日)
7 月 17 日 (周一)	7 月 15 日 (周一)	海洋日 (海の日)
8 月 11 日 (周五)	8 月 11 日 (周日)	山之日 (山の日)
/	8 月 12 日 (周一)	山之日 (補假)
9 月 18 日 (周一)	9 月 16 日 (周一)	敬老節 (敬老の日)
9 月 23 日 (周六)	9 月 22 日 (周日)	秋分節 (秋分の日)
/	9 月 23 日 (周一)	秋分節 (補假)
10 月 9 日 (周一)	10 月 14 日 (周一)	體育日 (スポーツの日)
11 月 3 日 (周五)	11 月 3 日 (周日)	文化日 (文化の日)
/	11 月 4 日 (周一)	文化日 (補假)
11 月 23 日 (周四)	11 月 23 日 (周六)	勞動感恩節 (勤労感謝の日)

各縣特色

實用資料

飛往北九州

日本上網大法

　　現時不少朋友到外地旅遊都會機不離手，事實上旅行期間上網除了可隨時隨地與朋友聯絡外，更重要的是可隨時找到身處地及目的地所在，省卻不少迷路的時間！

1. b-mobile 數據卡

　　現時日本多個地區都設置了免費 Wi-Fi 上網區域，不過，若想無時無刻都可上網，則可嘗試使用以下介紹的 b-mobile 上網卡。b-mobile 為一家日本電訊公司，為遊客提供名為 "b-mobile Visitor SIM " 的上網卡，分為有效期 10 日 5GB 數據流量及有效期 21 日 7GB 數據流量兩種卡。前者售價 ¥1,980(HK$142)，後者為 ¥2,980(HK$214)。有 LTE 或 3G 速度，Size 有普通尺寸、Micro SIM 及 Nano SIM。遊客只需於出發前在網上訂購所需的上網卡，便可於機場或酒店取得，隨即就可在日本各處安心上網了！

上網訂購 Visitor SIM 卡過程

b-mobile 網站：www.bmobile.ne.jp/english

Step1

▲ 先到 b-mobile 的英文網站，在網頁中間的表格選擇 Visitor SIM Official site 下面的 "Online store"，即可透過 b-mobile 官網購買。

Step2

各機場郵政署位置及時間可瀏覽：www.bmobile.ne.jp/english/aps_top.html

▲ 選擇需要 10 日 5GB 或 21 日 7GB 的 SIM 卡，並選擇於酒店或機場取卡。雖然大部分酒店都願意為客人收取包裹，但若選擇直接寄到酒店的話，最好先通知酒店比較安心。另外若選擇在機場郵政署 (Post Office) 取卡需要另付 ¥216(HK$16) 手續費，並要留意郵政署在不同機場的營業時間。

Step3

▲ 細看各項條款後，按 "OK"，並按下方的 "Fill in your information"。

Step4

▲ 填上個人資料，包括姓名及酒店地址等，然後以信用卡付款。完成後便會收到電郵通知，最後到酒店登記入住時，酒店職員就會把卡轉交給你，或可在機場郵政署取卡。

Step5

◀ 每張 SIM 卡均有一個獨立編號，以供客人隨時到 b-mobile 的網站查詢剩餘用量，有需要的話可於數據用完後於網站充值再繼續使用。

各縣特色

實用資料

飛往北九州

2. Wi-Fi Router

若同時有多個朋友遊日，租借 Wi-Fi Router 可能更為划算，而租用 Wi-Fi Router 最方便及便宜的方法，就是直接從日本租借。以下以 Japan Wireless 為例。

Japan Wireless 提供英文版本供海外人士租借 Wi-Fi Router，以租借最便宜的 95Mbps Router 來計算，5 日 4 夜的方案只需 ￥4,100(HK$295)，連同 ￥500(HK$38) 運費也不過 ￥4,600(HK$341)，最多可同時連接 5 部裝置。預約方法亦非常簡單，只需填上收取 Wi-Fi Router 的日本地址 (建議租借前先知會酒店麻煩代收取郵包)，到酒店 Check-in 時酒店職員便會轉交郵包給你。

詳細租借Wi-Fi Router程序

Japan Wireless 網站：japan-wireless.com

▲ 先到 Japan Wireless 的網站，按 "Products & Rates"。

▲ 網站會列出相關的 Wi-Fi Router，選取想要租借的型號後按下方 "Order"。

▲ 網站會列出可供租借的 Wi-Fi Router 型號。填妥下方表格，記住要輸入正確的電郵地址及入住酒店代表人的姓名。

▲ 輸入完畢後，網站會轉至 Paypal 讓你輸入信用卡資料付款，付款後只需等待確認電郵即可。

▲ 抵達酒店後，酒店職員便會把郵包轉交給你。

◀ 開啟 Wi-Fi Router 後，在手機搜尋 Router 並輸入貼在 Router 的密碼，即可在日本隨時隨地上網。

▲ 郵包內包括 Wi-Fi Router、USB 充電線、充電插座及備用電池，並附有一個藍色公文袋，待歸還時把所有配件放進去，再放入就近郵箱即可。

3. 香港購買數據漫遊服務

除了啟用電訊公司提供的漫遊服務，還可以按個人需要選購漫遊數據，只需到電訊公司的手機 APP 或網站即可購買，十分方便快捷。以 3HK 為例，其所提供的「自遊數據王 7 日 PASS」可於 7 日內以 HK$98 在多個國家地區使用 4G 或 5G 數據服務，無需更換 SIM 卡，可保留原本電話號碼，還能將數據分享給朋友。其他電訊公司亦提供類似計劃，詳細及各家公司的優惠可到其網站閱覽。

Info

3 香港 自遊數據王
web.three.com.hk/roaming/ric/index.html
csl. 數據漫遊日費
www.hkcsl.com/tc/data-roaming-day-pass/
smartone 漫遊數據全日通
www.smartone.com/tc/mobile_and_price_plans/roaming_idd/data_roaming_day_pass/charges.jsp

退稅

在日本購物要加10%消費稅，但在個別大型電器店及百貨公司均設遊客退稅優惠，遊客於同一天在同一店鋪內消費滿￥5,000(HK$354)，便可憑護照到店內的退稅櫃位辦理退稅手續退回稅項，退稅商品包括家電用品、服飾、裝飾品、皮包、鞋、藥妝品、食品、酒類、香煙、文具等。但要承諾不拆封物品，並在購買後30天內把物品帶離日本。免稅店只限有 "Japan.Tax-Free Shop" 這標示的店鋪。另外，要留意機場退稅只接受機場內免稅店之購物商品。

除了液體退稅品需按規定寄艙，其他免稅物品必須以手提行李方式帶出境，並於離境時讓海關檢查。

實際退稅經驗

- **店內退稅程序**：大部分可退稅店家都會有專門處理退稅的櫃台。所有可退稅物品會被封在一個透明膠袋內(不可拆開)，如果買了很多東西，可向店員建議把較重、液體和必須寄艙的物品放在同一袋，手提的則放另一袋。退稅時必須出示護照及回程電子機票，店員會在「購買誓約書」上填妥資料，而旅客要在「免稅品購入記錄」上簽名，承諾於30天內把退稅品帶離日本。店會將已簽名的「免稅品購入記錄」夾在護照內(於出境時按指示交給海關關員)。

- **攜帶退稅品到機場**：於日本機場辦登機手續前需接受安檢，部分乘客需要打開行李箱接受檢查。過關前後請留意指示，向當值關員交出護照，關員會收起所有退稅單。

(圖文：CheukTable)

實用 App、網站及緊急電話

APP		
NAVITIME 可查詢火車即時班次及轉乘資訊。	**Navitime for JapanTravel** 查詢現時位置及附近景點的資訊。	**日本旅遊會話一指搞定** 提供常用日本旅遊會話及詞語。 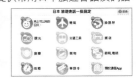
全國地下鐵 Navi (全国地下鉄ナビ) 查詢日本各大城市的地鐵路線圖及車站資訊。	**ピンポイント天気** 查詢日本各大城市的天氣狀況。 註：需輸入日文名搜查。	

緊急電話	
日本警察熱線	110
日本警察英語熱線	3501-0110
火警與召喚救傷車熱線	119
中華人民共和國駐日本大使館	03-3403-3064
香港入境處熱線	(852)1868

網站	
九州觀光推進機構	www.welcomekyushu.tw
日本國家旅遊局	www.welcome2japan.hk

泡湯的基本禮儀

1. 溫泉謝絕有紋身的人進入，來經的女生也應避免泡湯；
2. 在泡湯前要先洗淨身體，而一般溫泉都會提供洗頭水或沐浴露；
3. 泡湯時長髮的女生必須束好或用毛巾包好頭髮；
4. 不可以用毛巾圍着身體進入溫泉，一定要赤裸，否則日本人會視為不衛生。

(文字：Gigi)

正確參拜神社程序

　　日本有很多神社，而北九州的景點也不乏神社。日本人相當重視禮儀，參拜神社有特定的儀式，要不失禮人前的話，就照着以下步驟祈求神明的保佑吧！

1. 神社內有洗手用的手水舍，參拜神明前要先洗手，代表洗淨你的心靈！

2. 先用右手拿着木杓舀滿水，洗淨左手，再以左手用木杓舀水洗右手。

3. 以右手用木杓載水，將水倒在左手掌心，喝下漱口後吐掉。

4. 把木杓內剩餘的水直立以洗淨木杓的杓柄，並順帶洗淨雙手。

5. 把木杓放回原位，移至本殿參拜。

6. 本殿會有一個木製的賽錢箱，參拜前先投下香油錢。大多數人會用￥5來參拜，只因￥5的日文與「緣」字音調相同，可能取其與神明結緣的意思。

7. 進行「二禮二拍手一禮」的儀式：先以45度鞠躬，上下大力搖動頭頂的鈴鐺，告訴神明你在這裏。神明來了，再以90度鞠一次躬，拍兩下手掌，並默唸自己的願望，最後向賽錢箱再鞠躬一次，這樣便完成整個參拜過程了。

遇上地震須知

　　如果旅遊期間遇上地震，請保持冷靜，看清楚自己身處的地方是否安全，特別要留意從上方掉下來的物件或碎片。

A. 如在酒店或民宿內：
1. 地震劇烈並造成搖晃時，宜躲進廁所內，或找堅固的桌子躲在桌底，或者站在柱子旁或水泥牆邊。
2. 不要留在櫥櫃或雪櫃旁邊，也不要站在燈飾或照明裝置的下方。
3. 盡快關掉爐頭、煤氣、電源，並打開大門，以免大門被壓毀，阻礙了逃生出口。
4. 不要赤腳，避免被地上碎片割傷。
5. 劇烈搖晃過後，呼叫同住親友，協助年幼與長者，立即從門口逃生，並關緊大門，避免火災蔓延。
6. 切勿使用電梯離開，應走樓梯逃生，盡量靠牆而行。
7. 立即跑到空曠地方，遠離樹木、建築物、廣告或店鋪招牌、電、電線、電線桿及燈柱。

B. 如身處公共交通工具內：
安靜並聽從職員指示或廣播，下車時切勿爭先恐後。

C. 如在公共場所內：
保持冷靜，聽從廣播指引，留意逃生出口位置，不要驚慌及不要推擠。

好玩好食好手信　入門資訊　北九州交通　自由行程　北九州住宿

福岡空港

　　從香港或台灣(包括台北、高雄及台中機場)飛往北九州，飛機多會以福岡空港(福岡國際線機場)為目的地。福岡空港分成國際線與國內線兩大航廈，當中國際線航廈規模較小，而國內線則有三個航廈。機場提供免費穿梭巴士穿梭國際航廈與國內線航廈之間，十分方便。

　　福岡空港前往市中心很方便，由機場乘地鐵到博多站只需5分鐘，而且車費也不過是￥260(HK$20)，非常划算。不過地鐵線只會連接到國內線航廈，乘國際線的旅客需轉乘接駁巴士至國內線航廈搭地鐵。國際航廈4樓是 Food Plaza，食物選擇較多，可以在這裏吃完再過海關。

▲地鐵站就在國內線航廈連接國際航廈的巴士站旁邊。

Info
🏠 福岡縣福岡市博多區 福岡空港
🌐 www.fukuoka-airport.jp

方便快捷航班選擇

香港直航

　　由香港直航往福岡機場約需3小時30分鐘，機票方面，以國泰為例，香港來回福岡約 HK$5,477(可留意航空公司會否提供優惠機票)。

國泰航空：

香港→福岡		福岡→香港	
起飛	到達	起飛	到達
11:00	15:30*	14:00	16:45*
		16:45	19:15*

* 日本時間

香港快運：

香港→福岡		福岡→香港	
起飛	到達	起飛	到達
10:50	15:15*	12:55	15:30*
12:35	17:00*	16:25	19:00*
7:35	12:00*	18:00	20:35*

* 日本時間

台北直航

　　由台北桃園機場直航往福岡機場，約需2小時5~15分鐘。機票方面，以中華航空為例，台北來回福岡約 NTD 12,134(可留意航空公司會否提供優惠機票)。

中華航空：

台北→福岡		福岡→台北	
起飛	到達	起飛	到達
6:50	9:55*	10:55	12:30*

* 日本時間

長榮航空：

台北→福岡		福岡→台北	
起飛	到達	起飛	到達
8:10	11:20*	12:20	13:45*
15:10	18:20*	19:20	20:45*

* 日本時間

註：以上航班資料謹供參考，計劃前宜先瀏覽航空公司網站。

長崎空港

　　長崎空港位於大村市 (P.326)，是全球第一座建於海上的機場，疫情前有香港快運提供直航班機前往。長崎空港共有 3 層，1 樓和 2 樓都有不少食肆和商店，例如手信名店福砂屋、和泉屋等，而 3 樓則是瞭望台，可以看到大村灣和飛機升降的風景。

　　長崎空港前往市中心方法：機場有前往長崎、佐世保和大村市的直通巴士，前往長崎站車費 ￥1,000(HK$72)，需時約 43 分鐘；而前往佐世保站車費 ￥1,400(HK$74)，需時約 1 小時 30 分鐘；前往大村站車費則為 ￥240(HK$17)，車程為 12 分鐘。

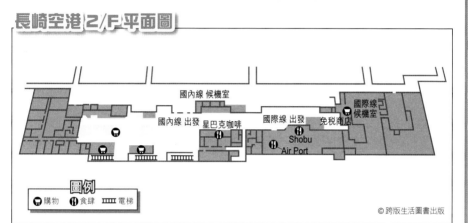

長崎空港 2/F 平面圖

國內線 候機室

國內線 出發　星巴克咖啡　國際線 出發　　　免稅商店　　國際線 候機室

Shobu Air Port

圖例

🛒 購物　🍴 食肆　▥ 電梯

© 跨版生活圖書出版

▲還有長崎蛋糕老店福砂屋。

▲機場內的手信店。

Info

🏠 長崎縣大村市箕島町

🌐 nagasaki-airport.jp

(攝影：hlinghan)

松翁軒

右側邊欄：各縣特色　實用資料　飛往北九州

香港直航

由香港往長崎空港約需 3 小時 5 分鐘。機票價格以香港快運為例，來回約為 HK$1,983。但由於疫情關係各家航空公司均暫停由香港到長崎空港的直航班次，亦未有恢復來往航班的消息，目前由香港前往長崎空港需在東京或成田國際機場轉機。

熊本空港

熊本空港位於益城町，日本人都喜歡稱呼其為阿蘇熊本機場 (阿蘇くまもと空港)，台灣遊客可從高雄出發，搭乘中華航空提供的直航班機前往。機場由國內線及國際線兩幢航廈組成，兩者相距約 3 分鐘路程。國際線航廈僅兩層高，規模比較小；而國內線航廈則有 3 層高，內有多間商店和食肆，遊客可在此選購手信。

熊本空港前往市中心：要從熊本機場前往市區，可乘搭巴士。要前往熊本站，車程約 1 小時，車費則為 ¥800(HK$57)，而前往阿蘇站需時也是大約 1 小時，車費為 ¥980 (HK$70)。

> **Info**
> 🏠 熊本縣上益城郡益城町大字小谷 1802-2
> 🌐 www.kmj-ab.co.jp

高雄直航

由高雄往熊本空港約需 2 小時 30 分鐘。機票價格以中華航空為例，來回約為 NTD12,265。但由於疫情關係暫停由高雄到熊本的往來航班，亦未有恢復兩地直航班次的消息，目前由高雄前往熊本空港需在成田或關西國際機場轉機。

佐賀機場

佐賀機場位於佐賀市，現時已重開來往台灣的直航班次，由台北 (桃園國際機場) 到佐賀機場可到台灣虎航預約，台北至佐賀機票為 NTD3,799 ~ 5,399，而佐賀至台北機票為 NTD5,199 ~ 6,799，機程需時約 2 小時 25 分鐘。另外，佐賀機場前往市內可乘坐佐賀市營巴士或預約計程車。

> **Info**
> 九州佐賀國際空港
> 🏠 佐賀縣佐賀市川副町大字犬井道 9476 番地 187
> 🌐 saga-ab.jp/

台北直航

台灣虎航 (逢周日、周四出發)：

台北→佐賀		佐賀→台北	
起飛	到達	起飛	到達
7:10	10:35*	11:35	13:05*

* 日本時間

註：以上航班資料謹供參考，計劃前宜先瀏覽航空公司網站。

> **Info**
> 台灣虎航
> 🌐 www.tigerairtw.com/zh-tw

日本入境教學

入境要求

　　日本政府宣佈於2023年4月29日起放寬入境防疫措施，遊客入境時不用出示接種3劑疫苗證明或PCR病毒檢測陰性證明。但針對有發燒和咳嗽等症狀的入境人士將需要進行傳染病基因監測。

Visit Japan Web 提交資料

　　現時入境日本雖也可在搭飛機時填寫入境表格，但要走快速通道要用Visit Japan Web網上提交入境審查表格、海關申報表，然後在過海關時出示Visit Japan Web的QR Code就可以快速通道過關。Visit Japan Web使用步驟如下：

Visit Japan Web：www.vjw.digital.go.jp

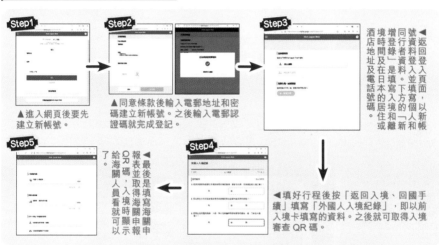

Step1
▲進入網頁後要先建立新帳號。

Step2
▲同意條款後輸入電郵地址和密碼建立新帳號。之後輸入電郵認證碼就完成登記。

Step3
◀返回登入頁面以新帳號和密碼登入並填寫下方的個人資料。同行登錄者一是在日本的居住和離境時間及是否新增或新和酒店地址及電話號碼。

Step4
◀填好行程後按「返回入境、回國手續」填寫「外國人入境紀錄」，即以前入境卡填寫的資料。之後就可取得入境審查 QR 碼。

Step5
◀最後是填寫海關申報表並取得海關申報QR碼，入境時顯示以給海關人員看就可以了。

入境表格：入境記錄卡及海關申告書樣本

　　外國旅客入境日本需填寫外國人入境記錄與海關申告書。其中外國人入境記錄於入境時與護照一起交給入境處職員便可，而海關申告書則於領取行李後離開時交給海關人員，每組旅客(如一家人)遞交一張便可。

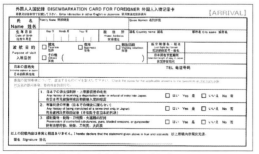
▲外國旅客入境日本需填寫外國人入境記錄。

▶物品也要報關，便要填背後的 B 面。圖為所攜帶的

▶還要填海關申告書 A 面，如

▶海關申告書 B 面。

Part 3
北九州交通
輕鬆走

DB102

潮風号

MOJIKO
RETRO
SEASIDE
TRAIN

Tips

在香港預先購票務必注意

在香港預先購買車票、火車票或船票的話要留意，部分車票或船票透過網絡預約後需要提前到當地指定地點兌換真正的車票或船票。詳細情況可見預約網站指示。

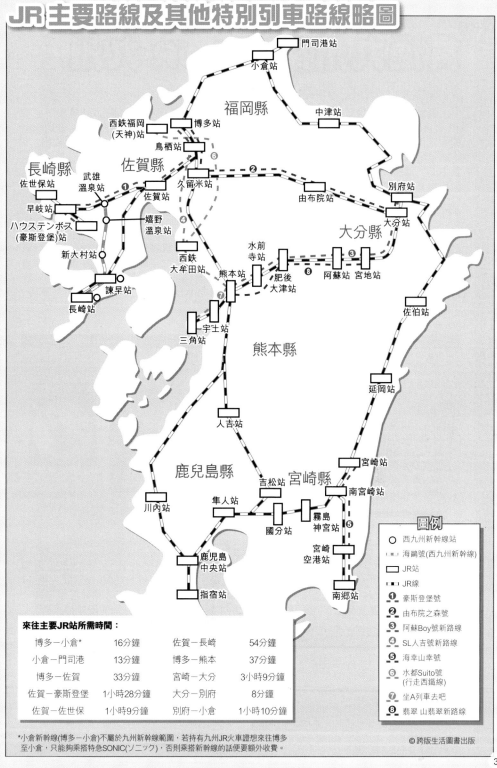

JR主要路線及其他特別列車路線略圖

門司港站
小倉站
福岡縣
中津站
西鉄福岡(天神)站
博多站
鳥栖站
佐賀縣
長崎縣
佐世保站
武雄溫泉站
早岐站
ハウステンボス(豪斯登堡)站
嬉野溫泉站
佐賀站
久留米站
由布院站
別府站
大分站
大分縣
新大村站
諫早站
長崎站
西鉄大牟田站
水前寺站
熊本站
肥後大津站
阿蘇站
宮地站
佐伯站
宇土站
三角站
熊本縣
延岡站
人吉站
宮崎站
鹿兒島縣
吉松站
宮崎縣
南宮崎站
川內站
隼人站
國分站
霧島神宮站
宮崎空港站
鹿児島中央站
指宿站
南鄉站

圖例

○	西九州新幹線站
- ■ -	海鷗號(西九州新幹線)
□	JR站
▪ ▪ ▪	JR線
❶	豪斯登堡號
❷	由布院之森號
❸	阿蘇Boy號新路線
❹	SL人吉號新路線
❺	海幸山幸號
❻	水都Suito號(行走西鐵線)
❼	坐A列車去吧
❽	翡翠 山翡翠新路線

來往主要JR站所需時間：

博多－小倉*	16分鐘	佐賀－長崎	54分鐘
小倉－門司港	13分鐘	博多－熊本	37分鐘
博多－佐賀	33分鐘	宮崎－大分	3小時9分鐘
佐賀－豪斯登堡	1小時28分鐘	大分－別府	8分鐘
佐賀－佐世保	1小時9分鐘	別府－小倉	1小時10分鐘

*小倉新幹線(博多－小倉)不屬於九州新幹線範圍，若持有九州JR火車證想來往博多至小倉，只能夠乘搭特急SONIC(ソニック)，否則乘搭新幹線的話便要額外收費。

© 跨版生活圖書出版

貫通九州南北：JR 九州

火車證和特色列車

要縱橫九州，除了自駕外，最方便的便是利用新幹線及火車。JR 九州推出了各種 JR 火車證讓旅客以最優惠的價錢暢遊九州南北，憑火車證不但可預約新幹線普通座位的指定席，更可預約不同類型的特色列車。購買火車證地點，除了可於日本國外的日本航空、JTB 及特約旅行社購買外，亦可於抵達九州後於福岡國際機場 TISCO 信息服務中心、博多、熊本、佐賀、長崎、宮崎等的 JR 綠色窗口直接購買。(注意：JR 普通列車指定席車費隨淡旺季有所不同。)

JR 九州

2022 年 4 月起，JR 九州推出了「ぐるっと九州きっぷ」火車證，可連續 3 天無限次搭乘 JR 九州全線普通列車和快速列車的自由席。若單獨購買特快車票，還可以搭乘九州新幹線、西九州新幹線和特快列車。乘客可到 JR 九州網站預約或在車站售票處購買。另外，JR 九州亦推出不少網上預約購票優惠，以及九州各景點的乘車優惠，詳情可參閱 JR 九州網站：www.jrkyushu-kippu.jp/fare/ticket/JR 九州周遊券 (火車證 / JR 九州 Pass) 種類：

JR 九州周遊券「ぐるっと九州きっぷ」：

	成人	兒童	有效期間
JR 九州網上預約	￥14,300(HK$841)	￥7,150(HK$421)	3 日
車站售票處	￥15,800(HK$929)	￥7,900(HK$465)	3 日

註：小童為 6 至 11 歲，以開始使用 JR 火車證之日的年齡為準。

Tips
JR 為公司名稱，下文介紹的特色火車均為 JR，新幹線亦是。JR 有不同路線，不過路線名稱並不重要，月台只會列出起點站與終點站，還有途經大站的名稱。

Info
九州 JR 時間查詢
www.jrkyushu.co.jp

▲ 從福岡站可乘搭新幹線直達九州各地與本州，車站內指示清晰。

みどりの窓口

▲ 只要在 JR 站內找到綠色窗口的服務中心，無論預約車票或購買火車證都可一次過辦妥。

西九州新幹線 海鷗號

2022 年 9 月 23 日西九州新幹線正式開通，承繼長崎特急列車「KAMOME」海鷗號之名，成為新一代長崎與對外連結的重要列車。海鷗號使用 N700S 為基底，由 JR 九州御用設計師水戶岡銳治重新打造，灰與白現代感車廂設計配合日本傳統圖紋座椅，以飛躍的海鷗為靈感融合日洋兩種風格。車內 1 至 3 號指定席，分別使用「菊大柄」、「獅子柄」和「唐草」和風紋樣，4 至 6 號自由席則以「山吹色」為基調。海鷗號全線合共 5 站，由**武雄溫泉**，途經**嬉野溫泉**、**新大村**、**諫早**，到達**長崎**，車程約 30 分鐘，可更舒適便利地漫遊西九州沿途各景點。

▲ 外型以純白配合 JR 九州代表色朱紅色，車身印有由現任會長青柳俊彥親筆題字。

Tips
由博多乘搭「Relay KAMOME」至武雄溫泉，可在對面月台直接轉乘「KAMOME」繼續前往長崎。

(文字：HEI，圖片授權自 JR 九州)

JR 特色列車

半日遊特色火車之旅 🚃 熊本

　　鐵道遊不一定是長途車程，如果時間有限，又想享受有特色的鐵道遊，SL 人吉號是個半天火車遊的好選擇。

SL 人吉號（熊本－鳥栖）⏱ 地圖 P.33

　　日本的鐵道以新幹線最有名，不過在國內一些地方還可找到火車的老大哥——蒸汽火車仍在運行！ SL 為 Steam Locomotive 的縮寫，即以煤炭推動的火車，非常難得一見，而 SL 人吉號來往熊本站與人吉站，中途會讓乘客下車參觀各個獨特的小車站。在嗚嗚的汽笛聲下欣賞鄉郊景色，詩情畫意，難怪列車經常爆滿。

必讀！
2020 年受九州大豪雨影響，SL 人吉更改運行路線，來往熊本至鳥栖之間，並因機件老化難以維修於 10 月宣告引退。酷似鬼滅之刃「無限列車」的百年火車將在 2024 年 3 月完成使命，想要體驗懷舊蒸汽火車就要趕在退役前喔！

SL 人吉號火車時間表 (鹿兒島本線)

熊本→	玉名→	大牟田→	久留米→	鳥栖→
10:58	11:49	12:26	13:26	13:37
鳥栖→	**久留米→**	**大牟田→**	**玉名→**	**熊本**
15:11	15:23	16:19	16:52	17:33

▲ 烏黑的蒸汽火車，加上金色的「人」字標記，讓人吉號從古老的火車頭成為新一代的鐵路偶像。

▶ 乘搭人吉號的朋友記著要提早到達車站，職員會替你拿著日期牌與人吉號來個大合照！

懷舊蒸汽火車

▲ 車內精密及保養得宜的機件，帶領乘客展開旅程。

▲ 若你搜尋過人吉號的資料，必定會見過這位販售便當的老伯伯。伯伯在 SL 人吉號運行的日子都會堅守崗位，為大家預備豐富又美味的便當。

▲ 就連月台上的自動販賣機都是以 SL 人吉作為圖案！

◀ 乘車紀念證，背面除了可蓋章外，還可寫上乘車當天的日期。

▲火車沿途所經之處風光怡人，這也是搭火車的魅力之處。

▲列車全部為指定席，旅客亦十分守秩序，下車參觀後均會返回自己的座位。

▲坐兩小時多的車程會不會很沉悶？答案是不！到達某些站要把握有限時間下車觀光及購物。車上吃罷便當吃完照片，還可穿上車長的制服拍下紀念照，時間差點不夠用！

旅途美食 & 手信

◀乘搭火車，當然要吃火車便當。以車上限定的竹葉包着的火車便當，會讓你想起茶樓的糯米雞嗎？

▶便當內的是飯糰加炸魚塊，每份￥620(HK$47)，很有古代人上京的風味呢！便當只於車內限量發售，想吃的朋友記着要提前購買！

▲SL 人吉火車頭造型鎖匙扣￥740(HK$53)。

◀車上可買到人吉名物：武家藏出品的燒酒雪葩。香甜的牛奶味加上燒酒濃烈的味道，就算不嗜酒也會喜歡，每杯￥350(HK$26)。

走走沿途小車站

▲其中一個小車站：一勝地站，來回程均可在此停留10分鐘。

▲一些農家會在車站上出售自家產品，十分新鮮。

▲細小的坂本站，遠看就像一戶小小的民居。

▶白石站已有逾一百年歷史。

▲遊客可在一勝地站購買護身符樣式的紀念車票，每個￥160(HK$12)，JR人吉站亦有發售。

Info

SL 人吉號

- 路線：熊本—鳥栖
- 車程：約 2 小時 30 分鐘，逢周五、六、日運行，個別日子請參閱官網
- 單程指定席成人￥3,360(HK$198)，小童￥1,680(HK$99)
- www.jrkyushu.co.jp/trains/slhitoyoshi
- 持有全九州或南九州火車證者可於 JR 票務中心免費預約及乘坐

心靈之旅 特急 由布院之森號 　博多－大分　地圖 P.33

　　這輛綠色特急的列車由布院之森號 (ゆぶいんの森)，是由博多前往大分縣。

　　在前往大分縣由布院的路上，車窗外一片又一片的綠色，相當美麗。列車車身以白色與綠色為基調，而車廂內的裝潢及座位以木為主，讓前往度假的乘客坐在車上能夠放鬆心情，讓心靈得到充分休息。車上還設有餐車，售賣各種特色便當、小吃及紀念品等。

▶ 由布院車站設有足湯，成人 ￥160(HK$12)，小童 ￥80(HK$6)，營業時間 09:00~19:00。

Info

由布院之森號
- 路線：博多－由布院 / 別府
- 車程：博多－由布院約 2 小時 10 分鐘，博多－別府 3 小時 10 分鐘，各班次火車不是每天運行，詳見官網
- $ 博多－由布院單程指定席成人 ￥5,190(HK$305)，小童 ￥3,410(HK$201)
- www.jrkyushu.co.jp/trains/yufuinnomori
- ！持有全九州或北九州火車證者可於 JR 票務中心免費預約及乘坐

(圖文：黃穎宜)

愉快的列車之旅 特急 海幸山幸號 　宮崎－南鄉　地圖 P.33

　　以神話故事「海幸山幸」為主題的列車，設計基礎是以木為主。列車沿日南海岸而行，途中會經過日南市部分著名的景點。在車上，有講故事的環節，為遊客提供有趣又愉快的列車之旅。

◀每位乘客都可以得到海幸山幸號的乘車紀念卡。

▶海幸山幸號紀念紙版模型 ￥200(HK$15)。

Info

海幸山幸號
- 路線：宮崎－南宮崎－田吉－子供の国－青島－北郷－飫肥－日南－油津－南郷
- 車程：約 1 小時 35 分鐘，周六、日及公眾假期運行，**宮崎發車** 10:13，**南郷發車** 15:30，行車日子詳見官網
- $ 指定席單程成人 ￥2,440 (HK$144)，小童 ￥1,220(HK$72)
- www.jrkyushu.co.jp/trains/umisachiyamasachi
- ！持有全九州或南九州火車證者可於 JR 票務中心免費預約及乘坐

(圖文：黃穎宜)

前往樂園 特急 豪斯登堡號　博多－豪斯登堡　地圖 P.33

　　從博多 (福岡縣) 前往豪斯登堡 (長崎縣)，當然要乘搭豪斯登堡號 (ハウステンボス) 才最有氣氛！豪斯登堡號與許多列車一樣，車廂分為綠卡及普通卡，持有火車證的朋友可免費預約普通列車的座位。

　　列車全部為指定席，除了可到達豪斯登堡外，亦會停泊二日市、佐賀、有田等站，而在佐賀縣神埼市的九年庵開放期間 (約每年 11 月中旬紅葉季節時對外開放)，更會停靠神埼站，方便遊客。

▲豪斯登堡號的車身原為紅色與綠色，但已換新裝。

◀列車座位為舒適的軟座。

Info

豪斯登堡號
- 路線：博多－豪斯登堡
- 車程：約 1 小時 45 分鐘，班次見下：
  博多發車 08:34、09:31、10:32、11:31、12:31、13:31、14:31、15:31；**豪斯登堡發車** 10:43、11:45、12:46、13:47、14:46、15:47、16:46、17:47。留意，列車不一定每天開出，班次亦會定期更改，出發前宜先瀏覽官網
- 單程指定席成人 ￥4,500(HK$265)，小童 ￥2,250(HK$132)
- www.jrkyushu.co.jp/trains/otherexpress
- 持有全九州或北九州火車證者可於 JR 票務中心免費預約及乘坐

特調雞尾酒 **特急 坐 A 列車去吧** 熊本一三角 ⏱ 地圖 P.33

　　這款觀光火車「坐 A 列車去吧」取名自爵士樂名曲《Take the 'A' Train》，行走熊本至三角之間。列車共有兩列車卡，全為指定席，當中 1 號車廂設有酒吧 A-Train Bar，行駛期間更會出售特調雞尾酒，配合爵士樂的背景音樂與歐洲色彩的裝潢，極具特色。

▲兩節車廂之間的玻璃上印有「坐 A 列車去吧」的標誌。

▲漆黑的火車頭，增添幾分神秘感。

▲列車全為指定席。

▶來一杯列車上限定販售的雞尾酒，踏上旅程。

▲乘客可坐在展望席上，欣賞沿途風光。

▲JR 觀光列車都會設有蓋章與限定明信片，「坐 A 列車去吧」也不例外。

▲小賣部像酒吧。

Info

坐 A 列車去吧

🚇 路線：熊本－宇土－三角

🕐 車程：約 38 分鐘，逢周六、日或假期每日各發車 3 班，**熊本發車** 10:21、12:16 及 14:51，**三角發車** 11:17、13:59 及 16:33，個別行駛日期詳見官網

💲 單程指定席成人 ￥2,040(HK$120)，小童 ￥1,020(HK$60)

🌐 www.jrkyushu.co.jp/chinese/train/atrain.html

❗ 持有各款九州鐵路周遊券可於 JR 票務中心免費預約及乘坐

▶各款列車限定精品，價錢從 ￥260(HK$20) 起。

JR九州

西日本鐵道

高速巴士及計程車

輕鬆自駕遊

乘火車觀鳥 **特急 翡翠 山翡翠**  熊本—阿蘇·宮地 地圖 P.33

「翡翠 山翡翠」為 JR 九州的觀光列車，每天行駛熊本與阿蘇·宮地之間。列車日文名為「特急 かわせみ やませみ」，かわせみ及やませみ為兩種鳥類的名稱：普

通翠鳥與冠魚狗，改為列車名則變成「翡翠」與「山翡翠」。列車共有兩節車廂，1 號車為翡翠，2 號車為設有餐飲及小賣部的山翡翠。車廂設有特大的玻璃窗，並備有望遠鏡，乘客可觀鳥及細賞球磨川的美景。

必讀!! 翡翠 山翡翠更改運行路線，來往熊本至阿蘇·宮地之間。

▲翡翠 山翡翠列車。

翡翠 山翡翠 火車時間表 (豐肥本線)

熊本→	肥後大津→	立野→	阿蘇→	宮地
10:32	11:15	11:33	12:04	12:09

宮地→	阿蘇→	立野→	肥後大津→	熊本
15:47	15:52	16:22	16:37	17:08

▲蓋印可說是乘搭觀光列車的指定動作。

◀車廂內設有展望席。

好玩好食好手信 入門資訊 北九州交通 自由行程 北九州住宿

▲四處都可找到翡翠或山翡翠的元素。

▲展示了地區的名物。

▲作為最新款的觀光列車，座位盡顯豪華一面。

◀車上提供望遠鏡可觀鳥。

Info

翡翠 山翡翠
- 路線：熊本－阿蘇・宮地
- 車程：約 1 小時 32 分鐘
- 單程成人指定席 ¥2,410(HK$142)，小童指定席 ¥1,205(HK$71)
- www.jrkyushu.co.jp/chinese/train/kawasemi_yamasemi.html
- 持有全九州或南九州火車證者均可免費預約及乘坐

▲車上的小賣部販售精品與輕食。

▲舒適的沙發席。

黑白狗狗 特急 阿蘇 Boy 號 地圖 P.33

從熊本縣內的熊本市往阿蘇,除了可乘搭巴士或自駕外,亦可選擇乘搭阿蘇 Boy 號 (あそぼーい)。阿蘇 Boy 號很受歡迎,不少人更是為了阿蘇 Boy 號的吉祥物:狗狗小黑 (くろちゃん) 而乘搭的。黑白色的列車如同小黑身上的顏色,車內的座位各有

特色之餘,還設有兒童專卡,列車上的職員會與小朋友玩遊戲,讓小孩不會對漫長的車程感到沉悶而搗蛋!車內有出售阿蘇 Boy 的獨家產品,喜愛狗狗的朋友萬勿錯過!

現時阿蘇 Boy 號受熊本地震影響,原來路線熊本-宮地停駛,改為行走熊本-別府。

◄阿蘇 Boy 號另一特色之處,就是駕駛室設於上層,下方全為乘客座席。

►小朋友玩木製的波波池,可讓小朋友玩個痛快。

▲列車車身繪有不同造型的小黑,相當可愛!

◄小黑的精品。

►蓋印章是乘搭觀光列車的指定動作。

▲小黑又出現了!

▲汪汪!車上隨處都可找到小黑的蹤影。

Info

阿蘇 Boy 號 (原本路線,暫停駛)
- 🚇 路線:熊本-宮地
- 🕐 車程:約 1 小時 32 分鐘,1~2 月逢周六、日及假日運行,3 月及以後運行日有待官網公佈
- 💲 單程指定席成人 ¥3,090(HK$234),小童 ¥1,540 (HK$117)
- 🌐 www.jrkyushu.co.jp/trains/asoboy
- ❗ 持有全九州火車證者可於 JR 票務中心免費預約及乘坐

阿蘇 Boy 號 (臨時路線)
- 🚇 路線:熊本-別府
- 🕐 車程:約 2 小時,熊本發車 9:11,別府發車 15:06,阿蘇 Boy 號 (豐肥本線) 運行日子不定,請事前查閱官方網站:www.jrkyushu.co.jp/trains/asoboy/
- 💲 單程指定席成人 熊本-阿蘇 ¥2,410(HK$142),阿蘇-別府 ¥4,500(HK$265),熊本-別府 ¥6,030(HK$355),熊本-大分 ¥5,630(HK$331),兒童半價
- ❗ 全車為指定席,持有全九州或北九州火車證者可於 JR 票務中心免費預約及乘坐

特級豪華列車 **九州七星號** 全九州

命名為九州七星號，是因為列車會經過九州的七個縣，同時以九州七個觀光要素：自然、食物、溫泉、歷史文化、Power Spot(パワースポット)、人情及列車組成。列車共有七個車卡，車內設計及裝潢都美輪美奐，並以成人為銷售對象，故旅行團只供中學生以上的旅客參加。另外，七星號不設單獨售票，想坐的話就必需參加 JR 在九州舉辦的旅行團，而七星號相當受歡迎，想參加的話需提前數月到網上報名。

▲車內是和洋融合的古典奢華風格。
(圖片授權自 JR 九州)

▲有着古漆光澤的黑色車身以金色的七星標誌點綴。

JR 舉辦之九州旅行團行程

四天三夜：由博多站出發至由布院站，再經大分站至熊本站，其後以專車接送至旅館；第四天再乘專車前往諫早站，再乘七星號返回博多站。

兩天一夜：由博多站出發至宮崎站，再乘搭列車至由布院站，並於由布院站乘搭七星號返回博多站。

> **Info**
> $ 成人 ￥990,000(HK$58,235) 起
> www.cruisetrain-sevenstars.jp (可網上報名)

其他特色列車

鮮艷奢華風 **特急 水都 Suito 號** 福岡─柳川 地圖 P.33

柳川貴為世界著名的水都，當然有其獨特的觀光列車──「水都 Suito 號」。水都 Suito 號並非行走 JR 線，而是西鐵線 (西日本鐵道)，由福岡的西鐵福岡 (天神) 站，前往柳川的西鐵大牟田站。列車有 6 款鮮艷奢華的顏色與圖案，極盡日本獨有的華麗美感，最特別的是每列車卡皆設有乘車紀念卡，卡上繪有活躍於戰國時代的立花夫婦及其武器，想儲齊一套 6 款就要多乘幾次了！

▲水都 Suito 號 1 號車身，車身上有菊花與候鳥。

▲水都 Suito 號 6 號車身，車身以柳川鞠為主題。

> **Info**
> **水都 Suito 號**
> 🚋 路線：福岡 (天神) ─薬院─大橋─西鐵二日市─西鐵久留米─大善寺─西鐵柳川─西鐵大牟田
> 🕐 車程：約 1 小時，平日約 8 班來回，周六、日約 7 班
> $ 單程 ￥800(HK$61)
> 📱 inf.nishitetsu.jp/train/suito/index_han.html

水都Suito號
時間表

(文字：IKiC，圖片授權自日本國家旅遊局 (JNTO))

西日本鐵道

在九州，除了乘 JR 火車外，也可乘西日本鐵道 (簡稱「西鐵」) 來往不同市區。不過西鐵路線沒有 JR 多，主要分為：天神大牟田線 [西鉄福岡 (天神) 站－大牟田站]、太宰府線 (西鉄二日市站－太宰府站)、甘木線 (宮乃陣站－甘木站)、貝塚線 (貝塚站－西鉄新宮站)。(特色西鐵線列車水都 Suito 號詳見 P.43)

www.nishitetsu.co.jp

九州高速巴士及計程車

九州高速巴士

除了 JR，亦可選搭九州高速巴士前往九州各地，以下提供一些較熱門的高速巴士路線的基本資訊：

路線	車程	車費
博多巴士總站－長崎站前	2 小時 30 分鐘	成人 ¥2,900(HK$171)，小童 ¥1,285(HK$97)
博多巴士總站－佐世保前	2 小時 6 分鐘	成人 ¥2,570(HK$151)，小童 ¥1,130(HK$86)
博多巴士總站－豪斯登堡	1 小時 56 分鐘	成人 ¥2,310(HK$136)，小童 ¥1,130(HK$86)
博多巴士總站－由布院前	2 小時 19 分鐘	成人 ¥3,250(HK$191)，小童 ¥1,440(HK$109)
博多巴士總站－宮崎前	4 小時 11 分鐘	成人 ¥4,750(HK$279)，小童 ¥2,325(HK$176)
天神高速巴士總站—阿蘇	3 小時 30 分鐘	成人 ¥3,300(HK$236)，小童 ¥1,650(HK$118)

九州高速巴士：www.atbus-de.com

Info

詳細巴士及火車時間、車費查詢
ekitan.com

Tips

SUNQ Pass 為在九州使用的放題式巴士車票，可乘搭的巴士路線覆蓋率達 99%，價錢 ¥8,000~14,000(HK$593-1,037)。不過車程始終較長，不及乘搭 JR 快捷。(詳見：www.sunqpass.jp)

計程車

九州的計程車收費不便宜，且各地的計程車收費都不一樣，以福岡為例，小型計程車首 1,600 米為 ¥750，之後每 221 米為 ¥60。詳情可以參考 Taxisite 網站：www.taxisite.com。

輕鬆自駕遊

要在九州自駕遊，需先申請國際駕駛執照，然後在當地租車或先在香港網上租車，整個租車過程很方便。

申請國際駕駛執照

香港居民必須先向運輸署申請國際駕駛執照。他們可帶同兩張相片與申請費用 HK$80，前往各牌照事務處填妥 TD51 表格辦理手續，並於即日取得執照。如不能親身前往申請，亦可透過郵遞申請，需時約 10 個工作天，運輸處會以掛號形式寄回國際駕駛執照給申請人。執照的有效期限為簽發日期起計一年內。　運輸署網址：www.td.gov.hk

租車

九州擁有多間租車公司，隨着越來越多香港與台灣遊客到日本自駕遊，就算不懂日文，多間租車公司都有提供英文甚至中文網頁供旅客在網上租車，而一些香港旅行社亦有代客租車的服務。以下介紹兩間日本的租車公司，TOYOTA Rent a Car 及 ToCoo！。

GPS 較可靠 TOYOTA Rent a Car(豐田)

豐田 (TOYOTA) 為全日本最大型的租車公司，提供中文網頁供旅客於網上預約租車。綜合經驗所得，豐田租車的 GPS 較為可靠，不過價錢為租車公司中最貴的，但旅客可挑選喜歡的車種，相對其他公司較有彈性。大部分車輛只有日語導航與語音訊息，只有個別分店提供英語和普通話導航系統。

九州租車小提示

1. 租車時需要購買意外保險，個別保險的細則可參考租車網站或詢問租車公司職員。

2. 取車時職員會引導客人指出車輛上的刮痕以作記錄，另外也要檢查一下車內裝置如 CD 播放器、車頭燈等是否操作正常。

3. 大部分租車公司都會要求旅客歸還車輛前把油缸注滿，否則會被罰款。旅客宜保留最後的入油單據，以證明在還車前已把油缸注滿。

教你在網上租豐田汽車自駕

Step1
前往豐田網站，選擇「查詢收費及預約租車」的按鈕。

Step2
選擇取車與還車的地點、日期與時間，並選擇車輛的類型、變速箱、吸煙或非吸煙車輛、GPS 語言與四輪驅動系統等，完成後按「下一頁」。

Step3
選擇要租借的車輛型號，如 2 人同行的話，一般租 1,000cc 至 1,300cc 便可以。要留意車輛只能選擇款式，不能選擇顏色，選擇完畢後按「下一頁」繼續。

Step4
選擇特殊要求項目，如添加兒童座椅等，完成後會建議你購買免責賠償保險，依照需要選擇後再按「下一頁」。

Step5
此時會列出租車的資料與收費以作確認，確定資料無誤後便按「下一頁」。

Step6
最後填寫駕駛者的資料，如聯絡電郵、電話與日本地址等，然後按「下一頁」，確認資料後便會收到確認電郵與預約編號，到時至預約取車的營業所取車便可。

Info

📞 0800-7000-815　　🌐 rent.toyota.co.jp/zh-tw/

JR九州　西日本鐵道　高速巴士及計程車　輕鬆自駕遊

實惠之選 ToCoo!

ToCoo! 為日本另一家綜合租車公司，旅客可於 ToCoo! 網站上一次過比較豐田、日產等車種及租車公司價格，並選擇適合自己的車。網站提供了中文網頁供旅客於網上預約租車，旅客更可租用英文 GPS，沒有不諳日語的問題。

在價錢方面，ToCoo! 比 TOYOTA Rent a Car 的價錢稍為便宜，若遇上特價優惠可更節省旅費！不足之處為旅客有時只可選擇車的汽缸容量但不能選擇車款，若不介意的話大可考慮在 ToCoo! 租車暢遊日本。

Info
📱 www2.tocoo.jp/cn

外地駕車必備：GPS 大解構

查詢 Mapcode 的方法 MAPCODE®

在日本自駕遊，不懂日文要怎麼用 GPS(全球定位系統) ？其實你只要有目的地的電話號碼或 Mapcode，即可利用 GPS 找到目的地，很方便。若目的地沒有電話號碼，只要出發前在 Mapion 網站 (www.mapion.co.jp) 查知目的地的 Mapcode 便萬無一失了。以下為查詢 Mapcode 的步驟。(本書部分景點及附送的自駕遊大地圖均提供 Mapcode)

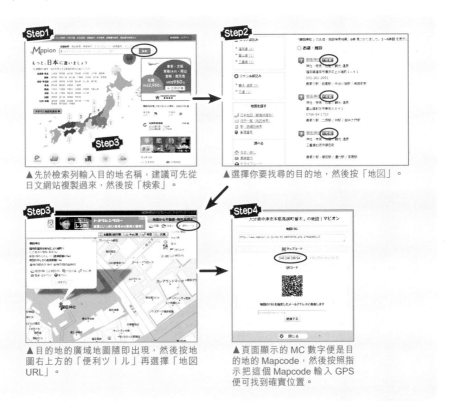

▲先於檢索列輸入目的地名稱，建議可先從日文網站複製過來，然後按「檢索」。

▲選擇你要找尋的目的地，然後按「地図」。

▲目的地的廣域地圖隨即出現，然後按地圖右上方的「便利ツール」再選擇「地図 URL」。

▲頁面顯示的 MC 數字便是目的地的 Mapcode，然後按照指示把這個 Mapcode 輸入 GPS 便可找到確實位置。

GPS 操作方法

雖然不同租車公司的 GPS 系統都略有不同，偶然還會碰上日文版本的 GPS，但基本操作方法大同小異，按照以下步驟，瞬間就可以到達目的地！

▲ 按下 GPS 系統上的 Menu 或 Navi 按鈕，即可看到圖中畫面。日本的 GPS 都是採用輕觸式操控，此時可先按「施設」找尋目的地。

▲ 一般最常用的是利用「電話番號」(電話號碼) 找尋目的地，若目的地沒有提供電話號碼，「マップコード」(Mapcode) 亦是你自駕的好伙伴，本書一些景點也利用了 Mapcode 帶領大家前往目的地。

▲ 輸入目的地的電話號碼，然後按「完了」即可，「戻る」即返回上一頁。不小心輸入錯了？按「修正」更改就好。

▲ 搜尋結果出現了，有時雖然是同一個電話號碼，GPS 也會顯示多項選擇，只要是你找尋的目的地，隨意選一個並按「新規目的地」便可。

▲ GPS 會以推薦路線設定你要走的路線，另外也可按「5ルート」選擇其他路線，例如較便宜或最快捷等的選項，選擇要走的道路後，按「案內開始」，GPS 便會開始為你引路，藍色的路線便是即將前往的路線，一路順風！

Tips 為了駕駛安全，車輛於行車時不能操控 GPS，應先於開車前設定好 GPS，或停泊到安全地方後再改變目的地。

自助入油好 easy！

在九州自駕遊，少不免會遇上需要加油的情況。日本的油價比香港略為便宜，不同地區的油站收費亦略有不同。另外日本的油站分為傳統與自助形式，傳統的會有工作人員替你服務，自助的則由自己負責入油，遇有問題的話亦可請工作人員協助。現時日本不少自助入油站都提供中文顯示，大家只要跟着螢幕指示入油便可。下面是螢幕顯示為日文時的入油方法。

◀日本著名的油站 ENEOS，吉祥物是猴子！

自助入油步驟

Step1

▲看到入油的機器上全寫着日文有點害怕？不用擔心！只要跟着以下步驟就沒問題的啦！在螢幕上方的為不同油類的價錢，一般車輛使用「レギュラー」的油就可以了。

Step2

▲在螢幕上先按「現金」的按鈕，表示你會以現金付款。

Step3

▲再選擇油種，記着選「レギュラー」。

Step4

▲接着選擇要入多少油，上方為以升作為容量，下方為入多少錢，不想麻煩的話就按最左方的「満タン」，也就是入滿油，把車子餵得飽飽後再繼續旅程。

Step5

▲選了「満タン」後便投入￥10,000（HK$588），再按「確認」便開始入油。

Step6

▲因為是自助入油，故需自己打開車子的油箱蓋，再把加油器插進去，按着手掣便能入油。

Step7

▲螢幕上顯示給油中，請稍候一陣就可以了。

Step8

◀車子吃飽後便會自動停止給油，你可以從螢幕上看到車子喝了多少油，確認後扣除應收款項後就會給你帳單及找續，這樣便完成自助入油了，過程十分簡單呢！

Tips

基本上，入油時職員都說日文，他們大多會問客人要入哪一款汽油、需要入多少與如何付款等。以下為常用的入油日語：

日語	發音	意思
レギュラー	Regular	指一般汽油，大部分出租車均使用該種汽油。
満タン	Mantan	入滿油缸。
カード	Kado	卡，指購物時使用信用卡付款。

Part 4
自由行程
Let's Go!

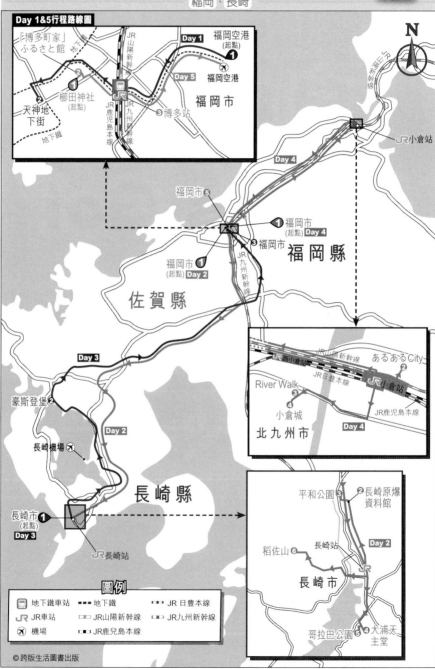

7大行程推介

Day 1

抵達①福岡空港

(地下鐵)

福岡市(福岡縣)

(地下鐵)

在②天神地下街及附近購物

晚餐 天神屋台

▲ 在屋台吃晚飯。

🏨 住：福岡市

Day 2

①福岡市

(乘JR至「長崎」站，約1小時32分鐘)

長崎市

(電車)

②長崎原爆資料館、③平和公園，前往下一個景點前先吃午餐

▲ 長崎原爆資料館。

(電車)

④大浦天主堂、⑤哥拉巴公園，感受異國風情

(乘電車至「長崎駅前」站)

先吃晚餐，然後在JR長崎站前乘巴士，再轉乘纜車往⑥稻佐山，欣賞世界三大夜景之首

🏨 住：長崎市

Day 3

①長崎市(長崎縣)

(乘JR至「ハウステンボス」站，約1小時22分鐘)

在②豪斯登堡遊玩，並於園內吃午餐及晚餐

(乘JR至「福岡」站，約1小時48分鐘)

③福岡市

🏨 住：福岡市

Day 4

①福岡市

(乘JR至「小倉」站，約40分鐘)

北九州市

(由「小倉」站步行前往)

在動漫迷的聖地②あるあるCity，搶購心愛的動漫商品，順便再到商場內的北九州漫畫博物館任看數萬本漫畫

(步行/JR)

③River Walk，在商場內吃午餐

(步行)

④小倉城，遊覽完在市內吃晚餐

(JR)

⑤福岡市

🏨 住：福岡市

Day 5

福岡市

(地下鐵)

早上前往①櫛田神社、②「博多町家」ふるさと館，在附近吃午餐

▲ 博多町家內有職人表演製作人偶。

(地下鐵)

在③博多站購買手信

(地下鐵)

福岡空港

行程 2　5日4夜 **撐艇看火山**之旅　自駕遊

福岡、熊本、大分、宮崎

JR博多City 2
博多站 JR
✈福岡空港
①福岡空港(起點) Day 1　**福岡縣**

Day 1

抵達①福岡空港

(地下鐵)

福岡市(福岡縣)

(乘JR至「熊本」站，約38分鐘)

熊本市(熊本縣)

(市電)

在②上通、下通購物

🏨 住：熊本市

Day 2

早上先在熊本市取車

開始自駕

①桜の馬場 城彩苑，在市內吃午餐

②阿蘇火山

③由布院(大分縣)，於溫泉旅館內吃晚餐

🏨 住：由布院

Day 3

早上遊覽①由布院，並於此吃午餐

別府市

遊覽②別府八大地獄(部分地獄的位置較為分散)

▲海地獄。

晚上於別府市內餐廳或溫泉旅館吃晚餐

🏨 住：別府市

Day 1

Day 5

JR九州新幹線

熊本縣

桜の馬場 城彩苑(起點) ① Day 2

上通、下通 ②

熊本站 JR

熊本市(起點) ① Day 5

⑥熊本市

Day 4

Day 5

①熊本市

(早上乘JR至「博多」站，約38分鐘)

在與博多站連結的②JR博多City內購物及吃午餐
午餐 博多魚がし

(圖：黃穎宜)

(飯後乘地下鐵)

福岡空港

Day 4 別府市(起點)

Day 3

1 由布院(起點)
③ 由布院

別府八大地獄 **2**

Day 2

Day 4

②阿蘇火山

大分縣

Day 4

①別府市

早上駕車前往高千穗(宮崎縣)

②高千穗神社、③高千穗峽

▲高千穗峽的真名井瀑布。
(攝影：黃穎宜)

④天岩戶神社、⑤天安河原

前往⑥熊本市，還車後吃晚餐
還車
🏯 住：熊本市

天安河原
高千穗神社 **2** **5** 天岩戶神社
3
高千穗峽

宮崎縣

圖例
🚉 JR車站
✈ 機場
▭▬▭ JR九州新幹線

©跨版生活圖書出版

7大行程推介

行程3 5日4夜 親子同樂舒適之旅

福岡、長崎、熊本、大分

火車遊

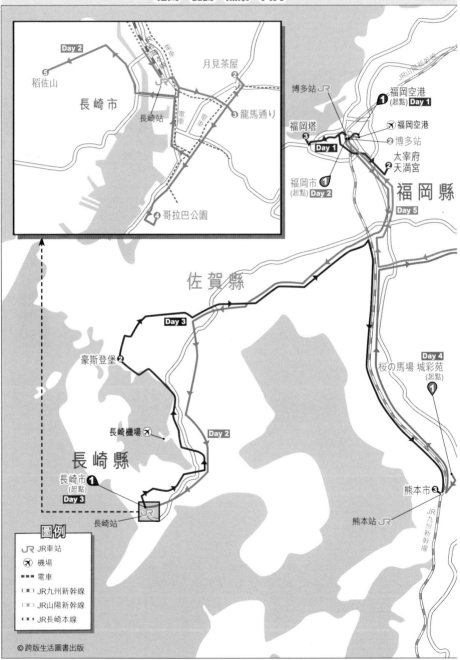

長崎市

Day 2

稻佐山 ⑤

長崎站

月見茶屋

龍馬通り ③

哥拉巴公園

博多站 JR

JR山陽新幹線

福岡空港 (起點) Day 1

福岡塔 ③

① 福岡空港

Day 1

② 博多站

太宰府
② 天滿宮

福岡市 (起點) Day 2

福岡縣

Day 5

佐賀縣

Day 3

豪斯登堡 ②

桜の馬場 城彩苑 (起點) Day 4

長崎機場 ✈

Day 2

長崎縣

長崎市 (起點) ①
Day 3

長崎站 JR

熊本市 ③

熊本站 JR

JR九州新幹線

圖例

JR JR車站

✈ 機場

▪▪▪ 電車

JR九州新幹線

JR山陽新幹線

JR長崎本線

© 跨版生活圖書出版

7大行程推介

Day 1

抵達①福岡空港

(地下鐵)

福岡市(福岡縣)

(地下鐵及西鐵至「太宰府」站)

太宰府市

(步行)

在②太宰府天滿宮祈求學業，在天滿宮參道買各式小吃

TIPS 如適逢賞楓季節，可在太宰府站步行往光明禪寺賞楓。

(西鐵及地下鐵)

返回福岡市吃晚飯，回酒店前可往③福岡塔欣賞夜景

🏨 住：福岡市

Day 2

①福岡市

(乘JR至「長崎」站，約1小時32分鐘)

長崎市(長崎縣)

(電車)

午餐 ②月見茶屋

(電車)

③龍馬通り

(電車)

④哥拉巴公園
晚餐 思案橋拉麵

(返回JR長崎站乘巴士，再乘纜車前往)

往⑤稻佐山觀夜景

🏨 住：長崎市

Day 3

①長崎市

(乘JR至「ハウステンボス」站，約1小時22分鐘)

在②豪斯登堡玩大半天

(乘JR至「熊本」站，約2小時)

③熊本市(熊本縣)

🏨 住：熊本市

大分縣

Day 5

Day 4

①金鱗湖(起點)

②由布院

Day 4

①桜の馬場 城彩苑
(起點)

熊本縣

熊本市

JR熊本站

JR九州新幹線

③

Day 4

熊本市

(市電)

①桜の馬場 城彩苑
及熊本城
午餐 山水亭

(乘JR至「由布院」站，中途需在久留米站下車，如時間適合，可乘搭由布院之森往由布院，全程約2小時13分鐘)

②由布院(大分縣)，遊走湯の坪街道，入住溫泉旅館及吃晚飯

🏨 住：由布院

Day 5

早上欣賞①金鱗湖的晨霧景色

(乘JR至「博多」站，約2小時)

回到福岡市(福岡縣)，在②博多站購物及吃午餐

(地下鐵)

福岡空港

行程 4　**6日5夜 北中九州悠閒之旅**

自駕遊

福岡、熊本、大分

福岡縣

Day 2
福岡市
(起點)

JR博多
City

Day 1
福岡空港
(起點)

✈福岡空港

Day 6
天神南站
(起點)

JR
博多站

福岡市

Day 5

JR九州新幹線

桜の馬場
城彩苑

Day 2

熊本県
物産館

下通

水前寺
成趣園

熊本市

Day 2

Day 3

Day 2

熊本市
(起點)

Day 3

熊本縣

Day 1

抵達①福岡空港

(地下鐵)

福岡市(福岡縣)

(步行)

②JR博多City內購物、
參觀鐵道神社

晚餐 City內的鮨割烹や
ま中

(攝影：黃穎宜)

🏠 住：福岡市

Day 2

早上在①福岡市取車，出
發往熊本市(熊本縣)

開始自駕

參觀②桜の馬場 城彩苑

③水前寺成趣園、④下
通、⑤熊本縣物產館、⑥
上通

晚餐 黑亭(吃拉麵)

🏠 住：熊本市

7大行程推介

Day 3

①熊本市

↓

前往②由布院(大分縣)遊覽
午餐 龍庵

↓

遊覽完由布院，前往③別府市

↓

入住溫泉酒店，在酒店吃晚餐

住：別府市

圖例

JR JR車站
✈ 機場
◼▯◼ JR九州新幹線
◼▯◼ JR山陽新幹線

N

Day 5
中津市 (起點)
③ 中津市

Day 5

Day 4

耶馬溪 ②

大分縣

Harmony Land
Day 4 B
②杵築城
Day 4 A

別府八大地獄
(起點)

③別府市

別府灣

②由布院

Day 3

Day 4

早上遊覽①別府八大地獄
(部分地獄的位置較為分散)

▲山地獄。
午餐 茶寮 大路

☆杵築市，參觀②杵築城的不同宅邸，遊走坂道
或
🏯前往樂園②Harmony Land遊玩

↓

③中津市吃晚餐

住：中津市

Day 5

①中津市

↓

早上遊覽②耶馬溪一帶景點，例如一目八景、溪石園、羅漢寺

▲耶馬溪的一目八景。（相片由大分旅遊協會提供）

TIPS 若適逢楓季的話，更可看到漫天楓葉，一片火紅。

↓

③福岡市，還車及吃飯
還車

住：福岡市

Day 6

福岡市

↓

(地下鐵)

在①天神南站一帶購物
午餐 ひょうたん寿司
飯後甜品 QUIL-FAIT-BON(吃果撻)

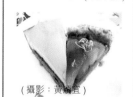

（攝影：黃耀宜）

↓

(步行往天神站乘地下鐵空港線)

福岡空港

© 跨版生活圖書出版

行程5 6日5夜 **追紅葉浪漫**之旅

福岡、熊本、大分

賞紅葉

自駕遊

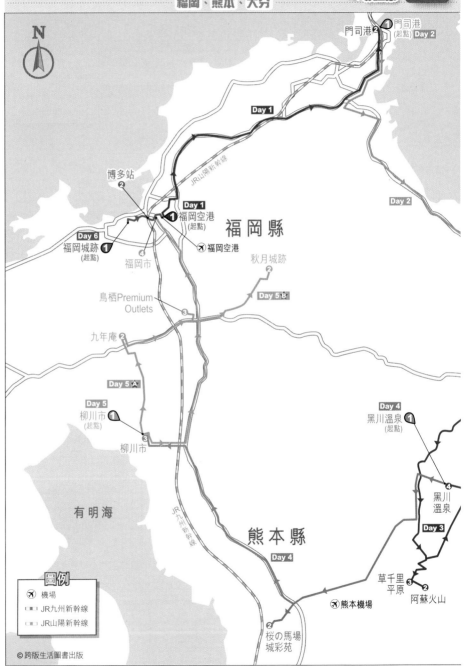

N

門司港2 1 門司港 (起點) Day 2

Day 1

Day 2

博多站 2

Day 1
福岡空港 (起點) 1

福岡縣

Day 6
福岡城跡 (起點) 1

福岡市

福岡空港

秋月城跡 2

鳥栖Premium Outlets 3

Day 5 B

九年庵 2

Day 5 A

Day 5
柳川市 (起點) 1

柳川市 3

Day 4
黑川溫泉 (起點) 1

黑川溫泉 4

Day 3

有明海

熊本縣

Day 4

草千里平原 3 2
阿蘇火山

圖例

✈ 機場
JR九州新幹線
JR山陽新幹線

熊本機場

桜の馬場城彩苑

©跨版生活圖書出版

Day 1

抵達①福岡空港，在機場取車

開始自駕

②門司港(福岡縣)，在海峽Plaza購物，遊覽門司港站、九州鉄道記念館

晚餐 在海峽Plaza吃飯

飯後到門司港Retro展望室飽覽門司港夜景

住：門司港

Day 2

①門司港

在中津市(大分縣)的②耶馬溪欣賞紅葉，遊走這一帶如一目八景、溪石園、羅漢寺等景點

③九重「夢」大吊橋

(攝影：詩人)

④由布院

晚餐 洋灯舍

⑤別府市，入住溫泉酒店，在酒店吃晚餐

住：別府市

Day 3

早上前往①別府八大地獄

前往熊本縣的②阿蘇火山、③草千里平原

④黑川溫泉，入住溫泉旅館，在旅館吃晚餐

住：黑川溫泉

Day 4

①黑川溫泉

前往熊本市，參觀②桜の馬場 城彩苑

午餐 山水亭

③柳川市(福岡縣)，乘遊船欣賞柳川風光

晚餐 元祖本吉屋

住：柳川市

Day 5

①柳川市

☆②九年庵(限特定日子開放)

或

⛩前往②秋月城跡賞楓

③鳥栖Premium Outlets

回到④福岡市還車，在博多運河城購物、吃飯

還車 **住：福岡市**

Day 6

福岡市

(地下鐵)

①福岡城跡賞紅葉

▲登上福岡城跡的大天守台俯覽福岡城跡景色。(攝影：Vivian)

(地下鐵)

在②博多站購物及吃午餐

(地下鐵)

福岡空港

Day 2

②耶馬溪

Day 3 別府八大地獄
(起點)
⑤別府市

④由布院

③九重「夢」大吊橋

Day 4
①黑川溫泉
(起點)
④黑川溫泉

大分縣

行程6　7日6夜
一家大小海洋風情之旅
福岡、佐賀、長崎

火車遊

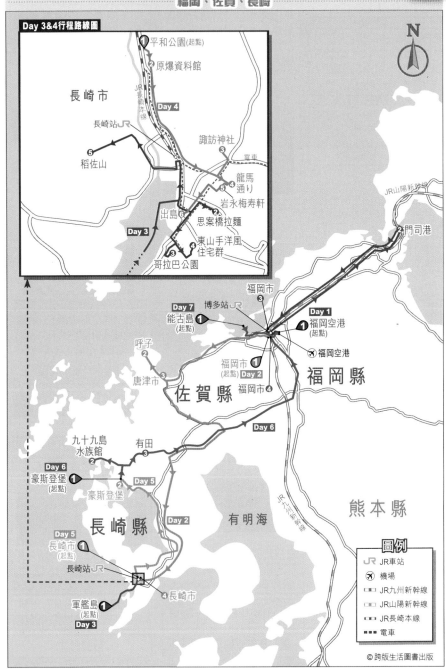

Day 3&4行程路線圖

長崎市

平和公園(起點) ①
② 原爆資料館

Day 4

長崎站 JR
諏訪神社 ③
稻佐山 ⑤

⑤ 龍馬通り
岩永梅寿軒

Day 3
出島

思案橋拉麵
東山手洋風住宅群 ④
哥拉巴公園

N

JR山陽新幹線
門司港

JR長崎本線

電車

福岡市 ③
Day 7 博多站 JR
能古島 ①
(起點)

呼子 ②

唐津市 ③

佐賀縣

Day 1
福岡空港 ①
(起點)

✈ 福岡空港

福岡市 ①
(起點) Day 2

福岡市 ④

福岡縣

九十九島
水族館 ②

有田 ③

Day 6
豪斯登堡 ①
(起點)

② 豪斯登堡
Day 5

Day 6

JR九州新幹線

熊本縣

長崎縣

Day 2

有明海

Day 5
長崎市 ①
(起點)

長崎站 JR

軍艦島 ①
(起點)
Day 3

④ 長崎市

圖例

JR JR車站
✈ 機場
▭▭ JR九州新幹線
▭▭ JR山陽新幹線
▭▭ JR長崎本線
┅┅ 電車

© 跨版生活圖書出版

60

Day 1

抵達①福岡空港

(地下鐵)

福岡市(福岡縣)

(JR)

②門司港,在海峽Plaza購物,遊覽九州鉄道記念館、藍翼吊橋等,在Retro展望室飽覽門司港夜景

▲在海峽 Plaza 購物。
晚餐 元祖 瓦そば たかせ

(JR)

③福岡市
住:福岡市

Day 2

①福岡市

(在地下鐵「博多」站乘火車至「唐津」站,約1小時27分鐘)

唐津市(佐賀縣)

(乘巴士,約30分鐘)

②呼子,先到呼子朝市(約12:00關門),然後乘坐遊覽船或潛艇出海欣賞呼子海景

午餐 鯨屋

(乘巴士)

③唐津市,參觀唐津城及曳山展示場,在市內吃晚餐

(乘JR至「長崎」站,約2小時)

④長崎市(長崎縣)
住:長崎市

Day 3

長崎市

(電車及船)

①軍艦島

(乘船及電車)

午餐 ②思案橋拉麵

(電車)

參觀③哥拉巴公園、④東山手洋風住宅群一帶
晚餐 長崎港(長崎出島碼內)

(乘電車至「長崎駅前」站)

在JR長崎站前乘巴士,再轉乘纜車往⑤稻佐山,欣賞世界三大夜景之首

住:長崎市

Day 4

早上參觀①平和公園、②原爆資料館

(電車)

③諏訪神社
小食 月見茶屋

(電車)

走走④龍馬通り,在⑤岩永梅寿軒買蛋糕

(電車)

⑥出島
住:長崎市

Day 5

①長崎市

(乘JR至「ハウステンボス」站,約1小時22分鐘)

②豪斯登堡
住:豪斯登堡

Day 6

①豪斯登堡

(JR及巴士)

②九十九島水族館

(在JR「佐世保」站乘JR至「有田」站,約38分鐘)

③有田(佐賀縣),參觀佐賀縣立九州陶磁文化館、有田陶瓷公園
午餐 Ota Gallery

(乘JR至「博多」站,約1小時21分鐘)

④福岡市(福岡縣),在博多站購物及吃飯

住:福岡市

Day 7

福岡市

(地下鐵及船)

①能古島,轉乘巴士往能古島Island Park

▲ Island Park。
(相片提供:福岡市)

(返回市內,乘地下鐵)

福岡空港

Part 4

行程1

7日6夜 全九州達人之旅

福岡、熊本、鹿兒島、宮崎、大分

火車遊

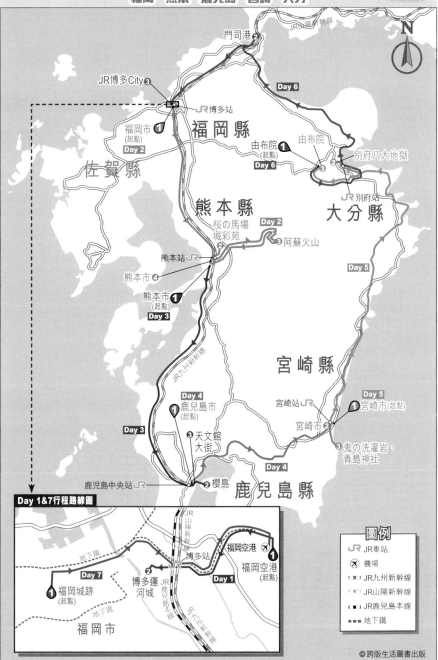

Day 1

抵達①福岡空港

(地下鐵)

福岡市(福岡縣)

(JR)

②博多運河城，購物及吃晚餐

🏨 住：福岡市

Day 2

①福岡市

(乘JR至「熊本」站，約38分鐘)

熊本市(熊本縣)，參觀②桜の馬場 城彩苑及熊本城
午餐 山水亭

(JR及巴士，車程約1小時45分鐘)

③阿蘇火山

(攝影：黃穎宜)

(巴士及JR)

④熊本市
晚餐 味の波止場

(攝影：Vivian)

🏨 住：熊本市

Day 3

①熊本市

(乘JR至「鹿兒島中央」站，約46分鐘)

鹿兒島市(鹿兒島縣)

(在鹿兒島港乘船)

②櫻島，可騎單車或乘周遊巴士遊覽

(攝影：

(乘船返回市內，乘市電)

在③天文館大街購物

🏨 住：鹿兒島市

Day 4

①鹿兒島市

(乘JR至「宮崎」站，約2小時)

②宮崎市
午餐 焼肉の幸加園

(攝影：黃穎宜)

(JR)

③鬼の洗濯岩、青島神社

宮崎市

🏨 住：宮崎市

Day 5

①宮崎市

(乘JR至「別府」站，約3小時)

別府市(大分縣)

(巴士)

②別府八大地獄(血之池及龍卷地獄較遠)

(JR)

③由布院，入住溫泉旅館，在旅館吃晚餐

🏨 住：由布院

Day 6

早上遊走①由布院

(乘JR至「門司港」站，約2小時47分鐘)

②門司港(福岡縣)，參觀九州鉄道記念館，在海峽Plaza購物

(JR)

福岡市，在③JR博多City閒逛
午餐 博多魚がし

(攝影：黃穎宜)

🏨 住：福岡市

Day 7

福岡市

(地下鐵)

①福岡城跡

(相片由福岡市提供)

(地下鐵)

福岡空港

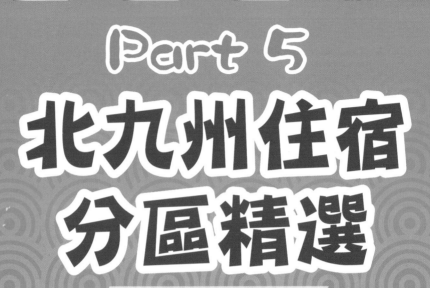

Part 5
北九州住宿分區精選

注意，本章房價僅供參考，以酒店住宿公佈為準。

宿在福岡市(福岡縣)

免費拉麵宵夜 Hotel Dormy Inn Premium(天然溫泉 袖湊の湯)

⏱ 地圖 P.89　☑溫泉

這間 Dormy Inn(或稱ドーミーイン Premium 博多・キャナルシティ前)，位於博多運河城 (P.102) 附近，逛街血拼十分方便。不少人選擇這間酒店的主要原因，是它會免費提供自製的醬油拉麵作宵夜。拉麵彈牙，湯底散發醬油香，配上海苔及筍片，清爽不油膩，質素不輸街頭的拉麵店！此外，Hotel Dormy Inn 集團旗下酒店都擁有大浴場，而袖湊の湯店的浴場更是天然溫泉，但謹記要先洗淨身體，而且不能穿着任何衣物進入浴場。

▲房間以自然色系為主。

▲Hotel Dormy Inn Premium(天然溫泉 袖湊の湯)。

►酒店的大浴場源自天然溫泉，分開男女湯，圖為男湯門口。

▲女湯需要密碼才能進入。上圖為女湯門口，下圖為男湯門口。

◄酒店提供限量的醬油拉麵作宵夜。(拉麵供應時間：21:30-23:00)

免費醬油拉麵

◄酒店提供的自助早餐亦十分豐富。

Info

🏠 福岡縣福岡市博多區祇園町 9-1
🚇 從博多站西 18 號出口步行約 10 分鐘
🕐 Check-in / out 時間：15:00 / 11:00
💲 每晚約 ¥27,800 (HK$2,059) 起
📞 092-272-5489
🖥 www.hotespa.net/dormyinn/tchinese/brand/premium/
❗ 泊車：每天 ¥1,800 (HK$136)

(文字：IKiC，攝影：蘇飛)

離博多站 4 分鐘 The b Hakata　⏱ 地圖 P.89

The b Hakata(ザ・ビー 博多) 由維新酒店集團營運，旗下共有 21 間酒店遍佈全日本。酒店共有 175 間客房，大堂提供免費 Wi-Fi 服務，房間亦提供免費有線上網。位置方面距離博多站只需 4 分鐘步程，交通非常方便。

◄ Semi Double 房間的床鋪寬達 140cm，即使兩人同睡也不覺擠逼。

Info

🏠 福岡縣福岡市博多區博多站南 1-3-9
🚇 從博多東 5 出口步行約 4 分鐘即達
🕐 Check-in / out 時間：15:00 / 11:00
💲 單人房約 ¥5,900 (HK$442)
💲 雙人房約 ¥8,914 (HK$660)
📞 092-415-3333
🖥 hakata.theb-hotels.com

►浴室俱全。洗手間為一體式，小巧但五臟

▲以高級商務酒店作為定位的 The b 酒店，分店遍佈全日本。

福岡縣

大分縣

熊本縣

長崎縣

佐賀縣

宮崎縣

最佳酒店之一 **Richmond Hotel Hakata Ekimae** 地圖 P.89

Richmond Hotel Hakata Ekimae (リッチモンドホテル博多駅前) 在全日本擁有多間分店，更連續 7 年獲得住客評為最佳酒店第一名。位於博多站前的 Richmond Hotel 共有 218 間客房。除了博多站前分店外，Richmond 於天神站附近亦有分店。

◀酒店樓高 12 層，遠遠已能看見。

Info

- 福岡縣福岡市博多區博多站中央街 6-17
- 從博多站東 5 出口步行約 3 分鐘即達
- Check-in / out 時間：14:00 / 11:00
- 單人房約 ￥13,500(HK$1,000)
  雙人房約 ￥19,000(HK$1,407)
- 092-433-0011
- richmondhotel.jp/hakata
- 泊車：每天 ￥1,500(HK$114)

環境新簇舒適 **Hotel Hakata Forza** 地圖 P.89

住客到達這間酒店時，可能會被它比較狹窄的樓型和門口嚇倒，但只要進入酒店，就會發現其實這裏的空間頗大，大堂既有放置咖啡機和沙發的休憩空間，還設有座位放置電腦，設備齊全。此外，酒店房間的空間也十分足夠，而且環境寧靜舒適，還配備了手提電話和平板電腦，方便住客通訊，服務十分貼心。

◀酒店的入口比較窄。

▶洗手間的空間頗大。

▲房內提供免費咖啡機。

齊全。▶適，房間設備亦很舒

▶每間房均設有免費 iPad。

Info

- 福岡縣福岡市博多區博多站中央街 4-16
- 從 JR 博多站筑紫口步行約 1 分鐘
- Check-in / out 時間：14:00 / 11:00
- 單人房約 ￥12,000(HK$889) 起；雙人房約 ￥13,000(HK$963) 起
- 092-473-7111
- www.hotelforza.jp/hakata

▲服務櫃台。

▲大堂設有電腦，方便住客上網。

(圖文：Pak)

優質好睡眠 **Hotel Tenjin Place** ⏱ 地圖 P.90

　　Hotel Tenjin Place (ホテル天神プレイス) 共有 96 間客房，酒店標榜所有房間均使用蓆夢思床褥，務求讓客人得到最舒適的睡眠！酒店亦會附送免費早餐，讓你吃飽後才開始一天的旅程。

▲ Semi Double 房間的床鋪達 140cm，算是十分寬敞了。

▲ Hotel Tenjin Place 所在位置旺中帶靜。

Info
- 🏠 福岡縣福岡市中央區今泉 1-2-23
- 🚉 從天神站步行約 13 分鐘，或天神南站 1 號出口步行約 6 分鐘即達
- 🕐 Check-in / out 時間：15:00 / 11:00
- 💲 單人房約 ￥9,800(HK$726)
　　雙人房約 ￥13,500(HK$1,000)
- 📞 092-733-1234
- 🖥 hotel-tenjinplace.com
- ⚠ 泊車：每天 ￥1,500(HK$88)

宿在由布市(大分縣)

獨立小屋 **由布之彩 YADOYA** ⏱ 地圖 P.192　MAPCODE® 269 326 760*80

☑ 溫泉

　　由布之彩 YADOYA(由布の彩 YADOYA おおはし) 佔地 3,300 坪，共有 14 棟客室，全部皆為離宿 (即獨立小屋) 而由布之彩 YADOYA 的離宿更全部提供獨立溫泉，這樣客人就可以 24 小時隨時泡湯了。

◀一些離宿分為兩層，樓下為小客廳。

▲寢室位於離宿的閣樓。

▲室外溫泉以石建造，很有大自然的感覺。

Info
- 🏠 大分縣由布市湯布院町川北 1235
- 🚉 從 JR 由布院站步行約 20 分鐘
- 🕐 Check-in / out 時間：15:00 / 11:00
- 💲 和洋室約 ￥38,500(HK$2,264) 起
- 📞 0977-84-5565
- 🖥 yufunoirodori-oohashi.jp
- ⚠ 泊車：免費

▲離宿的室內浴室同樣為溫泉。

世外桃源 山のホテル夢想園

◀旅館設有獨立用餐空間，可以在這裏享受片刻的寧靜。

▲冬季的時候，客房的枱有電毯，很溫暖。

◀日本火鍋。

◀清酒以精美的玻璃酒杯盛載，既優雅又華麗。

◀餐後提供甜點水果及啫喱，份量不多，但新鮮好吃。

這是由布院最受旅客歡迎的旅館之一，當地人對它有極高的評價。這裏的露天風呂，可欣賞到由布岳的絕佳景致。浸在水中，尤如置身世外桃源。

這旅館由房間、旅館環境、服務、朝夕兩餐都有一流水準，絕對值得前往入住或用餐泡湯。如要入住，務必盡早預訂。若不打算在由布院住一晚，也可進去吃一頓由當地食材炮製的午餐或純泡湯休息一下。

▲▶旅館供應的兩款刺身。

Info

🏠 大分縣由布市湯布院町川南 1243
🚃 JR 由布院站乘計程車約 5 分鐘
🕐 Check-in / out 時間：15:00 / 11:00
　　外來客泡湯時間 10:00~15:00
　　午餐時間 11:00~14:00
💲 一泊二食每人約 ￥17,600(HK$1,310) 起
📞 0977-84-2171　🖥 www.musouen.co.jp

（圖文：黃穎宜）

私密露天風呂 湯布院やわらぎの郷 やどや

地圖P.192

☑溫泉　MAPCODE 269 359 361*02

湯布院やわらぎの郷 やどや遠離鬧市，環境清幽，擁有男女浴場及 3 個露天風呂。露天風呂屬貸切預約制，旅館會安排晚上及翌日早上兩個指定時段予旅客使用，各風呂皆獨立分隔，私密度高，可好好享受 50 分鐘的泡湯。

▲やわらぎの郷 やどや。

旅館提供的早餐十分出色，每道菜都是料理長親手製作的和式料理，除了漬物、燒魚、水果外，還有一個小鍋盛載熱食。餐廳內有大玻璃窗，外面就是由布岳，旅客可一邊品嘗豐盛的早餐，一邊欣賞由布岳的壯麗景色。

▲餐廳寬敞舒適，窗外就是由布岳。

▲豐盛的早餐包括漬物、燒魚等和式料理，小鍋中還有煙肉、香腸等熱食！

▲3個露天風呂之一：やわらぎの湯。

Info

🏠 大分縣由布市湯布院町川上 2717-5
🚃 JR 由布站步行約 20 分鐘
🕐 Check-in / out 時間：15:00 / 11:00
💲 一泊一食每人約 ￥19,800(HK$1,164) 起
📞 0977-28-2828
🖥 www.yawaraginosato.com
❗ 泊車：免費

（文字：IKiC，攝影：蘇飛）

宿在別府市（大分縣）

大型綜合式酒店 別府溫泉 杉乃井ホテル 🕐 地圖 P.181 MAPCODE 46 402 521*52

　　杉乃井 (Suginoi Hotel) 是一間大型的綜合式酒店，酒店內有多座別館，設施包括：水上樂園 (只於夏天開放)、保齡球場、遊戲機中心等，還有各國美食食肆。酒店設有兩個大型露天風呂和一個露天溫泉泳池，全部都以五層階梯式設計，每層各有特色，並可以飽覽別府灣景色，晚上在星光下泡着溫泉欣賞別府灣的夜景是酒店的最大賣點。酒店內設有巴士接送旅客往返酒店內不同大樓，十分方便。

▲溫泉泳池，可穿泳衣入場。

▲◀雙人和洋室。

▲遊戲機中心。

▲酒店設有巴士往返不同別館，路上會有指示告訴旅客如何找到巴士站。

Info

🏠 大分縣別府市觀海寺 1
🚌 JR 別府站下車轉乘計程車，車程約 10 分鐘；或乘酒店提供的免費接駁車，酒店 Hana 館發車 07:40~18:20，JR 別府站發車 08:00~18:40，逢 00、20、40 發車
🕐 Check-in / out 時間：14:00 / 11:00
💲 一泊二食每人約 ￥20,000(HK$1,176) 起
📞 0977-78-8888
🌐 www.suginoi-hotel.com
🅿 泊車：免費

▲酒店內的賣場，可買到別府的手信。

（文字：IKiC，攝影：蘇飛）

福岡縣
大分縣
熊本縣
長崎縣
佐賀縣
宮崎縣

提供馬肉刺身套餐 **両築別邸** ⏱ 地圖 P.180、181　**MAPCODE** 46 402 314*33

這家旅館位於別府市的半山位置，在旅館可從高處眺望整個別府市的景致。旅館內有數個不同的露天風呂跟大浴場，大堂外更有戶外足湯，而且這旅館提供特別的套餐：馬肉刺身。

▲吃套餐不夠，可另外點刺身。

▲套餐包括煎魚、海鮮蕎麥麵、馬肉刺身及一小杯梅酒。

Info

🏠 大分縣別府市観海寺 3
🚌 先聯絡旅館，可在 JR 別府站乘免費接駁車
🕐 Check-in / out 時間：15:00 / 11:00
💲 連早餐每人每晚約 ￥11,440 (HK$673) 起
📞 0977-26-0022
🌐 ryoutiku.com
❗ 泊車：免費

（圖文：黃穎宜）

超豐盛懷石料理 **別府温泉 悠彩の宿 望海** ⏱ 地圖 P.181

☑溫泉　**MAPCODE** 46 406 421*23

望海在 7 樓有個被稱為「美人湯」的屋上露天風呂，據説泉水對肌膚具有滋潤效果，亦有助於恢復精力。料理部分，無論是餐具、食物擺設、刺身的刀工、食材的挑選等，都可看到他們對細節的重視。除了可以在餐廳內用餐外，預約時亦可要求「部屋食」的住宿方案，於房間內享用晚餐。旅館的人氣美食有煎豐後牛、竹莢魚刺身、河豚刺身等。早餐亦是旅館的亮點之一，所有食材都運用了當地最新鮮的材料，包括地魚、大分縣產的米飯、自家製豆腐、地雞雞蛋等。

竹莢魚刺身（アジ姿造り）

▲「部屋食」在日本來説是較為高級的用餐方式。穿着和服的職員會於客人選定的時間進房，從廚房來每道佳餚，逐款用心擺放。

◀某些房間附有室內的展望檜風呂。

▲▲豐盛的懷石晚宴，每一道菜都給客人帶來視覺與味蕾的驚喜。

▲袋子內放了小毛巾、襪子等，方便旅客攜帶往大浴場使用。

▲早餐有沙律、燒魚、味噌湯、漬物、溫泉豆腐等。

Info

🏠 大分縣別府市北浜 3-8-7
🚌 從 JR 別府站東口步行約 15 分鐘，或駕車前往約 5 分鐘
🕐 Check-in / out 時間：15:00 / 10:00
　7 樓屋上露天風呂：05:00～24:00
💲 雙人房一泊二食，每人每晚約 ￥31,000(HK$2,296) 起
📞 0977-22-1241　🌐 www.bokai.jp
❗ 泊車：免費

（圖文：沙發衝浪客）

宿在熊本市(熊本縣)

全面翻新 熊本三井花園酒店 ⏱ 地圖P.239

　　熊本三井花園酒店 (三井ガーデンホテル熊本) 於 2017 年 4 月全面翻新，從酒店步行至熊本城只需 10 分鐘步程。酒店內設有熊本熊主題房 (くま Room)，入住的話可得到熊本熊的文件夾與明信片作為紀念，喜歡熊本熊的話，不能錯過！

▲住客可獲得文件夾與明信片作為留念。

熊本熊主題房
▲遠看以為熊本熊躺在床上。

▲熊本三井花園酒店。

Info
🏠 熊本縣熊本市中央區紺屋今町 1-20
🚃 市電 8 辛島町站下車步行約 5 分鐘
🕐 Check-in / out 時間：14:00 / 11:00
💲 單人房約 ¥7,400(HK$548) 起
　 雙人房約 ¥9,200(HK$681) 起
　 熊本熊主題雙人房 (包早餐) 約
　 ¥17,200(HK$1,012) 起
📞 096-352-1131
🏠 www.gardenhotels.co.jp/kumamoto

▲沙發上可找到巨型的熊本熊公仔。

▲酒店內的杯子為酒店限定款式。

一整層的熊本熊主題房
ANA Crowne Plaza Kumamoto New Sky ⏱ 地圖P.239

　　ANA Crowne Plaza(皇冠假日酒店)Kumamoto New Sky 共有 186 間客房，提供免費接駁車接送住客來往 JR 熊本站。酒店房間寬敞，12 樓更是以熊本熊為主題的樓層，房間內充滿各種熊本熊的擺設與用具。入住熊本熊房可獲得相關的毛巾及包裝上印有熊本熊的水。

▶房間內有許多熊本熊，大人小孩看到都心花怒放！

熊本熊主題房

▲這間酒店在熊本市可說是高樓大廈。

Info
🏠 熊本縣熊本市中央區東阿彌陀寺町 2
🚃 市電 4 祇園橋站步行約 1 分鐘，或由 JR 熊本站乘免費接駁車前往酒店
🕐 Check-in / out 時間：14:00 / 11:00
💲 單人房約 ¥12,930(HK$958) 起，雙人房約 ¥16,930(HK$1,254) 起，熊本熊主題雙人房約 ¥14,930(HK$1,106) 起
📞 096-354-2111
🏠 anacpkumamotonewsky.com
❗ 泊車：每日 ¥1,000(HK$76)

接送車班次

▲車身上有熊本熊的免費接駁車。
▲房間內提供的兩款杯子，在酒店大堂的專賣店都可買到。

福岡縣
大分縣
熊本縣
長崎縣
佐賀縣
宮崎縣

71

人氣之選 **東橫イン熊本駅前** 🕐 地圖P.239

▶ 洗手間實用、清潔。

到過日本自遊行的朋友，相信絕大部分都已光顧過東橫イン (即東橫 Inn)。東橫 Inn 在熊本市中心共有 4 間分店，當中以熊本站前的分店最受歡迎，只因這家分店距 JR 站只需 2 分鐘步程！東橫 Inn 雖為商務酒店，但住宿質素與衛生環境均有保證，且提供免費 Wi-Fi，故經常爆滿，打算預約的朋友記得要及早行動。

▲ 位於熊本的東橫 Inn。

會讓你倍覺親切呢？格仔被褥，看到東橫 Inn 向來採用不

Info

🏠 熊本縣熊本市西區春日 2-8-10
🚉 從 JR 熊本站下車步行約 2 分鐘
🕐 Check-in / out 時間：16:00 / 10:00
💲 單人房約 ¥5,700(HK$422)
　　雙人房約 ¥7,200(HK$533)
☎ 096-351-1045
🖥 www.toyoko-inn.com/search/detail/00168

宿在阿蘇 (熊本縣)

24 小時溫泉樂 **阿蘇內牧溫泉親和苑** 🕐 地圖P.271　MAPCODE 256 785 350*77

☑ 溫泉

親和苑距 JR 阿蘇站約 10 分鐘車程，分為親和苑本館及杜の隱れ家。本館設有 8 間和式客房，而杜の隱れ家則為 4 家獨立離宿。離宿即獨立小屋，屋內設有睡房及洗手間，讓旅客享有更私人的空間。旅館的露天風呂與貸切風呂均全天候 24 小時開放，喜歡泡湯的遊客大可慢慢泡個痛快！

Info

🏠 熊本縣阿蘇市內牧溫泉 1354
🚉 從 JR 阿蘇站下車再轉乘計程車，車程約 10 分鐘
🕐 Check-in / out 時間：16:00 / 10:00
💲 本館平日每位 ¥17,500-19,500(HK$1,029-1,147)，周六、日或假期前每位 ¥20,500(HK$1,206) 起；離宿平日 2-3 位 ¥25,500(HK$1,500) 起，周六、日或假期前每位 ¥29,500(HK$1,735) 起；費用已包括早餐及晚餐，另外每位需繳付 ¥150(HK$11) 入湯稅
☎ 0967-32-0330　🖥 www.shinwaen.com
🅿 泊車：免費

黑川溫泉 **湯峽の響き 優彩** 🕐 地圖P.271　MAPCODE 440 542 764*24

☑ 溫泉

▲ 除了大浴場，旅館亦設有貸切風呂，讓你可慢慢享受私人泡湯的滋味。

湯峽の響き 優彩位於黑川溫泉的溫泉街旁，從房間可眺望筑後川，就像置身大自然一樣。除了露天溫泉及大浴場外，旅館亦設有貸切風呂，讓旅客可一嘗私人泡湯的風味。

▲ 旅館內設有小賣店，出售黑川溫泉的精選手信。

◀ 住在傳統的溫泉旅館，當然要睡榻榻米才夠過癮！

Info

🏠 熊本縣阿蘇郡南小國町黑川溫泉 6554
🚉 從 JR 博多站乘搭前往黑川溫泉之高速巴士，於黑川溫泉巴士站下車步行約 15 分鐘，車費成人 ¥3,470(HK$204)，小童 ¥1,735(HK$102)，車程約 2 小時 41 分鐘
🕐 Check-in / out 時間：15:00 / 10:00
💲 每人約 ¥19,440(HK$1,440) 起
☎ 0967-44-0111　🖥 www.yusai.com
❗ 泊車：免費

（攝影：詩人）

童話式饅頭小屋！阿蘇 Farm Land 阿蘇ファームランド

🕐 地圖 P.271　MAPCODE 256 511 245*43

　　阿蘇 Farm Land 是位於阿蘇的大型度假村，遊客可入住充滿童話色彩、呈半圓球體的饅頭小屋！小屋區分成三個區域，最受歡迎的是卡通主題區域「Dream Zone」，小屋的室外和室內裝潢都繪有可愛的恐龍、熊本熊、水果等卡通公仔，小朋友看到一定很開心。另外，還有豪華風格的「Royal Zone」，以及簡約蒙古包風格的「Village Zone」。

▶阿蘇 Farm Land。
(攝影：Jeff Ng)

Info

🏠 熊本縣阿蘇郡南阿蘇村河陽 5579-3
🚌 從 JR 肥後大津站，乘搭產交的特急巴士やまびこ號，於赤水站下車直達
🕐 Check-in / out 時間：15:00 / 10:00
💲 一泊二食每人 ￥16,800 (HK$1,244) 起
📞 0967-67-3737
📱 asofarmland.co.jp　❗ 泊車：免費

特急巴士
班次

(文字：嚴潔盈)

宿在大村市（長崎縣）

鄰近長崎機場 Chisun Inn Omura Nagasaki Airport 🕐 地圖 P.327

MAPCODE 44 879 009*01

　　這間酒店距離長崎空港只有 10 分鐘車程，適合一些想留在大村市或周邊觀光的遊客或商務旅客。酒店的設計和裝潢都十分簡約，而且環境寧靜，能確保每一位住客都能得到充分休息。酒店職員十分友善，而且服務用心，住在這裏能使人靜下心來。

▶酒店外觀模實。

Info

🏠 長崎縣大村市杭出津 1-814
🚌 從長崎空港駕車約 10 分鐘；或乘搭前往諫早站前的縣營巴士，於大村ターミナル站下車，步行約 12 分鐘
🕐 Check-in / out 時間：15:00 / 10:00
💲 雙人房約 ￥5,610(HK$416)
📞 0957-52-1811
📱 www.solarehotels.com/hotel/nagasaki/chisuninn-nagasaki-air/#reserve_bar
❗ 泊車：免費

▶
二人房簡約舒適。

(圖文：Pak)

宿在長崎市（長崎縣）

交通極便利 APA Hotel Nagasaki-Ekimae ⏱ 地圖 P.293

　　APA 這個酒店品牌是質素的保證，而位於長崎站前的 APA 酒店最大的賣點是位置極佳，只要越過行人天橋，就能到達 JR、長崎電鐵和縣營巴士長崎站，住客還能向櫃台職員購買電鐵一日券，十分方便。酒店的職員熱情有禮，而酒店曾於 2017 年裝修，因此設施新簇而齊備。可是，這裏的房間空間比較窄，隔音也做得不太妥善，若有意入住的話，就要衡量它的優缺點。

▲酒店是一座紅磚高樓。　▲房間的空間不大。

Info
- 🏠 長崎縣長崎市大黑町 2-1
- 🚌 從 JR 長崎站步行約 3 分鐘；或從縣營巴士長崎站前步行約 1 分鐘；或從長崎電鐵長崎站前步行約 1 分鐘
- ⏰ Check-in / out 時間：15:00 / 11:00
- 💲 雙人房約 ￥10,000(HK$588)
- 📞 095-820-1111
- 📱 www.apahotel.com/hotel/kyusyu/06_nagasaki-ekimae/

(圖文：Pak)

乘纜車看夜景有優惠 Hotel WingPort Nagasaki ⏱ 地圖 P.293

　　Hotel WingPort Nagasaki(維博特酒店、ホテルウイングポート長崎) 距 JR 長崎站只需 2 分鐘步程，而距地面電車長崎站前更只需 1 分鐘，交通非常方便。酒店服務台有售路面電車一日票，亦有稻佐山纜車的優惠券，記得留意服務台前的最新資訊。

◀ 酒店鄰近便利店與吉野家，即使深夜也不愁餓着肚子呢！

Info
- 🏠 長崎縣長崎市大黑町 9-2
- 🚌 從長崎站下車步行約 2 分鐘
- ⏰ Check-in / out 時間：15:00 / 10:00
- 💲 單人房約 ￥6,000(HK$444)
  雙人房約 ￥7,800(HK$578)
- 📞 095-833-2800
- 📱 www.wingport.com/ct

泡大浴場放鬆一下 Hotel Dormy Inn Nagasaki ⏱ 地圖 P.293

　　Hotel Dormy Inn Nagasaki(出島の湯 ドーミーイン長崎) 位於新地中華街與眼鏡橋一帶。酒店屬於 Hotel Dormy Inn 集團的一員，所有旗下的酒店都提供免費大浴場，讓旅客經過一天旅程後可放鬆一下。

◀ Hotel Dormy Inn Nagasaki。

Info
- 🏠 長崎縣長崎市銅座町 7-24
- 🚌 從築町站下車步行約 2 分鐘
- ⏰ Check-in / out 時間：15:00 / 11:00
- 💲 雙人房約 ￥10,700(HK$793)
- 📞 095-820-5489
- 📱 www.hotespa.net/hotels/nagasaki
- ❗ 泊車：每日 ￥1,000(HK$76)

濃濃西洋風 Nagasaki Hotel Monterey ⏱ 地圖 P.293

Nagasaki Hotel Monterey(ホテルモントレ長崎) 為 Monterey 旗下的酒店，酒店位於東山手洋風住宅群一帶，外觀與四周建築物一樣充滿西洋風格，而客房的裝潢亦帶着濃厚西方氣息。

Info
🏠 長崎縣長崎市大浦町 1-22
🚃 從大浦海岸通り站下車步行約 1 分鐘
🕐 Check-in / out 時間：15:00 / 11:00
💲 雙人房 ￥17,000(HK$1,000) 起
📞 095-827-7111
🖥 www.hotelmonterey.co.jp/nagasaki
❗ 泊車：每日 ￥1,800(HK$133)

▶ 酒店外觀。

宿在佐世保市 (長崎縣)

享受區內唯一天然溫泉 JR 豪斯登堡大倉大飯店 ⏱ 地圖 P.316

☑ 溫泉

JR 豪斯登堡大倉大飯店 (ホテルオークラ JR ハウステンボス) 位於豪斯登堡外圍。酒店外貌與豪斯登堡一樣採用歐陸式建築，兩邊的高塔上建有鐘樓，甚具氣勢！酒店內還有豪斯登堡區內唯一的天然溫泉琴乃湯，住客更可免費享用。

▶ 雖然酒店位於豪斯登堡園外，但部分房間均可眺望豪斯登堡園內的景色。

Info
🏠 長崎縣佐世保市ハウステンボス町 10 番
🚃 從 JR 豪斯登堡站 (ハウステンボス站) 下車步行約 5 分鐘
🕐 Check-in / out 時 間：15:00 / 11:00
💲 房價約 ￥16,800(HK$1,244) 起
📞 0956-58-7111
🖥 www.jrhtb.hotelokura.co.jp
❗ 泊車：Check-in 後 12 小時免費，之後每小時 ￥1,000(HK$59)

▲ 酒店的裝潢採西式佈置，十分豪華。

◀ 房間與洗手間亦比一般酒店寬敞。

像家一樣溫暖 Central Hotel Sasebo ⏱ 地圖 P.316

Info
🏠 長崎縣佐世保市上京町 3-2
🚃 從 JR 佐世保站下車步行約 10 分鐘
🕐 Check-in / out 時間：12:00 / 11:00
💲 每人每晚約 ￥6,200(HK$365)
📞 0956-25-0001
🖥 www.sasebo.co.jp
❗ 泊車：每日 ￥6,200(HK$365)

Central Hotel Sasebo(セントラルホテル佐世保) 距 JR 佐世保站約 10 分鐘路程，位於佐世保市中心繁華街道內，共有 166 間客房。由於佐世保有美國駐軍居住，酒店部分職員均為外籍人士，就算以英語溝通也沒問題。

宿在雲仙市（長崎縣）

雲仙地獄旁的百年酒店　雲仙 九州ホテル　地圖P.334　MAPCODE 173 556 354*23

☑溫泉

擁有百年歷史的雲仙 九州ホテル屬中等價位的溫泉旅館，酒店既保留舊日的傳統，亦翻新了某些設備和房間。酒店位於雲仙地獄旁，在某些房間能夠欣賞到窗外的裊裊炊煙，眺望雲仙地獄景色。酒店於 2018 年 5 月裝修完畢，休業一段時間已重新營業。

▲雲仙 九州ホテル。

▲長崎牛 100g(需額外付 ￥1,800，HK$136)。

▲使用當地時令食材製成精緻的日式前菜。

▲ 3 種不同的燒蠔。

▲踊燒鮑魚 (あわびの踊り焼き)80~100g(需額外付 ￥1,500，HK$114)。

Tips 筆者入住的是一泊二食的 plan，已包晚餐費用，食客可自選主菜，不過部分主菜需要另外加錢。

▲擁有 100 年歷史的用餐處。

▲活鮑魚刺身 80~100g(需額外付 ￥1,500，HK$114)。

Info

🏠 長崎縣雲仙市小浜町雲仙 320
🚌 從電車 /JR 長崎站前巴士總站搭乘長崎縣營巴士「長崎─雲仙線 (特急)」，於雲仙お山の情報館站下車，步行約 5 分鐘；或乘 JR 至諫早站，再轉乘島鐵巴士至雲仙お山の情報館站下車 (班次見 P.333)
🕐 Check-in / out 時間：15:00~18:00 / 11:00
💲 雙人房一泊二食，每人每晚約 ￥30,800 (HK$1,812) 起
📞 0957-73-3234　🖥 www.kyushuhtl.co.jp

(圖文：沙發衝浪客)

浸泡雲仙地獄的泉水　湯元ホテル　地圖P.334(下)

☑溫泉

湯元酒店創業超過 320 年，共有 44 間客房，是日本樂天 2017 年上半年的 4 星人氣住宿之一。旅館的溫泉水來自雲仙地獄，為住客提供最優質的泉水，而旅館亦是雲仙地獄內少數可選擇純粹住宿 (即不含早晚兩餐) 的旅館。酒店外有個湯元足湯可免費泡腳。

▲酒店歷史悠久。

▲體驗睡榻榻米的滋味。

▲足湯受到不少年長旅客歡迎。

Info

🏠 長崎縣雲仙市小浜町雲仙 316
🚌 從電車 /JR 長崎站前巴士總站乘長崎縣營巴士「長崎─雲仙線 (特急)」，或從 JR 諫早站轉乘往雲仙方向的島鐵巴士，至雲仙站下車再步行約 2 分鐘即達 (班次見 P.333)
🕐 Check-in / out 時間：15:00~22:00 / 10:00
💲 雙人房一泊二食，每人每晚約 ￥9,775(HK$575) 起
📞 0957-73-3255　🖥 shimobeonsen.com

宿在武雄市（佐賀縣）

古董家具展覽 京都屋 ⏱ 地圖 P.357 [MAPCODE] 104 377 787*42

☑溫泉

　　京都屋為武雄溫泉的老鋪之一，至今已有超過 100 年歷史。旅館充滿大正時代風情，大堂的家具展覽放了古老的留聲機及巨型音樂盒。旅館把每月 26 日定為泡湯日，溫泉會加入檸檬與香茅，入住的話可以好好享受難得的「檸檬香茅湯」！

Info

- 🏠 佐賀縣武雄市武雄町大字武雄 7266-7
- 🚇 從 JR 武雄溫泉站步行約 8 分鐘
- 🕐 Check in / out 時間：15:00~20:00 / 10:00
- 💲 雙人房一泊二食，每人每晚約 ￥10,000(HK$741) 起
- 📞 0954-23-2171
- 💻 www.saga-kyotoya.jp
- ❗ 泊車：免費

▲ 外型古雅的京都屋。

特色客房享受私人泡湯 御船山樂園ホテル ⏱ 地圖 P.357

☑溫泉 [MAPCODE] 104 347 457*10

　　酒店位於御船山樂園 (P.360) 側，分為本館客室與內庫所客室，內庫所客室本為鍋島藩的別邸荻野尾苑，入住的客人可享免費的貸切風呂。從酒店官網預訂除了可提前 30 分鐘入住及延遲 30 分鐘退房外，還可免費乘搭專車來回酒店及 JR 武雄溫泉站，也可使用專用通道免費參觀御船山樂園。若由其他訂房網站預約房間也包含送迎或免費入園。

▲ 設計帶點現代感的大堂。

▲ 位於御船山樂園旁的酒店。

▲ 內庫所客室的客房全為和室。

▶ 客房可通往庭園，不妨坐在庭園的椅子上乘涼。

▲ 入住內庫所客室的客人可享 50 分鐘免費的貸切風呂，盡享私人泡浴的時光。

Info

- 🏠 佐賀縣武雄市武雄町武雄 4100
- 🚇 從 JR 武雄溫泉站乘搭計程車約 5 分鐘；或從官網或其他酒店預約房間時，於備註列明到達 JR 站時需要送迎服務
- 🕐 Check-in / out 時間：15:00 / 10:00(如在官網訂房可提早 30 分鐘入住及推遲 30 分鐘退房)
- 💲 雙人房一泊二食，每人每晚約 ￥19,800(HK$1,164) 起
- 📞 0954-23-3131
- 💻 www.mifuneyama.co.jp
- ❗ 泊車：免費

がめ煮

若楠豬

▲ 佐賀縣的名物がめ煮，以雞肉弄成的肉丸加上紅蘿蔔與筍等，在酒店的自助早餐時段供應 (早餐食物或有變更)。

▲ 晚餐可選武雄特有的名物若楠豬，以蒸煮的方式最能突出豬肉的鮮味！

宿在嬉野市（佐賀縣）

得獎老舖 **大正屋** 🕐 地圖 P.362　MAPCODE® 104 043 126*58

☑ 溫泉

　　大正屋於大正 14 年創業，於嬉野溫泉共有 3 間分館，分別為大正屋、椎葉山莊 (P.79) 與湯宿清流，而作為本館的大正屋除了是溫泉區內其中一間老舖外，2014 年更獲得米芝蓮 2014 福岡佐賀版頂級舒適享受的評級。溫泉方面，大正屋有大型的四季之湯與規模較小的滝之湯，住客也可於指定時間乘搭免費穿梭巴士前往椎葉山莊與湯宿清流泡湯。

◀ 於大正 14 年創業的大正屋有 90 多年歷史。

▲ 旅館內設有 3 間商店，包括專賣佐賀縣陶器的やきもの的店。

▲ 和室優雅整潔，不愧是嬉野溫泉最有名的溫泉旅館之一。

▶ 大正屋的浴室設有檜木浴槽流出的溫泉水，住客可以來為內溫泉水隨時泡湯。

▲ 大正屋的溫泉料理非常出色，例如陶阪燒特選和牛，讓人一試難忘。

▲ 早餐可選米飯或以嬉野茶製成的綠茶粥，味道帶有極重的綠茶味道。

陶阪燒特選和牛

▶ 湯豆腐為嬉野名物，以嬉野溫泉水慢煮，可吃到黃溶溶的豆腐，化的狀態，把豆腐煮成半的香味。

湯豆腐

◀ 鋪滿芝士粒的炸蝦天婦羅，顛覆了傳統天婦羅的印象。

Info

🏠 佐賀縣嬉野市嬉野町大字下宿乙 2276-1

🚃 JR 乘坐嬉野溫泉站下車，步行至嬉野醫療中心站，乘坐巴士「吉田線 嬉野溫泉・湯の田」，於嬉野溫泉巴士中心下車，步行約 2 分鐘

🕐 Check in / out 時間：15:00~19:00 / 11:00

💲 雙人房一泊二食約 ¥34,650(HK$2,038) 起

📞 0954-42-1170　🌐 www.taishoya.com

散發寂靜氣氛 **椎葉山莊** 見北九州景點及 JR 鐵路大地圖 人氣

☑溫泉 MAPCODE 461 583 117*36

椎葉山莊屬於大正屋旗下旅館，是一間雅致舒適的高級住宿。位於山林之間，旁邊是椎葉川，聽着川流的潺潺流水聲，極具療癒效果。嬉野溫泉為日本三大美肌之湯之一，而椎葉山莊有兩個露天風呂，分別為「しいばの湯」及入住者專用的露天風呂「山の湯」。步行往露天風呂約 5 分鐘，旅館也能安排接送巴士。

▶ 大堂引入自然光線，客人可從落地玻璃窗觀賞窗外美景，極具開放感。

▲ 早餐為自助餐形式。湯豆腐 (湯どうふ) 為旅館名物之一，不可錯過！

▶ 晚餐可以到露天風呂旁的燒肉餐廳「山法師」用餐，品嘗大正屋的特選牛。

Info

🏠 佐賀縣嬉野市嬉野町岩屋川内字椎葉
🚌 JR 乘坐嬉野溫泉站下車，步行至嬉野醫療中心站，乘坐巴士「乘合タクシー大野原線」，於くまのじんじゃまえ下車，步行約 18 分鐘。酒店於嬉野溫泉站 (巴士) 提供免費巴士來往旅館，建議事先聯絡旅館或到達巴士站後再致電

嬉野線本線巴士時間表

🕐 Check-in / out 時間：15:00~19:30 / 12:00；
山法師 (餐廳)11:00~21:00；山の湯 (泡湯) 06:00~11:30、12:30~24:00；しいばの湯 (泡湯) 09:00~21:00
💲 雙人房一泊二食，每人每晚約 ￥28,600(HK$1,682) 起
📞 0954-42-3600　🖥 www.shiibasanso.com

▲ 一邊看着樹林景致，一邊享用早餐，非常寫意。

(圖文：沙發衝浪客)

福岡縣　大分縣　熊本縣　長崎縣　佐賀縣　宮崎縣

宿在佐賀市(佐賀縣)

隱世寧靜獨立小屋 風がささやく離れの宿 山あかり

☑溫泉　🕐 見北九州景點及 JR 鐵路大地圖　MAPCODE 87 730 124*34

山あかり擁有 2,200 年歷史的古湯溫泉，四周被大自然包圍。全館設有 6 間獨立小屋，全部均附有私人露天風呂。每間小屋的設計和主題也不同，有陶器風呂，也有檜風呂。晚餐方面，可在房內享用懷石料理。另外，旅館的餐廳還設有食物吧枱，客人可自取如水果、炸物、關東煮等小吃。

▲在餐廳觀賞廚師利用炭火燒佐賀牛。佐賀牛肉質柔軟，油花分佈均勻、入口即溶，令人一試難忘。

▲旅館把溫泉水引進房間內的私人露天風呂。

▲自助食物吧枱上有多款食品。

▲大浴場方面，男湯是「岩」露天風呂，女湯則是「檜」半露天風呂。圖中為男湯，名叫「三日月」。浴場開放時間為 06:00~23:00。

Info

🏠 佐賀縣佐賀町富士町古湯 792-1
🚗 從 JR 佐賀站駕車前往約 30 分鐘；或在佐賀站乘旅館接駁車 (須預約)，來回車費 ¥3,000(HK$227)；或從 JR 佐賀站前的 7 號巴士站搭乘「經古湯前往北山」方向的巴士，於古湯溫泉前站下車，步行約 1 分鐘，車程約 45 分鐘
🕐 Check-in / out 時間：15:00~18:00 / 10:00
💲 雙人房一泊二食，每人每晚約 ¥21,000(HK$1,556) 起
📞 0952-58-2106
🌐 www.yamaakari.com

(圖文：沙發衝浪客)

實惠之選 Comfort Hotel 佐賀 🕐 地圖 P.347

連鎖商務酒店 Comfort Hotel(コンフォートホテル佐賀) 價錢實惠，距 JR 佐賀站北口只需 1 分鐘路程。酒店共有 134 間客房，房間除了提供免費 Wi-Fi 服務外，更可享免費咖啡及早餐，為商務客及背包客的不二之選。

◀簡潔的一體式洗手間。

▲大部分 Comfort 酒店的房間均非常整潔，佐賀分店也不例外。

Info

🏠 佐賀縣佐賀市站前中央 1-14-38
🚶 從 JR 佐賀站北口步行約 1 分鐘
💲 單人房約 ¥6,200(HK$365)；雙人房約 ¥7,200(HK$533)
🌐 www.choice-hotels.jp/saga
🕐 Check-in / out 時間：15:00 / 10:00
📞 0952-36-6311
❗ 泊車：每日 ¥530(HK$31)

宿在宮崎市 (宮崎縣)

交通方便 JR 九州ホテル 宮崎 ⏱ 地圖 P.380

　　JR 九州ホテル 宮崎 (JR 九州酒店 宮崎) 與其他 JR 九州酒店一樣，特色為靠近 JR 站，而 JR 九州酒店 宮崎除了鄰近 JR 站外，與宮崎高速巴士總站亦只相距一條馬路，交通非常方便。若旅客以宮崎為中心點再轉至周邊城市遊覽，這家酒店就最適合不過了。

▶ 酒店與 JR 宮崎站只需 1 分鐘步程，酒店樓下為商業中心。

▶ 房間比一般酒店略見寬闊。

Info

- 🏠 宮崎縣宮崎市錦町 1-10
- 🚌 從 JR 宮崎站下車步行約 1 分鐘
- 🕐 Check-in / out 時間：14:00 / 11:00
- 💲 單人房約 ￥11,000(HK$647)，雙人房約 ￥16,000(HK$941)
- 📞 0985-29-8000
- 🖥 www.jrk-hotels.jp/Miyazaki
- ❗ 泊車：14:00 至翌日 11:00 每晚 ￥1,100(HK$83)

經濟型商務酒店 東横イン宮崎駅前 ⏱ 地圖 P.380

Info

- 🏠 宮崎縣宮崎市老松 2-2-31
- 🚌 從 JR 宮崎站下車再步行約 3 分鐘
- 🕐 Check-in / out 時間：16:00 / 10:00
- 💲 單人房約 ￥6,800(HK$400)
　雙人房約 ￥8,800(HK$518)
- 📞 0985-32-1045
- 🖥 www.toyoko-inn.com/search/detail/00101
- ❗ 泊車：每日 ￥500(HK$38)

　　東横イン (即東横 Inn) 於宮崎市設有兩家分店，當中以設在 JR 宮崎站旁的分店交通最便利。酒店距車站只需 1 分鐘步程，加上乾淨簡單的設計及免費早餐，是不少商務人士及背包客的頭號之選。

▶ 東横 Inn。

日南海岸推薦民宿 青島ゲストハウス風樹 ⏱ 地圖 P.380

　　青島ゲストハウス風樹位於日南海岸附近的青島，就近 JR 青島站，離青島神社只距離 5 分鐘路程。有心有力的話，可以早起床看日出。這是一所小民宿，內有多人共用房間 (西式或日式的 dormitory) 和私人日式榻榻米房間，價錢不算昂貴，而且交通便利，是暢遊日南海岸的首選！

▲ 民宿外觀。

Info

- 🏠 宮崎縣宮崎市青島 2-7-29
- 🚌 JR 青島站步行約 10 分鐘
- 🕐 Check in / out 時間：
　15:00~21:00 / 12:00
- 💲 共用房每人每晚約 ￥2,500~3,000(HK$190~227)，私人房 (可容納 2~3 人) 每晚約 ￥6,000~9,000(HK$444~667)
- 📞 080-1902-1691
- 🖥 hoojuaoshima.web.fc2.com

(圖文：Him)

▲ 民宿外的公共空間。

▲ 雙人房間。民宿內還設有廚房。

Part 6
福岡縣

　　福岡縣 (Fukuoka) 位於九州北部，為全九州最多人口的縣。由於福岡機場設有國際線，周邊許多國家都有航線直達福岡，許多朋友都會以福岡為九州之旅的起點。以縣來說，福岡涵蓋的範圍相當廣闊，北至門司港與小倉、南至太宰府及柳川都屬於福岡縣範圍。而福岡站與天神站一帶更有許多購物商場，不少受海外人士歡迎的品牌都在福岡設有分店，論購物的話這裏絕不比東京或大阪遜色。

由各縣前往福岡 (以 JR 博多站為終點站) 的交通

出發地	JR 車程 / 車費	高速巴士車程 / 車費
佐賀	36 分鐘 / ¥2,130(HK$184)	1 小時 25 分鐘 / ¥1,030(HK$78)
長崎	1 小時 53 分鐘 / ¥5,520(HK$325)	2 小時 30 分鐘 / ¥2,900(HK$171)
熊本	32 分鐘 / ¥4,700(HK$276)	2 小時 36 分鐘 / ¥2,500(HK$147)
宮崎	3 小時 53 分鐘 / ¥13,670(HK$804)	4 小時 25 分鐘 / ¥4,500(HK$265)
大分	1 小時 54 分鐘 / ¥6,420(HK$378)	4 小時 33 分鐘 / ¥3,250(HK$191)

註 : 不同時間開出的 JR 班次車程及車費不一，上表摘自較快班次的資訊。

福岡縣觀光情報 : www.crossroadfukuoka.jp/tw

實用！ 在 Facebook 輸入「福岡縣香港事務所」(www.facebook.com/Fukuoka.HK)

6.1

九州大門口
福岡市

福岡市位於日本九州北部，亦是福岡縣縣廳所在。到九州的遊客大多會從福岡空港進入，而福岡市亦是大部分遊客選擇遊覽或作為觀光據點之地。現時福岡為日本全國人口排名第五位，亦是四大都市圈之一，可謂到九州必到的城市。

● 福岡・博多觀光簡介：yokanavi.com/tw

「福岡」、「博多」疑圍

人們常說到九州住在博多，但經地圖查看後又指博多為福岡，兩者是同一個地方嗎？其實，博多為福岡市其中一個區域，不過大部分人都會稱福岡市為博多，就連位於福岡的 JR 新幹線也稱為博多站呢！亦有人索性把它們合稱為「福博」，不過這個說法似乎只在日本當地流行，其他亞洲地區都統稱為福岡或博多。

部分地區提供免費 Wi-Fi，搜尋「Fukuoka City Wi-Fi」。

Info

www.city.fukuoka.lg.jp/wi-fi/index.html

福岡市景點地圖

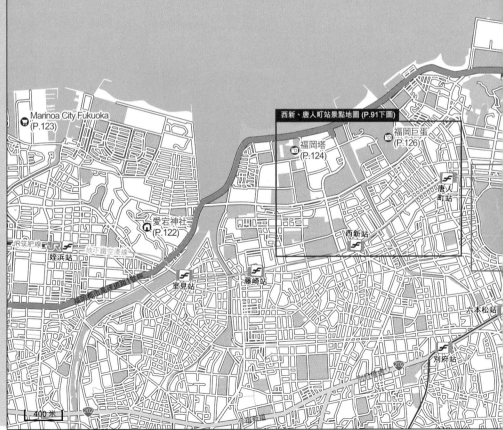

博多灣

圖例

③ 國道		▬ 西鐵天神大牟田線	
556 縣道		▬ 地下鐵七隈線	
景點		▬ 地下鐵箱崎線	
購物		═ 地下鐵空港線	
廟宇/神社		••• 臨港貨物線	
碼頭		▭▭ JR筑肥線	
JR JR線車站		▭▭ JR鹿兒島本線	
福岡市地下鐵車站		▭▭ JR山陽新幹線	
西鐵線車站		▭▭ JR九州新幹線	
▬ 西鐵貝塚線		▭▭ JR篠栗線	

Marinoa City Fukuoka
(P.123)

西新、唐人町站景點地圖 (P.91下圖)

福岡巨蛋
(P.126)

福岡塔
(P.124)

唐人町站

愛宕神社
(P.122)

西新站

JR筑肥線 JR
姪浜站 地下鐵空港線

福岡都市高速道路1號線

室見站

藤崎站

六本松站

別府站

400 米

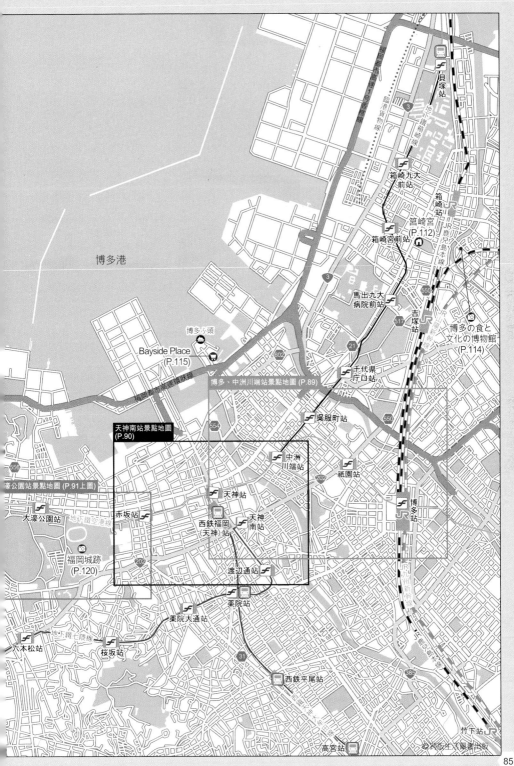

博多港

Bayside Place
(P.115)

博多ふ頭

博多、中洲川端站景點地圖 (P.89)

天神南站景點地圖
(P.90)

豪公園站景點地圖 (P.91上圖)

大濠公園站

福岡城跡
(P.120)

赤坂站

西鉄福岡
(天神)站

天神站

天神
南站

中洲
川端站

吳服町站

祇園站

千代県
庁口站

馬出九大
病院前站

箱崎宮前站

箱崎宮
(P.112)

箱崎九大
前站

箱崎站

貝塚站

博多の食と
文化の博物館
(P.114)

吉塚站

博多站

渡辺通站

薬院站

六本松站

桜坂站

薬院大通站

西鉄平尾站

高宮站

竹下站

©跨版生活圖書出版

85

福岡市市內交通攻略

在福岡市內要遊走各個景點，除了自駕，可採用以下交通方式：

I. 福岡市地下鐵（本書簡稱地鐵）

福岡地鐵共有三條路線，分別為空港線、箱崎線及七隈線。地鐵站除了有獨立的標誌外，亦會有一個獨立號碼，讓不懂日文的旅客都可以輕易認出地鐵站。地鐵服務從凌晨時分運行至半夜，列車每隔 4 至 8 分鐘一班，若要前往的目的地就在地鐵站附近的話，乘地鐵實為不二之選。

◀福岡市地鐵的標誌為藍色，遠看有點像「π」字。

◀福岡的地鐵站與香港及台北一樣，當中一些車站位於地面而非地底。

Tips 地鐵博多站很大，並與 JR 博多站相通。

乘車券種類

1. 地鐵站內提供一日車票，使用當天次數不限，成人 ¥640(HK$38)，小童 ¥340(HK$20)。使用一日票，除了節省買票時間與金錢外，前往一些景點如福岡塔或「博多町家」ふるさと館等更可享有折扣優惠，一些食肆亦有參加相關活動。另外，地鐵還推出了只限外國人購買的兩日乘車券，成人 ¥640 (HK$38)，小童半價。

2. 福岡推出了以外國旅客為對象的一日乘車券"FUKUOKA TOURIST CITY PASS"，可在一天內無限次搭乘西鐵巴士、昭和巴士、西鐵電車及地下鐵。票價分兩種：A.「福岡市內」成人 ¥1,500 (HK$88)，小童 ¥750(HK$44)；B.「福岡市內(包括太宰府)」成人 ¥1,820(HK$107)，小童 ¥910(HK$54)。詳見：yokanavi.com/zh-tw/tourist-city-pass/

地鐵購票流程

Step1

▲福岡地鐵的售票機可讓旅客選擇中文、韓文或英文版面。

Step2

▲選用熟悉的語言後，使用起來便得心應手了；你可以先根據售票機上方的地圖來選擇你要購買的車票價格。

Step3

▲螢幕隨即出現需要支付的金額，投入硬幣或紙幣，但不能使用 ¥1 及 ¥5。

Step4

▲或可按左方不同路線的按鈕，再選擇要前往的目的地。紅色顯示你身處的車站，左方的人形公仔按鈕為購買的張數。

完成

▲購票完成。

Info

福岡市地下鐵
- 約 05:30~00:25
- 成人 ¥210~380(HK$15~28)
  小童 ¥110~190(HK$7~14)
- subway.city.fukuoka.lg.jp
- 由東日本 JR 發行的 Suica 卡可於地鐵站內增值及使用

福岡市地下鐵路線圖

貝塚站
箱崎九大前站
箱崎宮前站
馬出九大病院前站
千代縣廳口站
吳服町站
中洲川端站
天神站
赤坂站
大濠公園站
唐人町站
西新站
藤崎站
室見站
姪浜站

福岡空港站
東比惠站
博多站
祇園站
天神南站
渡辺通站
藥院站
藥院大通站
別府站
六本松站
桜坂站
茶山站
金山站
七隈站
福大前站
梅林站
野芥站
賀茂站
次郎丸站
橋本站

圖例

ｆ　福岡市地下鐵車站

　　地下鐵空港線
　　地下鐵箱崎線
　　地下鐵七隈線
‥‥　兩站以天神地下街連接，
　　　步行約10分鐘

© 跨版生活圖書出版

87

2. 巴士

除了地鐵，一些景點可能會離地鐵站較遠，乘搭巴士反而更舒適快捷。福岡的巴士線四通八達，旅客常住的博多站與天神一帶更是巴士站的樞紐，幾乎各個地區都有巴士直達。坐巴士還可以慢慢欣賞窗外風光，是不錯的選擇。不過，相比起市內電軌，乘巴士會較為複雜。

付款方法：上車時於車門旁取下一張整理券，券上印有數字，下車時按照車頭的顯示板付款及出示整理券。

▲市內巴士。

Tips 乘客可在觀光案內所或西鐵車站購買西鐵推出的 "Fukuoka 1Day Pass"，可在當天無限次乘搭西鐵電車及巴士，成人 ¥1,000(HK$59)，小童 ¥500(HK$29)，既省時又慳錢。

Info
- 🕐 各路線運行時間各有不同，可參考官網得知最新資訊
- 💲 成人 ¥100(HK$7) 起
  小童 ¥50(HK$4) 起
- 🌐 www.nishitetsu.co.jp

3. Fukuoka Open Top Bus(觀光巴士)

有趣！日本也有雙層巴士？而且頂層還是露天？這款名為 Fukuoka Open Top Bus 的觀光巴士，專為想輕輕鬆鬆隨團出發的遊客而設！遊客可於觀光巴士出發前 20 分鐘前往福岡市役所內購票，或於中途站上車時在車內購票。
現時，觀光巴士設有三款路線供遊客選擇，見下文。

Info
Fukuoka Open Top Bus
- 💲 一般 ¥1,570(HK$117)
  4 歲小童至小學生 ¥790(HK$58)
- 🌐 fukuokaopentopbus.jp

▲ 觀光巴士共有紅色及藍色兩款，不同顏色負責不同觀光路線。圖中為紅色巴士。

路線 1：シーサイドももちコース
始發站：天神 • 福岡市役所前
行車路線：天神 • 福岡市役所前→福岡塔→大濠公園前→大濠公園 • 福岡城址→天神 • 福岡市役所前
車程：約 60 分鐘
始發站發車時間：10:00、12:00、14:30、15:30

路線 2：博多街なかコース
始發站：天神 • 福岡市役所前 (前往博多站途中可遠眺福岡港)
行車路線：天神 • 福岡市役所前→大濠公園 • 福岡城址→博多站→櫛田神社→天神 • 福岡市役所前
車程：約 60 分鐘
始發站發車時間：16:30

路線 3：きらめきコース (賞夜景)
始發站：天神 • 福岡市役所前
行車路線：天神 • 福岡市役所前→福岡塔→博多站→福岡希爾頓飯店
車程：約 80 分鐘
始發站發車時間：18:30

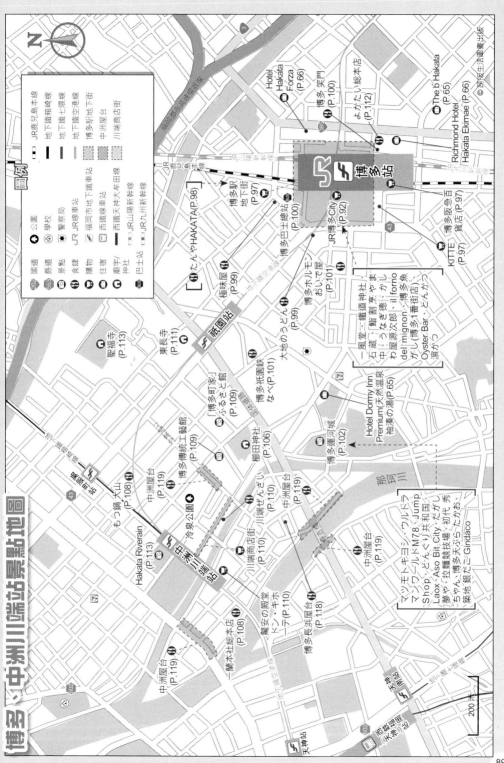
博多、中洲川端站景點地圖

89

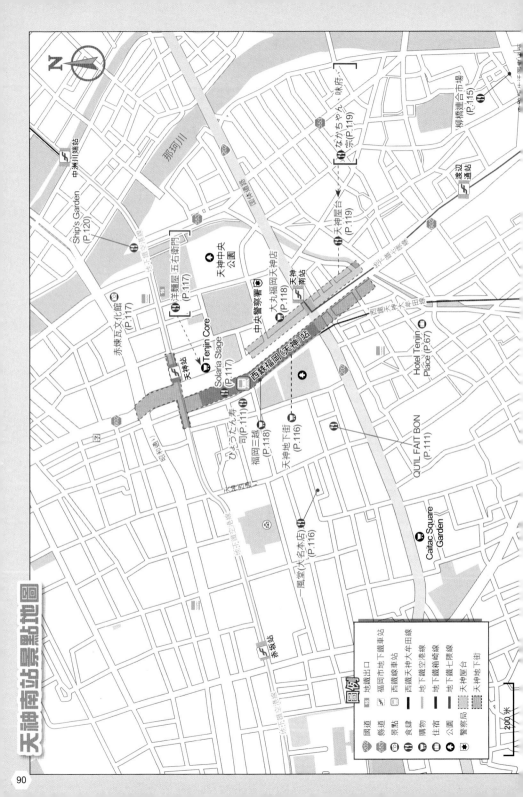

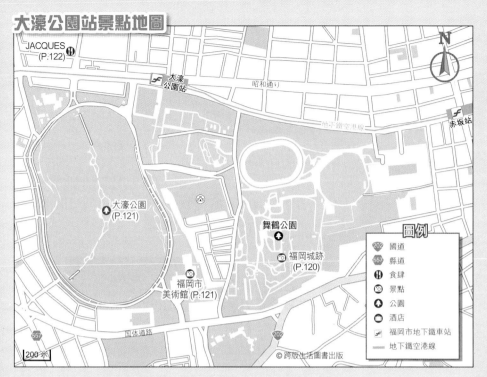

大濠公園站景點地圖

JACQUES (P.122)

大濠公園站

昭和通り

地下鐵空港線

赤坂站

大濠公園 (P.121)

舞鶴公園

福岡城跡 (P.120)

福岡市 美術館 (P.121)

国体道路

202

© 跨版生活圖書出版

200 米

圖例

202	國道
557	縣道
食肆	
景點	
公園	
酒店	
福岡市地下鐵車站	
地下鐵空港線	

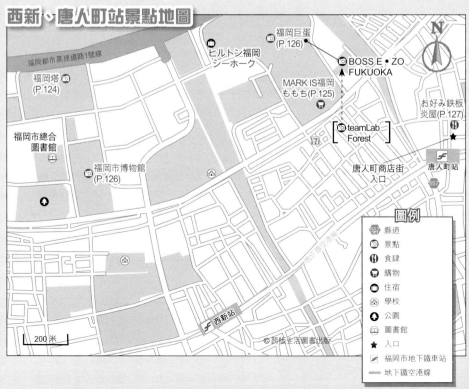

西新、唐人町站景點地圖

福岡都市高速道路1號線

福岡巨蛋 (P.126)

ヒルトン福岡 シーホーク

BOSS E・ZO FUKUOKA

福岡塔 (P.124)

MARK IS福岡 ももち(P.125)

お好み鉄板 炎屋(P.127)

福岡市總合 圖書館

teamLab Forest

福岡市博物館 (P.126)

唐人町商店街 入口

唐人町站

557

西新站

200 米

© 跨版生活圖書出版

圖例

557	縣道
景點	
食肆	
購物	
住宿	
學校	
公園	
圖書館	
入口	
福岡市地下鐵車站	
地下鐵空港線	

福岡縣

大分縣

熊本縣

長崎縣

佐賀縣

宮崎縣

集美食與購物於一身 JR 博多 City ⏱ 地圖 P.89

JR 博多シティ アミュプラザ博多

JR 博多 City 樓高十層，與博多 JR 站相連，集購物與餐飲於一身。許多日本著名品牌都在此設置分店，包括深受海外遊客歡迎的 Tokyu Hands、Urban Research、Afternoon Tea 等等。位於 1 樓的 Deitos 土產街亦設有多間土產店，除了出售福岡著名的土產外，連其他九州地區的名物都一應俱全。若嫌機場的選擇太少的話，不妨在上機前在此作最後一擊，一次過買齊九州各地的手信才回家！

◀ 博多 City 作為九州及本州的連結點，連帶 JR 博多 City 終日都是人來人往。

◀ Tokyu Hands 以出售日式雜貨與家庭用品為主，在這裏會發現許多好玩的新玩意，無論自用或作為手信都合適。(位置：商場 1F~5F)

▲ チヨコレートシヨツプ 博多の石畳 (Chocolate Shop 博多之石畳) 出售朱古力為主。店鋪製作朱古力已有超過 50 年歷史，當中最受歡迎的產品就是一塊塊正方形的博多之石畳朱古力，這款朱古力有五層，中間還有朱古力慕斯與忌廉，難怪能吃到滿滿的朱古力香甜味！(位置：商場 1F)

◀ 聖誕期間，廣場外的空地更佈置了明亮動人的燈飾，增添節日氣氛。

Info

- 🏠 福岡縣福岡市博多區博多站中央街 1-1
- 🚇 地鐵博多站下車即達
- 🕐 10:00~21:00(星期日至 20:00)，**餐廳** 11:00~24:00(各店營業時間不一)
- 📞 092-431-8484
- 🌐 www.jrhakatacity.com

JR博多City 精選店鋪

九州的味道 一風堂 ⏱ 地圖 P.89

▲ 源自博多的一風堂拉麵，來到博多又怎能不嘗一下呢？

一風堂拉麵相信無人不識，原來它的總店位於九州的福岡。

一風堂在日本極受歡迎，單單在九州已有九間分店，就連 JR 博多 City 內都有它的蹤影，而且營業至晚上 10 點，逛完街想吃宵夜的話可到這裏來一碗拉麵。大家可以比較一下在九州吃到的味道是否與在香港吃到的不一樣。(總店見 P.116)

◀ 選擇方面與海外店一樣，主要分為原味的白丸 ¥820(HK$48) 及較濃味添加明太子的赤丸 ¥920(HK$54)，亦可以按照個人口味添加溫泉蛋、紫菜等配菜。

◀ 日本的一風堂提供免費配菜讓你吃到飽，這是香港沒有的。

Info

- 🏠 JR 博多 City 10F
- 🕐 11:00~22:00
- 📞 092-413-5088
- 🌐 www.ippudo.com

土產與迷你列車 鐵道神社 🕐 地圖 P.89

　　日本人信奉神明，就連 JR 博多 City 的屋頂燕之森廣場上也建了一座鐵道神社！既然稱為鐵道神社，當然就是讓出門遠遊的人們祈求旅行安全與順利。鐵道神社的面積雖然不大，可是鳥居、神壇齊備，神社外還有一條小小的表參道擺賣九州不同地區的土產。在天台的另一端則為天空之廣場及迷你列車體驗區，可在廣場的展望台欣賞博多的景色，或花 ¥200(HK$15) 乘搭燕號列車遊玩一番。

▲下次從博多站出發前，也來這裏參拜一下吧。

▲想體驗迷你火車之旅便需要買票，售票機是狗狗的造型，很可愛呀！

▲表參道上的小攤檔，留意攤檔約 6 點便會關門。

▲神社內的可愛銅像：一群小和尚在玩火車遊戲！

▶嘟嘟嘟！火車要進備靠站了！

Info

🏠 JR 博多 City 天台 (RF)
🕐 10:00~22:00
　 迷你列車體驗區
　 逢周一至五11:00~18:00，
　 逢周六、日及公眾假
　 期 10:00~18:00，每天
　 13:40~15:00 暫停載客

鯛魚料理 石藏 🕐 地圖 P.89

　　石藏以鯛魚料理聞名，實際上鯛魚飯亦是博多的名物之一。店家以新鮮鯛魚加上嚴選的白米一起烹調，製作出鯛魚蒸飯，套餐也只不過為 ￥950(HK$70) 起。

◀ 鯛魚套餐只需 ￥950 (HK$70)，超值！

◀以便宜價錢便能嘗到名貴的鯛魚飯，難怪店外經常大排長龍！

Info

🏠 JR 博多 City B1F Deitos 013 鋪
🕐 08:00~23:00　📞 092-441-7765

（攝影：詩人）

高級壽司店 鮨割烹やま中 🕐 地圖 P.89

　　鮨割烹やま中是高級壽司店，採用九州的時令活魚及上等米飯，壽司飯內加入黑醋，更為鮮味。首選推介拖羅，最為出色，帆立貝亦十分突出，鮮甜味美。每種壽司或刺身的價錢不一，點菜前可先向店員查詢。選擇坐在 Bar 枱的話，還可以看到師傅即席表演刀工。午餐一份壽司或刺身套餐 (一人份)￥3,300(HK$194)。

▲▶各式鮮味壽司和刺身。

Info

🏠 JR 博多 City 9F
🕐 11:30~15:00，17:00~22:00
📞 092-409-6688
💻 www.sushi-yamanaka.jp

（圖文：黃穎宜）

鰻魚料理 うなぎ德 🕐 地圖 P.89

　　うなぎ德有 130 年歷史，採用古法烹調，鰻魚料理都是即叫即煮。特製的香濃鰻魚汁，伴飯吃相當不錯。若沒有時間去柳川遊覽，也可以在這裏吃到高質素的鰻魚。

◀鰻魚料理即叫即煮。

◀蒲燒鰻魚飯賣相吸引。

Info

🏠 JR 博多 City 9F
🕐 11:00~23:00
📞 092-409-6619
💻 www.unagiya.co.jp

（圖文：黃穎宜）

博多名物親子丼 かしわ屋源次郎 ⏱ 地圖 P.89

　　かしわ屋源次郎以提供雞肉料理為主，當中大受歡迎的是日式飯堂必備的親子丼。鮮美的雞肉配上金黃色的半熟蛋，光是賣相已讓人食指大動！除了親子丼，還可吃到博多名物「水炊き」，水炊き就像雞鍋，以水加上雞肉、雜菜等煮成，最後再加入白飯弄成雜炊。另外，店內的炭火燒雞亦很受歡迎，喜愛雞肉料理的朋友記得來光顧。

即使一人亦可點「水炊き」，一品嘗一個人的水火炊鍋，￥1,800(HK\$136)。

▲ 親子丼分為元祖味與濃味，相片中為元祖味親子丼，普通份量為 ￥880(HK\$52)，大親子丼為 ￥1,080(HK\$64)，嫌不夠的話還有特大親子丼 ￥1,080(HK\$64)。

Info
🏠 JR 博多 City 9F
🕐 11:00~23:00
📞 092-477-9408
🌐 r.gnavi.co.jp/fa84617/

人氣最高 博多魚がし（博多 1 番街店）⏱ 地圖 P.89

　　位於 JR 博多 City B1 樓層，最高人氣的迴轉壽司店就是博多魚がし（博多 1 番街店），食材每日新鮮運到，讓客人以超值的價錢吃到質素最好的食物。

▲ 每日新鮮運到的帆立貝壽司售 ￥370 (HK\$28)。

▲ 賣相吸引的甜蝦壽司 ￥270 (HK\$20)。

每份售 ￥490 (HK\$37)。 ▶ 三文魚子壽司賣相極佳，

▲ 厚切的中拖羅壽司，一份售 ￥490 (HK\$37)。

▶ 吞拿魚（赤身）壽司售 ￥370 (HK\$28)。

Info
🏠 JR 博多 City B1F
🕐 11:00~21:30　📞 092-413-5223
🌐 www.hakata-1bangai.com/floorg
uide/shop13.html

（圖文：黃穎宜）

右側標籤（由上至下）：福岡市／朝倉市／太宰府市／柳川市／小倉（北九州市）／門司港（北九州市）

迷你牛角包 il forno del mignon 地圖 P.89

　　這店經常大排長龍，賣的是迷你牛角包。迷你牛角包有三款口味：原味、朱古力與蕃薯味，全部以重量出售，每100克價錢分別為 ￥162(HK$12)、￥184(HK$14)與 ￥194(HK$15)。由於牛角包全是迷你款式，即使是女生也可以一次過嘗盡三種口味，作為早餐或甜品都不錯。

◀ 每個迷你牛角包大概只有8至10cm長，剛出爐時美味無窮！

◀聞到香噴噴的麵包味，代表你找到 il forno del mignon 了！

Info

🏠 JR 博多 City 1F
🕐 07:00~23:00
📞 092-412-3364

天然岩蠔 Oyster Bar 地圖 P.89 必吃

　　Oyster Bar 每日供應數種日本及海外的新鮮生蠔，極為美味。日本天然岩蠔為店內推介，每天限定十隻，每隻岩蠔均有手掌般大，極為嫩滑，入口鮮味滿佈整個口腔，滿足感十足。是日精選岩蠔拼盤，四隻 ￥2,980(HK$216)。

▲前菜拼盤 1 份 ￥1,450 (HK$110)。

Info

🏠 JR 博多 City 10F 17 號鋪
🕐 平日 11:00~15:30、17:00~22:00
　　周六、日 11:00~22:00
📞 092-409-8940
💲 人均消費：￥1,300(HK$99)
🌐 www.oysterbar.co.jp

▲三重縣的特產岩蠔，一隻 ￥980(HK$74)。

（圖文：黃穎宜）

炸豬扒名門 とんかつ濱かつ 地圖 P.89

　　とんかつ濱かつ於昭和 37 年創業，以炸豬扒飯闖出名堂。店內的豬扒選用了鹿兒島產的黑豚以及使用四種香草飼養的銘柄豚，營養價值豐富，肉質帶有特殊口感。除了豬扒料理，食店還提供傳統日式早餐。

▲店家位於 JR 博多 City 內，交通便利。

Info

🏠 JR 博多 City B1F
　　Deitos 08 鋪
🕐 09:30~21:00
📞 092-431-3363
🌐 www.hamakatsu.jp

▲傳統日式早餐又怎少得了燒鯖魚？每份套餐 ￥735(HK$56)。

（攝影：Vivian）

美食購物天堂 KITTE　⏱ 地圖 P.89

　　大型商場 KITTE 的博多店於 2016 年開業，1 樓至 7 樓為著名的 0101 百貨，不同品牌如 POU DOU DOU、Comme CA Style、Edwin 均在此設店，8 樓更可找到 Uniqlo。B1F、9 至 11 樓則為餐廳，從和菓子、西餐到日本傳統美食都一應俱全，包括有名的連鎖店如燒肉敘敘苑及但馬屋等。

▶坐落在博多口旁的大型商場 KITTE。

Info
- 福岡縣福岡市博多區博多站中央街 9-1
- 從 JR 博多站博多口步行約 1 分鐘
- B1F 07:00~24:00，1~8F 10:00~21:00，9~10F 11:00~23:00，11F 11:00~23:00，店鋪營業時間不一
- 092-292-1263
- kitte-hakata.jp

特價周要掃貨！博多阪急百貨店　⏱ 地圖 P.89

　　博多阪急百貨店於 1963 年開業，隨着商場老化，2007 年跟隨博多站的改建計劃，與高島屋及 JR 博多 City 一起成為現在的綜合商場。博多阪急百貨店樓高八層，B1 層售賣菓子與食品，8 樓為特賣場，不時舉辦特價周，旅客不妨留意官網的通告，說不定在此能買到比 Outlet 更「抵」的貨品。

▲博多阪急百貨店位於 JR 博多 City 隔鄰，交通方便。（攝影：Hikaru）

Info
- 福岡縣福岡市博多區博多站中央街 1-1
- 地鐵博多站下車再步行約 1 分鐘
- 10:00~20:00，周五、六 B1F 至 4F 為 10:00~21:00
- 092-461-1381
- www.hankyu-dept.co.jp/hakata

尋美食好去處 博多駅地下街　⏱ 地圖 P.89

　　不說不知，原來博多站的地下街於 1964 年已經開業，當時還是昭和 39 年啊！這條地下街至今已有近 50 年歷史，而且更延伸出食堂街一番街及博多一番街，行人可通過地下街直達博多巴士總站與福岡朝日大廈等地。時至今日，地下街內除了各種商店外，亦有不同種類的美食，就算遇着下雨天也可以安心閒逛。

▲四通八達的地下街條理分明，跟着指示走絕不會迷路。

Info
- 福岡縣福岡市博多區博多站中央街 1-1 博多站地下街
- 地鐵博多站下車即達
- 10:00~22:00(部分店鋪營業時間不一)
- www.e-ekichika.com

博多駅地下街精選美食

便宜滋味牛舌早餐 たんや HAKATA 地圖 P.89

　　吃牛舌作早餐，聽起來很奢華，這間牛舌專門店卻顛覆了人們的想像。餐廳提供平價牛舌早餐定食，套餐包括一份牛舌 (約六片)、一碗飯和牛舌湯，顧客還可以選配明太子、山藥泥和雞蛋等材料佐飯，雖然牛舌只是薄薄的一片，但味道絕不遜色，吸引了很多遊客和當地人很早便起床排隊，務求吃到一頓豐富的早餐。

▶ ▼ 店內有些座位可以看着店員炮製牛舌。

▲為了一嘗豐富的牛舌早餐，很多顧客都一早就來排隊。

◀牛舌早餐定食加配明太子，¥780(HK\$46)。

Info

🏠 博多站 B1F 博多 1 番街內

🕐 07:00~23:00(早餐平日至 10:30，周六、日及公眾假期 10:00)　　📞 092-415-1114

(圖文：Pak)

超大塊天婦羅烏冬 大地のうどん ⏱地圖 P.89 🍴人氣

聽到天婦羅烏冬，大家可能會覺得沒甚麼特別，但這間小店就偏偏以價廉物美的天婦羅烏冬打響名堂，很多顧客都為了吃一碗烏冬，而甘願排半個多小時的隊。店鋪提供的烏冬分成冷、熱兩種，爽滑而彈牙，而最受歡迎的配菜是炸牛蒡和蔬菜炸蝦。前者把長長的牛蒡切薄，然後炸成一大片，大片得連湯碗也盛不下；後者則把原隻蝦放在蔬菜絲上，然後一併炸成天婦羅，顧客便可以一次過嘗到兩種不同的口感。

▶店鋪門外經常大排長龍。

◀店內也十分熱鬧。

▶かきあげ（蔬菜炸蝦天婦羅烏冬）-￥610(HK$36)。

Info

🏠 福岡縣福岡市博多區博多站前 2-1-1 朝日ビル地下 2 階
🚇 JR 博多站下車步行約 2 分鐘
🕐 11:00~16:00，17:00~21:00
📞 092-481-1644　💻 daichinoudon.com

(圖文：Pak)

必吃美味漢堡排 極味屋 ⏱地圖 P.89 必吃🍴

說到福岡必吃的美食，一定不少得極味屋的漢堡排。店家以伊萬里的黑毛和牛製成漢堡排，並依據顧客的選擇，以炭火或鐵板燒的方式把漢堡排的外層燒好，再交由顧客用一塊圓形小鐵板把漢堡排煎熟。漢堡排鮮嫩多汁，加上混和了炭火燒過的香氣，令人回味無窮。除了漢堡排外，餐廳還提供和牛牛排，牛排肥瘦適中，吃的時候會有入口即溶的感覺，也絕對不容錯過！

▶直至晚上 9 時，店鋪門外的人龍依然有增無減。

▼和牛牛排拼漢堡排套餐，加配白飯，￥1,976(HK$142)。

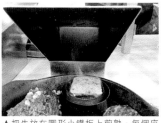

▲把牛放在圓形小鐵板上煎熟，每個座位都有一個迷你的抽油煙筒，吸走燒肉時產生的油煙。

Info

🏠 福岡縣福岡市博多區中央街 2 番 1 號
🚇 JR 博多站下車步行約 5 分鐘
🕐 11:00~23:00，不定休
📞 092-292-9295
💻 www.kiwamiya.com

(圖文：Pak)

福岡市

朝倉市

太宰府市

柳川市

小倉（北九州市）

門司港（北九州市）

Part
6

福岡縣

大分縣

熊本縣

長崎縣

佐賀縣

宮崎縣

味之城與書店 博多巴士總站 地圖 P.89

博多バスターミナル

既名為博多巴士總站,為何會是一棟商場?只因這個巴士總站除了是短途與長途的巴士站外,其餘樓層全是商場。商場 8 樓為集合各地美食的博多味之城,7 樓為 Namco 遊戲中心,6 樓則為紀伊國書店,5 樓是 Daiso 的生活用品店。若要乘搭長途巴士,大可在上車前先填飽肚子或輕鬆一下再上路。

◄ 博多巴士總站位於博多站旁,難怪這裏亦被稱為交通運輸中心。

▲ Daiso 內售各種生活用品,若忘記帶備旅行用品可來此補給一下。

▼ 7F 的 Namco 內有大量遊戲機與夾公仔機,尚未到一點上車的話,先來這裏打發一下時間。

Tips 巴士總站的 1 樓為市內巴士總站,2 樓至 3 樓為長途巴士站,目的地除了九州範圍如佐世保、湯布院、鹿兒島等外,連前往東京及大阪的長途巴士也有。

Info
- 福岡縣福岡市博多區博多站中央街 2-1
- 地鐵博多站下車再步行約 1 分鐘
- BF Bus Chika、5F~6F 為 10:00~21:00,7F Namco 為 09:00~24:00
- 092-431-144 1
- www.h-bt.jp

極品牛腸鍋 博多 笑門 地圖 P.89 推介!

ハカタ ショウモン

牛腸鍋 (もつ鍋) 是九州三大名物之一,採麵豉汁作湯底,配上葱、椰菜及豆腐等,不少外國遊客亦慕名前來品嘗。由於加入了牛雜 (牛腸),湯底吸收了肉汁的香味,特別香濃味美,鍋中的雜菜沾上充滿肉汁味的湯底,份外滋味。除了鍋物,這裏的 A4 和牛燒肉,入口即溶,實屬必吃之選。這家在博多站步行 1 分鐘左右的鍋物燒肉居酒屋,是日本人下班後三五知己聚會的熱點,絕對不能錯過。

Tips もつ鍋 (牛腸鍋)

もつ鍋為福岡市的一種鄉土料理。第二次世界大戰後,由於肉類食材供應短缺,人們便想到以牛的內臟加上韭菜,再配以麻油及辣椒製成鍋物。至近代的もつ鍋則會以鰹魚、昆布及醬油作為湯底,成為福岡市的經典美食之一。

Info
- 福岡縣福岡市博多區博多站中央街 6-2 1F
- 地鐵博多站走「筑紫口」出口,步行約 1 分鐘
- 周一至六 15:00~00:00
  周日及公眾假期 15:00~00:00
- 092-433-4800
- hakata-shomon.owst.jp

▼ 亦是九州三大名物之一:牛腸鍋 ￥1,408(HK\$87)。
▼ 笑門知名料理,亦是九州三大名物之一:牛腸鍋。
▲ 來到日本怎能不試試和牛?一份 A4 黑毛和牛 ￥1,408(HK\$87)。

(HK\$21)。

▲燒鳥串盛合 ￥352

(圖文:黃穎宜)

福岡·市

朝倉市

太宰府市

柳川市

小倉（北九州市）

門司港（北九州市）

燒肉最高境界 **博多ホルモン おいで屋** ⏱ 地圖 P.89

到日本不可不吃燒肉，而燒肉的最高境界，就是以炭火來慢慢享受燒肉的樂趣！位於マルイト博多ビル商業大廈內的「博多ホルモン おいで屋」，貌似毫不起眼，可是走進店內彷彿回到昭和時代。

店內四處掛滿燈籠，牆上則貼滿五、六十年代的電影海報，加上風味十足的炭爐，真的有種回到過去的感覺。

▲日本有不少樓上舖，像博多ホルモン おいで屋就位於商業大廈的 4 樓。

◀燒肉套餐從千餘日圓至幾千日圓都有，視乎選擇哪種級別的肉類。

▲看到古舊的海報，會讓你想起中居正廣惡搞少女時代的昭和時代嗎？

▲炭火燒肉時的滋滋聲響，已經讓人胃口大開，要當一隻食肉獸！

Info

🏠 福岡縣福岡市博多區博多站前 2-3-14 マルイト博多ビル 4F

🚇 地鐵博多站西 18 出口步行約 3 分鐘即達

🕐 17:00～03:00，逢周日及公眾假期 17:00～02:00，逢周五、六或假期前延至 05:00 關店

📞 092-472-2988

(攝影：Vivian)

鐵鍋餃子元祖 **博多祇園鉄なべ** ⏱ 地圖 P.89

博多祇園鉄なべ是鐵鍋餃子的元祖，在日本全國都十分有名。餃子連鐵鍋一起上枱，熱辣辣的餃子特別滋味。

▶雞翼 ¥300(HK$23)。

▶喜愛飲啤酒的遊客一定要嘗嘗當地的生啤酒，一杯要 ¥500(HK$38)。

▶一人份的燒餃子 ¥500(HK$38)，份量不少，若是胃口較小的女士或想嘗試其他食品的話，只需點一人份量已很足夠。

Info

🏠 福岡縣福岡市博多區祇園町 2-20

🚇 地鐵祇園站 3 出口步行約 3 分鐘

🕐 17:00～23:00，周日及公眾假期休息

📞 092-291-0890

🌐 www.tetsunabe.co.jp

(圖文：黃穎宜)

應有盡有 博多運河城 🕐 地圖 P.89

キャナルシティ博多

博多運河城亦稱為 Canal City，範圍極大，包括了 South Building、Center Walk 等，整個區域設有酒店、劇場、商場、餐廳等設施。運河城的中央建有一條迂迴曲折的運河，貫通整個商場，河邊的舞台則經常舉辦不同表演及音樂活動，即使不是購物狂來到這裏也可逛足大半天！商場主要分為北翼與南翼，由於佔地甚廣，建議你先定好目標的位置再出發，不然可能找上半天都未能找到想逛的店鋪啊！

◀外表鋪滿綠葉的北翼商場。

▼每 30 分鐘運河城中的運河會上演一場精彩的噴水 Show，搭正的表演更會配合音樂，大家盡情購物之餘，也可以趁空檔欣賞一下免費的表演。(拍攝：Hikaru)

▲精品。運河邊不時會有小攤檔販售手作

▲逛街途中忽然發現被人跟蹤？轉頭一看不是遇見痴漢，原來是一個可愛的機械人！名為 Alsok 的機械人一共有三種顏色，每個都有各自的名字，它們會透過攝錄機替你拍照，還會為你提供商場的資訊。

Info

- 🏠 福岡縣福岡市博多區住吉 1-2
- 🚌 地鐵博多站、中洲川端站或天神站步行約 10 分鐘即達
- 🕐 商店 10:00~21:00；餐廳 11:00~23:00，部分商店及餐廳營業時間不一
- 📞 092-282-2525
- 🌐 www.canalcity.co.jp

博多運河城 精選店鋪一覽

藥店與平價化妝品 マツモトキヨシ 🕐 地圖 P.89

光看日文你未必知道這是甚麼店鋪，可是一提起黃色背景加上黑色的「藥」字你便恍然大悟了！マツモトキヨシ是日本最大型的藥店之一，內裏除了出售藥物外，還有許多特價的化妝品與護膚品！部分分店更有飲品與零食出售，價錢比便利店便宜許多呢。

Info

- 🏠 博多運河城 Business Center
- 🕐 Building B1F 84 號
- 🌐 10:00~21:00
  www.matsukiyo.co.jp

鹹蛋超人專門店 ウルトラマンワールド M78  地圖 P.89

　　看到擺出經典姿勢的鹹蛋超人，代表你已到達福岡唯一的一家鹹蛋超人專門店了！店內有超過800 種鹹蛋超人的玩具與日用品，當中更有風靡一時的 Q 版鹹蛋超人！

▶經典的鹹蛋超人來了！

Info
🏠 博多運河城 Center Walk 南側 B1F 44 號
🕐 10:00~21:00
📱 www.benelic.com/service/ultraman.php

熱門主角 Jump Shop 🕐 地圖 P.89

　　喜愛動漫的朋友必定看過 Jump 連載的漫畫，運河城內有一家以 Jump 系漫畫為主題的商店。店內出售最新最熱門的動漫精品，當中許多更是該店限定，即使在其他玩具店或 Animate 都是沒有出售的！

Info
🏠 博多運河城 Center Walk 北側 B1F 63 號
🕐 10:00~21:00
📱 www.shonenjump.com/j/jumpshop

龍貓樂園 どんぐり共和国 🕐 地圖 P.89

　　不少到過日本的遊客都曾在東京站或池袋逛過這家店鋪，這店在九州也有分店，裏面主要出售不同國家的卡通人物產品，當中最多最齊全的是宮崎駿作品內的一眾角色。相信許多粉絲都會按捺不住瘋狂掃貨吧！

Info
🏠 博多運河城 Center Walk 南側 B1F 43 號
🕐 10:00~21:00
📞 092-263-3607
🖼 www.benelic.com/service/donguri.php
f www.facebook.com/donguritaishi

▲店內堆滿龍貓與魔女宅急便的天師仔。

超大室內鐵道模型 Laox、Aso Bit City 🕐 地圖 P.89

　　Laox 為日本其中一家大型家電專賣店，位於博多運河城的分店更為海外客人提供免稅服務！在旁邊的 Aso Bit City 是 Laox 的姊妹店，主要出售玩具、模型與動漫產品，店內更展出了全九州最大型的室內鐵道模型。

Info
　Laox、Aso Bit City
🏠 博多運河城南翼 South Building（サウスビル）4F 401、402 號
🕐 10:00~21:00
📞 092-263-8815
📱 www.laox.co.jp/laox_store

福岡市

朝倉市

太宰府市

柳川市

小倉（北九州市）

門司港（北九州市）

日本懷舊小店 だがし夢や 🕐 地圖 P.89

在這間懷舊小店可找到很多日本人 70~90 年代的回憶，手造玩具、懷舊新潮零食等一應俱全，還有九州各地區特色零食，可作為獨特而有趣的手信之選。

◀だがし夢や。

◀▲各式懷舊零食。

Info

🏠 博多運河城 Center Walk 南側 B1F 39 號
🕐 10:00 ~ 21:00
☎ 092-263-2261
🌐 www.yumeya-jp.com/company/index.html

(圖文：CheukTable)

雲集各家拉麵高手 拉麵競技場 ラーメンスタジアム 🕐 地圖 P.89

看到大紅燈籠高高掛，不要想歪去了風月場所，這裏可是賭上尊嚴的拉麵競技場！場內集合了來自九州各地的拉麵高手，各自在這兒設店，實行當面決勝負！

若想嘗試一下九州各地拉麵，來這裏就對了！

◀看到大大的紅燈籠，想好要吃哪一家拉麵了嗎？

Info

🏠 博多運河城 Center Walk(センターウォーク) 南側 5F
🕐 11:00~23:00
☎ 092-271-5160
🌐 www.canalcity.co.jp/ra_sta

拉麵競技場 店鋪精選

博多代表 初代 秀ちゃん 🕐 地圖 P.89

既然是福岡的拉麵競技場，又怎少得了博多的代表呢？初代 秀ちゃん於 1996 年開業，炮製最元祖的豬骨拉麵，麵條則是九州派的細麵條。除了拉麵，店內另一名物就是玉子明太子卷，上面還鋪有美味的蛋黃醬！

Info

🕐 11:00~23:00 (22:30 停售)
☎ 092-263-6588

滴油不沾天婦羅 博多天ぷら たかお ⏱ 地圖 P.89

日本天婦羅的巧手之處就是滴油不沾，即使油炸後放上紙也不會看到油膩的痕跡。博多天ぷら たかお絕對可做到這一點，每一款天婦羅都新鮮炮製，再逐件呈給食客，務求讓食客吃到最新鮮熱辣的天婦羅。店內除了天婦羅外，更有自家特製的明太子醃菜，用來配白飯的話絕對一流！

▲記着進入店鋪光顧前，先在外面的自動販售機購票。

菜魚羅、白身魚、豬肉及三款時令蔬魷婦。天婦羅定食包括炸蝦、店家會以當造的蔬菜炮製天¥1,000(HK\$59)。

▲自家製的明太子醃菜與酸菜，許多人是為了這款醃菜而來。

Info
🏠 博多運河城 Center Walk
北側 4F 418 號
🕐 11:00~23:00
📞 092-263-1230
🌐 tempura-takao.jp/page-about

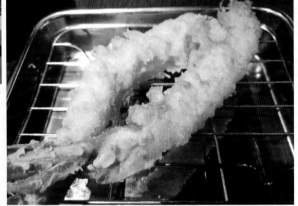
▲吃天婦羅必點的炸蝦，外皮香脆內裏亦不失鮮嫩。

必試明太子章魚燒 築地 銀だこ Gindaco ⏱ 地圖 P.89

日本有名的章魚燒店築地 銀だこ，會因應不同地區提供特色口味。除了一般常吃到的大阪、廣島式章魚燒外，來到這兒一定要試明太子章魚燒，非常滋味。 一客8粒¥680(HK\$49)， 加¥100(HK\$7) 可配一杯飲品或生啤，這兒絕對是購物時中場休息的好去處！

Info
🏠 博多運河城 Center Walk
北側 B1 68 號
🕐 10:00~21:00
📞 092-263-2700
📱 www.gindaco.com

(圖文：CheukTable)

▲明太子章魚燒 8 粒 ¥680(HK\$49)。

祭典盛會 **櫛田神社** 地圖 P.89 MAPCODE 13319705*76

　　櫛田神社擁有福岡市最古老的總鎮守，於 757 年創建，而現在的神社則於 1587 年由豐臣秀吉 (16 世紀末的日本封建領主) 命人建成。信眾一般會到櫛田神社祈求不老長壽與生意興隆，神社一直深受福岡市民歡迎。有 770 年歷史的 7 月祭典「博多祇園山笠祭」，每年都會以櫛田神社作為最後一場追山的開始地點，高達幾層樓的山車與遊行隊伍浩浩蕩蕩地在街上巡遊，若旅客到福岡適逢這慶典舉行，千萬不要錯過啊！

▲ 博多總鎮守：櫛田神社。

▲ 於正門的屋頂刻有十二生肖的圖案。

◀ 櫛田神社主求長壽與生意興隆，裏面有售保你長壽不老的護身符，每個 ＊800 (HK$61)。

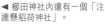

▲ 稻荷神社的特色就是有一排紅色的鳥居。

Info
櫛田神社
🏠 福岡縣福岡市博多區上川端町 1-41
🚇 地鐵中洲川端站 5 號出口或祇園站 2 號出口步行約 5 分鐘
🕐 04:00~22:00
📞 092-291-2951

◀ 櫛田神社內還有一個「注連懸稻荷神社」。

Tips

博多祇園山笠祭

　　山笠祭為博多每年最盛大的祭典之一，山笠祭至今已有超過 770 年歷史，從 7 月 1 日至 15 日，代表山笠祭的花車「山笠」會於市內各處展出，在祭典後期，山笠由男人抬着在博多市內遊行，令大街小道變得非常熱鬧。15 日是整個山笠祭最高潮的一天，因為會舉行「追山儀式」：從清晨 04:59 響起第一聲太鼓後，第一輪山笠便會出發，並以 30 分鐘跑畢五公里的路程，所有山笠會借此儀式比拼誰跑得最快，這是整個山笠祭最引人入勝的儀式，絕對值得一看！

（攝影：黃穎宜）

▶ 不少人都到神社求籤試運氣，神社內的籤文提供中文繁體及簡體。每支籤文 ¥50(HK$4)。

◀ ▲ 神社內展示了山笠祭使用的山車，造型非常精美！

▶ 在櫛田神社除了山車外，另一個吸引眾人目光的，便是這個小便小僧！

▶ 稻荷神的使者狐狸當然少不了。

▶ 不少穿着西裝的人來正殿參拜，是來祈求生意興隆的嗎？

Tips

博多歷史館

櫛田神社內設有博多歷史館，展出與祇園山笠祭相關的物品以及現代博多玩偶師製作的摸型。館內還珍藏豐臣秀吉發出的紅色官印書，此乃福岡市指定的歷史文物，相當珍貴。

▶ 博多歷史館。

Info

博多歷史館

🕐 10:00~17:00，逢周一休息，若遇公眾假期順延一天

💲 成人 ¥300(HK$23)，大學生及高中生 ¥200(HK$15)，初中生、小學生 ¥150(HK$11)

福岡市

朝倉市

太宰府市

柳川市

小倉（北九州市）

門司港（北九州市）

福岡縣

大分縣

熊本縣

長崎縣

佐賀縣

宮崎縣

拉麵最高享受 **一蘭本社総本店** ⏱地圖 P.89 必吃

聞名中港台的一蘭拉麵原來跟一風堂一樣，都是發源自福岡，而位於中洲的一蘭拉麵更是總店。1 樓販售一蘭的產品，當中有些是店內限定的產品，並設有屋台形式的座位；2 樓則是一蘭招牌的自閉座位 (味集中 Counter)。

一蘭拉麵始創於 1960 年，在日本有多家分店，當中雖然許多店鋪都是 24 小時營業，但依然會出現大排長龍的熱鬧情況。店內可用英語溝通，並提供中文餐牌，不用擔心叫不到自己想吃的拉麵。

◀從地鐵站出口一出來，便能輕易看到一蘭拉麵。

▶一蘭的招牌之自閉座位。

濃郁的豬骨湯配上中華細麵，百吃不厭！每碗￥790(HK$50)。

◀有試過把整碗拉麵吃得一乾二淨嗎？原來碗底這一滴代表著最高的享受啊！

玄機？寫上「此暗藏的一滴，形容得真好！」

▶客人可自選不同配料與口味，若看不明日文的朋友不用害羞，大膽地問店員要一張中文版菜單吧！

Tips 一蘭在 2013 年進駐了香港的銅鑼灣，後來在尖沙咀也有分店。前往九州之前，不妨先在香港試試，看看兩間的味道會否有點不同。(銅鑼灣謝斐道 440 號駱克大樓 A 座地下 F 及 1 鋪，11:00-02:00，電話：2152 4040；尖沙咀掃管笏 8 號地庫 B 鋪及地下入口大堂)

Info
🏠 福岡縣福岡市博多區中洲 5-3-2 1~2F
🚇 地鐵中洲川端站 2 號出口步行約 1 分鐘即達
🕐 味集中 Counter 09:00 至翌日 05:00
一蘭屋台 24 小時
📞 092-262-0433　💻 www.ichiran.co.jp

重口味地道名物 **もつ鍋 大山** ⏱地圖 P.89

もつ鍋 (牛腸鍋) 是博多的名物，而大山 (おおやま) 就是其中一間牛腸鍋專門店。大山以風格正宗、味道好而聞名，其牛腸鍋以黑毛牛的牛腸及韭菜為主要材料，配以濃厚的醬油或味噌湯底，味道獨特，不過沒有吃內臟習慣的朋友可能會吃不慣牛腸的肥膩口感。店內除了牛腸鍋外，還有馬肉刺身、牛舌刺身等特別料理。

▲もつ鍋 大山。

▶味噌味牛腸鍋，￥1,540(HK$91)。

◀鱈魚胃漬物 (タラチャンジャ) ￥650 (HK$49)。

Tips 大山的網上評價十分高，在樂天市場常獲得客人的五星評價，是地道好滋味。

Info
🏠 福岡縣福岡市博多區店屋町 7-28
🚇 地鐵吳服町站 1 號出口步行約 5 分鐘
🕐 17:00~24:00，不定休
📞 092-262-8136
💻 www.motu-ooyama.com

(文字：IKiC．攝影：蘇飛)

明治時代的生活文化「博多町家」ふるさと館

🕐 地圖 P.89　[MAPCODE] 13319769*37

　　「博多町家」ふるさと館位於櫛田神社對面，內裏主要展示明治及大正時代博多人民的生活與文化特色。展覽館分為三棟建築物，分別是樓高兩層的展示棟、有職人即場表演的町家棟，及販賣各種博多特色食物及工藝品的手信店「みやげ処」。

◀みやげ処出售的明太子袋裝辣味太仙郎▶出品，一盒八個。¥480(HK$36)。

◀町家棟內有福岡的人偶師即場示範製作人偶。

▲外觀採用傳統和式建築的「博多町家」ふるさと館。

▶展示棟內展示許多由博多工藝師製作的人偶，外型趣怪生動。

▲製作博多織的織布機。

▲用來抬山車用的木柱，你還可以體驗一下木柱的重量。

Info
🏠 福岡縣福岡市博多區冷泉町 6-10
🚇 地鐵中洲川端站 5 號出口或祇園站 2 號出口步行約 7 分鐘
🕐 10:00~18:00(最後入場時間為 17:30)，7~8 月 09:00~18:00(最後入場時間為 17:30)，每月第 4 個星期日、12 月 29 日至 31 日休息
💲 一般 ￥200(HK$15)，初中生、小學生免費
📞 092-281-7761
📱 www.hakatamachiya.com

有趣手工藝 博多傳統工藝館 🕐 地圖 P.89

はかた伝統工芸館

　　工藝館展出了博多自古以來的手工藝，例如博多織、博多人偶、博多曲物(即木質的卷曲器皿)、博多獨樂(即陀螺)、博多紙偶等。除了簡介歷史外，位於地下的商店更有出售相關物品，讓遊客作為手信之用或帶回家留念。

Info
🏠 福岡縣福岡市博多區上川端町 6-1
🚇 地鐵中洲川端站 5 號出口或祇園站 2 號出口步行約 6 分鐘
🕐 09:30~17:30(17:00 前入館)，逢周三休息，若遇公眾假期順延一天；12 月 28 日至 1 月 4 日休息
📞 092-409-5450
📱 hakata-dentou-kougeikan.jp/index-zh.php

◀博多織為博多最有名的工藝之一，館內的展品當然有它了。（相片由福岡市提供）

▲工藝館樓高兩層，地下設有小賣店及小食店。

福岡市
朝倉市
太宰府市
柳川市
小倉（北九州市）
門司港（北九州市）

古色古香 川端商店街、川端ぜんざい 🕐 地圖 P.89

川端商店街全長約 400 米，沿路有約 100 家古色古香的店鋪，遊客從商店街一直往前走便是櫛田神社 (P.106)，同時亦可經天橋直達博多運河城 (P.102)。商店街內最受遊客注目的店家為「川端ぜんざい」，此店以出售善哉 (ぜんざい，日語發音為 Zenzai) 聞名，即以紅豆加上砂糖、白玉糰子及栗子煮成的甜品，凍食則會把以上配料淋在刨冰上。川端ぜんざい於大正初期已開始經營，並與明太子、豬骨拉麵合稱為博多三大名物。

▲ 川端商店街入口約 80 米。

▲ 川端ぜんざい距離商店街

的山車，店內陳列了一架幾層高的山車，近看十分壯觀。

◀熱善哉 (ぜんざい)，￥500(HK\$38)。
(攝影：Hikaru)

▲ 冰凍善哉 (氷ぜんざい)，￥500
(HK\$32)，只限夏季供應。

◀クック・チャム提供不同便當，食物新鮮美味。除了有配搭好飯菜的便當外，也可自行配搭購買。(福岡縣福岡市博多區上川端町 10-2，10:30~20:00，周日休息)(攝影：CheukTable)

Info

川端商店街
🏠 福岡縣福岡市博多區上川端町 11-287
🚇 地鐵中洲川端站 5 號出口直達
🕐 10:00~20:00，各店鋪營業時間不一
☎ 092-281-6223
🌐 www.hakata.or.jp

24 小時大型折扣店 驚安の殿堂ドン・キホーテ 🕐 地圖 P.89

ドン・キホーテ (唐吉訶德) 是一間可以買到超值商品的大型折扣店，24 小時營業，購物滿 (含稅)￥5,400(HK\$394) 還可即場退稅。產品應有盡有，包括家電產品、日用雜貨、食品、化妝產品、鐘錶、運動休閒用品及 DIY 用品等，還有一些特別的人氣產品，例如美少女戰士的美妝產品特別版、日本特別版熱浪薯片等。

▲ 這是驚安の殿堂ドン・キホーテ的中洲店。

◀ 各式護膚品。

◀ 美少女戰士的美妝產品特別版 ￥1,600 (HK\$121)。

Info

🏠 福岡縣福岡市博多區中洲 3-7-24
🚇 地鐵中洲川端站 4 號出口直達
🕐 1、2 樓 24 小時；7 樓 14:00~02:00
☎ 0570-047-311
🌐 www.donki.com

(圖文：CheukTable)

福岡・市

朝倉市

太宰府市

柳川市

小倉（北九州市）

門司港（北九州市）

活鮑魚壽司 ひょうたん寿司 🕐 地圖 P.90

ひょうたん寿司是天神區最具人氣的壽司店，鮮魚由長浜市場每日新鮮運到。午飯時段會有特價壽司、刺身拼盤供應。

午市時，排隊的人龍會由店鋪的 2 樓一直延伸至地下 1 樓的街角。夠膽量的話，不妨一嘗這裏口感十足的活鮑魚壽司，絕對是前所未有的新體驗！

▲特選食材大優惠套餐 ¥3,200 (HK$188)，份量十足。

Info
- 🏠 福岡縣福岡市中央區天神 2-10-20 新天閣 2~3F
- 🚇 地鐵天神站步行約 3 分鐘
- 🕐 11:30~15:00、17:00~21:30
- ☎ 092-722-0010
- 💲 人均消費：
  午餐約 ¥2,000(HK$118)
  晚餐約 ¥5,000(HK$294)

(圖文：黃穎宜)

不能錯過的果撻 QU'IL FAIT BON 🕐 地圖 P.90 必吃🍴

難得來到日本，絕不能錯過 QU'IL FAIT BON 的果撻。各式果撻餅底鬆脆，賣相討好。福岡的這家分店設有環境舒適的 Café，室內裝潢以粉色為主，深受女生歡迎。

▲ QU'IL FAIT BON。

▲室內以粉色為主。

賣相佳。►

果撻餅底鬆脆

Info
- 🏠 福岡縣福岡市中央區天神 2-4-11 パシフィーク天神 1F
- 🚇 西鐵福岡（天神）站中央口 2 號出口，步行約 3 分鐘
- 🕐 11:00~19:00　☎ 092-738-3370
- 💲 人均消費：¥1,000(HK$59)
- 🌐 www.quil-fait-bon.com

(圖文：黃穎宜)

最大木造釋迦牟尼 東長寺 🕐 地圖 P.89 MAPCODE 13320870*26

▲帶有中國佛教色彩的東長寺。

東長寺於大同元年 (806 年) 由空海大師 (弘法大師) 建立，筑前國 (日本古代行政區域之一，約在福岡縣的西部) 國主黑田忠之 (二代) 與黑田光之 (三代) 的墳墓也位於此地。寺內除了建有一座五重塔外，亦有一座全日本最大的木造釋迦牟尼佛像。佛像於 1988 年開始製造，經歷 4 年才完成，高 10.8 米，重量達 30 噸，亦名福岡大佛，十分壯觀。

上一座日式神社的朱紅色。

►寺廟的另一端建有一座五重塔，外層塗有

Info
- 🏠 福岡縣福岡市博多區御供所町 2-4
- 🚇 地鐵祇園站 1 號出口步行約 3 分鐘
- 🕐 09:00~17:00
- ☎ 092-291-4459

▲寺廟內最吸引人的巨大釋迦牟尼佛像。整座佛像以木造成，從下瞻看帶有一種神秘的莊嚴感。

居酒屋的熱情 よかたい総本店 ⏱ 地圖 P.89

這店距離博多站很近，午市及下午都提供價錢相宜而可口的立食料理，晚市則以居酒屋形式營業。晚上回飯店休息前，好好吃一頓，感受福岡人在居酒屋熱鬧又輕鬆的時光。

◀ 炸雞 ￥430(HK$33)。

▶ SAPPORO 生啤酒 ￥510(HK$39)。

▲ 特選沙律。

▲ 串燒，一串約 ￥100~150(HK$7~11)。

Info
- 福岡縣福岡市博多區博多站中央街 6-11 1F
- JR 博多站筑紫口步行約 1 分鐘
- 立食 11:00~23:30，居酒屋晚餐 17:00~23:00
- 092-441-0066
- kaisouken.co.jp

(圖文：黃穎宜)

日本三大八幡宮 筥崎宮 ⏱ 地圖 P.85

▲ 筥崎宮的樓門建於 1594 年 (文祿三年)，門前刻有「敵國降伏」四個大字，好不威風！

筥崎宮與京都石清水八幡宮及大分縣宇佐神宮合稱為日本三大八幡宮。筥崎宮本殿建於 921 年，但在戰國時代因戰火而荒廢一時，之後在 1546 年重建至今，連同樓門、一之鳥居及千利休所奉獻的石燈籠均屬於國家指定重要文化財。另外，宮外建有神苑花庭園，園內為本格回遊式日本庭園，四季開滿不同花朵，散步時格外寫意。筥崎宮每年 1 月 3 日均會舉辦玉取祭，男子會穿着兜褔布爭奪重達 8 公斤的石玉 (石球)，獲勝的人會於新的一年得到好運，祭典熱鬧有趣。

▲ 一年一度的玉取祭自古留傳至今，男人非常投入地爭奪石玉。

Info
- 福岡縣福岡市東區箱崎 1-22-1
- 地鐵箱崎宮前站 1 號出口下車，再步行約 3 分鐘
- 約 09:30~17:00；神苑花庭園 1 月 1 日至 12 月 10 日 09:30~16:30，周三休息 (若為假日順延至翌日休息)、1、2、4、6 月及放生會期間不休息
- 092-641-7431
- www.hakozakigu.or.jp

(相片提供：福岡市)

藝術 + 美術 + 血拼樂 **Hakata Riverain** ⏱地圖 P.89

博多リバレイン

　　Hakata Riverain(博多河畔城) 為大型綜合設施，由 Okura 福岡酒店、博多座、福岡亞洲美術館，加上以出售名牌為主的博多 Riverain Mall 商場組合而成。博多座不定期上演日本傳統的歌舞伎及歌劇，而著名的寶塚歌劇也能在此欣賞到；亞洲美術館為全球唯一以亞洲近代美術品為主的美術館；Riverain Mall 商場內匯集各國名牌如 Bvlgari、Diesel 等，在 5 樓及 6 樓還設有麵包超人博物館，可欣賞到麵包超人的真人 Show，讓人樂而忘返。

▲ 商場採用玻璃外牆，讓商場內更見空間感。

▲ 博多河畔城與中洲川端地鐵站直接連結，交通方便。

▶麵包超人博物館內有麵包超人的真人 Show，非常受歡迎！(博物館 10:00~18:00，17:00 停止入場，入場費 ￥1,800，HK$131)

Info

🏠 福岡縣福岡市博多區下川端町 3-1
🚇 地鐵中洲川端站 6 號出口直達
🚌 各店鋪營業時間不一
📞 092-282-1300
📱 riverain.co.jp

(相片提供：福岡市)

800 年歷史日本第一座 **聖福寺** ⏱地圖 P.89

　　聖福寺於 1195 年創建，是日本第一座禪寺，現時為國家指定史跡及重要文化財，寺內最值得參觀的是高麗時代遺留下的的銅鐘。

▶在寺內感到無比寧靜，
十分適合人們在此坐禪。
[相片由 (社) 福岡縣觀光聯盟提供]

Info

🏠 福岡縣福岡市博多區御供所町 6-1
🚇 地鐵博多站西 6 號出口步行約 15 分鐘，或從地鐵祇園站 1 號出口步行約 5 分鐘
📞 092-291-0775
📱 www.shofukuji.or.jp

福岡市　朝倉市　太宰府市　柳川市　小倉（北九州市）　門司港（北九州市）

113

製作適合自己口味的明太子 博多の食と文化の博物館

🕐 地圖 P.85 | MAPCODE 13 412 187*15

眾所周知，博多的特產是明太子，遊客可以到哪裏買到最齊全、最具特色的明太子手信呢？答案是博多美食文化博物館。這間博物館不但以遊戲攤位、電影和展板的方式展示了福岡和九州的飲食文化及歷史，博物館本身亦是一座明太子製作工場，遊客可以參觀明太子由製作、醃製，直至包裝的過程。此外，博物館還設有商店和小食店，遊客可於商店試吃、購買明太子和相關的產品，也可於小食店品嘗燒明太子丸子、明太子炸雞等限定食品。

▲博物館。

◀簡述福岡飲食歷史的時光隧道。

▲遊客可透過玻璃看到明太子工場的運作過程。

▲立體放映院。

▲遊客可到商店試吃和購買明太子。

▲介紹各種福岡美食的攤檔。

Tips my 明太子手作り体験

除了可以在博物館購買明太子外，遊客還可以參加館方舉辦的明太子 DIY 製作體驗。在工作人員的教導下，按照自己的口味製作獨一無二的明太子。明太子製作體驗需時約 30 至 40 分鐘，每天共有 3 節，必須先在官網預約。要注意在完成明太子的製作後，必須把它放於雪櫃兩天，待它熟成後才可食用。因此，想嘗試製作明太子的遊客，宜先好好編排自己的行程。

◀商店有世上絕無僅有的明太子雪條 (￥200，HK$11) 購買，味道十分特別。

▲燒明太子丸子，￥150(HK$11)。

Info

🏠 福岡縣福岡市東區社領 2-14-28

🚃 JR 吉塚站下車步行約 15 分鐘；或從博多駕車約 15 分鐘

🕐 10:00~16:00；my 明太子手作り体験時間 11:00、13:30、15:00；逢周二 (如遇假期則順延至翌日休館)、年末年始休息

💲 入場費成人￥300(HK$21)，小學生或以下免費；製作明太子 (共 3 塊明太子約 100g)￥2,000(HK$118)

📞 092-621-8989

🌐 117hakuhaku.com

(圖文：Pak)

逛商場、泡溫泉 Bayside Place 🕐 地圖 P.85

ベイサイドプレイス博多

　　Bayside Place 位於博多站以北，鄰近博多港，從港口可乘船到能古島、志賀島等地，亦可參加遊船路線，欣賞博多港的夜景。Bayside Place 內除了商店林立外，亦以鄰近港口之利，設有灣岸市場及多間以海產為主的食店。商場內還設有一個直徑達 9米、高達 8 米的巨型水槽，內裏飼養了多達 30 種的熱帶魚。另外，商場附近有間名為「波葉之湯」的店，內有天然溫泉「湯治房」，逛累了的話不妨前往泡個溫泉放鬆一下。

Info

- 🏠 福岡縣福岡市博多區築港本町 13-6
- 🚌 從地鐵博多站前乘搭 99 號巴士，於「博多ふ頭 (ベイサイドプレイス)」站」下車；或乘搭 88 號巴士，於「福岡国際センター站」下車再步行約 5分鐘，車程約需 10 多分鐘，車費為 ¥190~230(HK$14~17)
- 🕐 10:00~20:00，個別商店營業時間不一 (詳見官網)
- 📞 092-281-7701
- 🌐 www.baysideplace.jp

▶ 片上可在此眺望博多港的夜景。由福岡市提供。

Bayside Place 鄰近博多港，可在此眺望博多港的夜景。(相片由晚

飽食新鮮海產 柳橋連合市場 🕐 地圖 P.90

　　有「福岡台所」之稱的柳橋連合市場全長 100 米，市場內共有 50 多間店鋪，並以海鮮店及料理店為主。旅客可於此購買新鮮海產如魚生，亦可於市場的食店內品嘗一下不同小吃，感受福岡的平民風情。

▲除了鮮貨，熟食檔亦不少，是時候掃盡日本街頭小吃了！

▲柳橋連合市場與小倉的旦過市場 (P.157) 同樣受遊客歡迎。

Info

- 🏠 福岡縣福岡市中央區春吉 1-5-1
- 🚇 地鐵渡边通站 2 號出口下車，再步行約 5 分鐘
- 🕐 約 08:00~18:00(各店鋪營業時間不一)，逢周日及祭日休息
- 📞 092-761-5717

(相片提供：福岡市)

▲日本市場內最受歡迎的必屬海鮮店。

娛樂與交通樞紐 天神地下街 ⏱ 地圖 P.90

◀ 天神地下街。

天神地下街於 1976 年開業，面積達 2 萬 8 千平方米，從潮流服飾、日常用品到各式美食都可找到。地下街連結地鐵天神站、天神南站及西鉄福岡 (天神) 站，亦可直達許多著名百貨商店如大丸、三越、Parco 等，相當方便。

地下街的設計仿照 19 世紀歐洲，地面為南歐風格的鋪石道，頂棚則由蔓草圖案與花紋交集而成。略為昏暗的燈光讓天神地下街有一種神秘與獨特的氣氛，無論平日或假日都堆滿遊人。

◀ Bao ba Qu バオ・バクウ。除了有原創服裝與自家設計的披肩外，亦有來自亞洲各國的雜貨。(東 3 番街 245 號鋪，10:00~20:00，baobaqu.com)

Info

🏠 福岡縣福岡市中央區天神
🚇 從地鐵天神站、天神南站或西鉄福岡 (天神) 站直達
🕙 10:00~20:00(部分餐廳營業至 21:00)
📞 092-711-1903
🌐 www.tenchika.com　f 輸入「Tenjin Chikagai」

元祖風味 一風堂（大名本店）⏱ 地圖 P.90

一風堂拉麵於 1985 年開業，元祖店就是位於天神區的大名本店。創辦人河原成美為了改變一般人對拉麵店髒亂令人卻步的印象，開設了清潔整齊的一風堂大名本店，隨後更成為日本著名的連鎖拉麵店之一！本店的店面不大，但提供限定的元祖赤丸新味與白丸元味，可說是一風堂粉絲必到的朝聖地。

▲ 雖然一風堂有不少分店，但本店的人潮依然絡繹不絕。

▲ 一風堂開業之初決心洗脫拉麵店環境惡劣的污名，至今店鋪內依然保持乾淨簡潔的風格。

白丸元味　元祖赤丸新味

◀ 元祖限定名物：白丸元味（¥820、HK$55）、赤丸的湯與底加入醬油，份外入味。元祖赤丸新味（¥860、HK$62）、赤丸新味

Info

🏠 福岡縣福岡市中央區大名 1-13-14
🚇 從地鐵天神站或經地下街前往，步行約 7 分鐘
🕙 周一至四 11:00~22:00、周五及假期前夕 11:00~24:00、周六 10:30~24:00、周日及假期 10:30~23:00
📞 092-771-0880
🌐 www.ippudo.com

福岡市

朝倉市

太宰府市

柳川市

小倉（北九州市）

門司港（北九州市）

珍貴文化遺產 赤煉瓦文化館 地圖 P.90 MAPCODE 13318705*80

しあかれんがぶんかかん

　　赤煉瓦文化館現時為福岡市文學館，位於昭和通一帶，為日本國家指定重要珍貴文化遺產設施之一。文化館建於 1909 年，當時為日本生命保險株式會社的九州分店。建築物的圓形屋頂與紅白外牆帶有強烈歐洲風格，內部亦復修成當年的模樣，內裏展出福岡市文學發展的歷史與近代作家的作品。

Info
- 福岡縣福岡市中央區天神 1-15-30
- 地鐵天神站或西鉄福岡（天神）站 16 號出口下車步行約 3 分鐘
- 09:00~21:00，年底元旦及周一休息（若為假日順延至翌日休息）
- 免費入場
- 092-722-4666

▶ 明治時期的建築物，大部分都深受外國影響而帶有歐洲風格。

説得出的美食都吃到！ Solaria Stage 地圖 P.90

ソラリアステージ

　　Solaria Stage 與一般商場的不同之處，就是它從地面往下發展。1 樓為一般商店，而 B1 至 B2 層則是老饕的美食天堂！這裏的食店超過 20 間，幾乎説得出的美食都可在此吃到，地點方面因為與天神地下街直接連結，交通便利。

　　若苦思之下都沒有頭緒要到哪兒解決晚餐的話，來到 Solaria Stage 總有一家餐廳可滿足你。

Info
- 福岡縣福岡市中央區天神 2-11-3(地鐵天神站內)
- 從地鐵天神站、天神南站或西鉄福岡 (天神) 站直達
- 10:00~20:30，B1F 為 10:00~21:00，B2F 為 11:00~22:00
- 092-733-7111　www.solariastage.com

吃牛肉飯

▶ ごはんや 牛心。在 Solaria Stage 內的牛心可吃到低至 ¥540(HK$32) 的牛肉飯。此外還有專為女性而設的迷你滑蛋豬扒飯套餐，售 ¥550(HK$32)。(B2F 13 號鋪，09:00~22:00)

新奇吃法 洋麵屋 五右衛門 地圖 P.90

　　「洋麵」其實就是意大利粉。1976 年，日本人嘗到美味的意粉後決定製作屬於自己國家的「洋麵」，洋麵屋 五右衛門亦於涉谷誕生了。為了保存和風感覺，店鋪以有田燒製作的碟子盛載麵條，再以筷子進食，這種吃法相當新穎。

▲ 洋麵屋 五右衛門。

▶ 筷子、有田燒碟子再加上洋麵一碟，十分有趣！經典的忌廉煙肉腸仔「洋麵」，單點為 ¥1,080(HK$82)，外加湯、沙律、甜品與飲品的套餐為 ¥1,500(HK$114)。

Info
- 福岡市中央區天神 1-11-11 天神コアビル (Tenjin Core) 7F
- 地鐵天神站下車步行約 3 分鐘
- 11:00~22:00(最後點餐時間 21:30)
- 092-791-1823
- www.yomenya-goemon.com

▶ 節推限出更食季洋衛五麵門有洋麵屋五右衛門多達 30 款不同美食。

▲ 聽説女生擁有另一個胃來盛載甜品，面對眼前美味的甜品，就算男生也會立刻多長一個胃吧？

質量有保證 **大丸福岡天神店** 🕐 地圖 P.90

　　老牌百貨公司大丸 (DAIMARU) 於福岡的分店位於天神區，分為本館與東館，與其他分店一樣，B2 層主要出售各式和菓子與食物，其他樓層則以出售高級男女服裝及生活雜貨為主。雖然大丸屬老一輩的百貨公司，但內裏出售的貨品質量都有相當保證，直到現在依然有許多捧場客特意前來光顧。

◀本館樓高八層，與一般百貨商店一樣，一天內購物滿 (不含稅)￥5,000 (HK$294) 可至東館 5 樓免稅櫃台退稅。

Info
- 🏠 福岡縣福岡市中央區天神 1-4-1
- 🚇 地鐵天神站 13 號出口下車步行約 2 分鐘，天神南站 2 號或 3 號出口直達，或西鉄福岡 (天神) 站步行約 3 分鐘即達
- 🕐 商店 10:00～20:00，食店 11:00～21:00
- 📞 092-712-8181
- 🌐 www.daimaru.co.jp/fukuoka

老牌百貨 **福岡三越** 🕐 地圖 P.90

　　除了大丸，三越亦是日本另一家老牌百貨商店。B2 層與大丸一樣主要出售名貴和菓子與精選食品，1 樓則為女士最愛的化妝品天地，而 3 樓則有 GAP，喜歡這個品牌的朋友可以前來逛逛。

◀福岡三越位於大丸天神店斜對面。

Info
- 🏠 福岡縣福岡市中央區天神 2-1-1
- 🚇 地鐵天神站 6 號出口下車步行約 5 分鐘，或天神南站 2 號或 3 號出口步行約 3 分鐘，或西鉄福岡 (天神) 站直達
- 🕐 10:00～20:00
- 📞 092-724-3111
- 🌐 www.iwataya-mitsukoshi.mistore.jp/mitsukoshi.html

推介長浜豚骨拉麵 **博多長浜屋台** やまちゃん 🕐 地圖 P.89

　　長浜本來在中洲有以屋台經營的店及四間實體店，但店主決定結束屋台，專心經營實體店。店內除了店長推介的長浜豚骨拉麵外，牛舌及牛內臟串燒也不容錯過。

▲熱騰騰的拉麵上來了！長浜拉麵每碗 ￥700(HK$41)。

▲想不到日本人也會用內臟來煮食。燒雞皮十分美味，很適合冬天食用！串燒三串 ￥540(HK$32)，六串 ￥1,080(HK$64)。

Info
- 🏠 福岡縣福岡市博多區中洲 2-4-18 中栄ビル錦小路
- 🚇 地鐵中洲川端站 1 號出口步行約 8 分鐘
- 🕐 18:00～03:00，周日休息
- 📞 092-262-7882
- 🌐 nagahama-yamachan.jp/nakasu.html

(攝影：Vivian)

日本大排檔 福岡屋台村 ⏱中洲屋台地圖 P.89 ⏱天神屋台地圖 P.90

福岡另一名物為屋台村，所謂屋台就是一家家以小車形式經營的小店，情況就像常見的流動拉麵檔一樣，但在福岡的屋台，能吃到的當然不只拉麵。

福岡的屋台村一般集中在中洲及天神一帶，一些網站更有屋台排行榜，在裏面可找到由網民票選出來的人氣屋台。位於天神屋台村的美食介紹見下。

► 屋台內的情況。（攝影：Vivian）

Info
- 🏠 中洲一帶：福岡縣福岡市中央區西中洲
　　天神一帶：福岡縣福岡市中央區天神
- 🚇 中洲屋台：地鐵中洲川端站前往
- 🕐 一般為晚上 18:00 至凌晨

▲ 到了晚上，天神的路面會開滿一家家的屋台，很有大排檔的風味啊！

天神屋台代表

各種煮法的拉麵 なかちゃん ⏱地圖 P.90

Info
- 🏠 福岡縣福岡市中央區天神 2-1-1 福岡三越東側
- 🚇 從地鐵天神站、地鐵天神南站或西鉄福岡（天神）站至天神地下街的北口 1 號出口，再步行約 1 分鐘即達
- 🕐 18:30~03:00

無論鐵板燒、炒麵、拉麵等，都可以在なかちゃん內吃到！這檔屋台位於天神的大馬路上，黃色的招牌十分顯眼。更有趣的是店內提供二分一博多拉麵(¥350、HK$23)，即半碗拉麵！若想多試幾間又怕吃得太飽，來這兒就最適合。

▲ 店內提供半碗拉麵。

煎餃粉絲必吃！味府 ⏱地圖 P.90

Info
- 🏠 福岡縣福岡市中央區天神 2-1-1 福岡三越東側
- 🚇 從地鐵天神站、地鐵天神南站或西鉄福岡（天神）站至天神地下街的中央口 1 號出口，再步行約 1 分鐘即達
- 🕐 19:00~01:30

味府以煎餃子聞名，再加上店內獨創的辣油更是美味無窮！餃子的用料全為日本產物，一口咬下去充滿鮮味的肉汁，而燒雞翼亦是店長的推介之選。

▲ 味府提供美味的煎餃。

四川拉麵辣到飛起 宗 ⏱地圖 P.90

Info
- 🏠 福岡縣福岡市中央區渡辺通 4 丁目紙与天神ビル前
- 🚇 從地鐵天神站、地鐵天神南站或西鉄福岡（天神）站至天神地下街的南口口，再步行約 1 分鐘
- 🕐 19:00~02:00(周五、六及假日前營業至 03:00)，周日休息

看到屋台的布簾上寫着四川兩個漢字，就知道店長的推薦菜式必定辣度十足！店長山川和紀曾在大阪的四川飯店內打工接近 6 年，後來決定開展屋台事業，並把四川菜的元素加入拉麵，製成店內獨有的四川拉麵，每碗 ¥700(HK$41)。

福岡市
朝倉市
太宰府市
柳川市
小倉（北九州市）
門司港（北九州市）

Part
6

福岡縣

大分縣
熊本縣
長崎縣
佐賀縣
宮崎縣

船形水上公園 Ship's Garden ⏱ 地圖 P.90

　　Ship's Garden 以船形的餐廳加上公園合而為一。船形建築物位於河邊，共有兩層，內有兩間餐廳，分別是具世界第一朝食之稱的 bills 福岡分店，以及具香港茶餐廳風味的星期菜 NOODLE & CHINOIS。建築物屋頂則為開放區域，遊客可登上天台遠眺河岸兩邊風光，每逢假日會不定期進行音樂或藝術表演等。

▲ 外形如船的 Ship's Garden。

▲ Ship's Garden 全景圖。

[圖片授權自日本國家旅遊局 (JNTO)]

Info

🏠 福岡縣福岡市中央區西中洲 13-1
🚇 地鐵天神站 16 號出口步行約 3 分鐘
🕐 bills 福岡 07:30~21:00；星期菜 NOODLE & CHINOIS 11:30~22:00
☎ bills 福岡 092-733-2555；
　星期菜 NOODLE & CHINOIS 092-721-0888
🌐 suijo-park.jp

日本 100 名城 福岡城跡 ⏱ 地圖 P.85、P.91(上) MAPCODE 13286667*66

　　福岡城於 1601 年開始興建，亦稱為舞鶴城，至 1873 年明治時期實行廢城令而被解體重建，現時只剩下遺址及重建的多聞櫓。至 1957 年被列為史跡，並由政府進行修復，現為日本 100 名城之一。春秋兩季城跡內都會開滿櫻花與紅葉，吸引了許多遊客前來參觀。

◀ 登上大天守台可俯覽整個福岡城跡的景色。(攝影：Vivian)

賞紅葉 🌸 賞櫻

◀ 鐵御門遺跡。(攝影：Vivian)

▲ 每年 3 月底左右，福岡便會開滿櫻花，城跡內亦是賞花的熱門地。
(相片由福岡市提供)

Info

🏠 福岡縣福岡市中央區城內
🚇 地鐵大濠公園站 5 號出口步行約 15 分鐘
🕐 南丸多聞櫓前庭：09:00~17:00

日版西湖 **大濠公園** ⏱ 地圖 P.91(上)

　　大濠公園位於福岡城跡外圍，當時福岡城外圍的護城河稱為外濠，故公園命名為大濠公園。公園於 1929 年開幕，整座庭園以中國西湖作為參考，寬闊的湖面上架有幾道棧橋，是日本國內屈指可數的水公園之一。夏天時，大濠公園會上演煙火大會，場面熱鬧。

▲夏季盛開藍繡球。(攝影：CheukTable)

▲中式庭園加上棧橋，果然有西湖的影子！(攝影：Vivian)

▲道路旁有水道，上垂柳，紅葉見遊色也不加。上垂柳，紅綠兩色誰也不加。(攝影：Vivian)

Info
🏠 福岡縣福岡市中央區大濠公園 1-2
🚇 地鐵大濠公園站 3 號出口步行約 2 分鐘
🕐 07:00～23:00
📱 ohorikouen.jp

大濠公園 **精選景點**

古典歐洲風 福岡市美術館 ⏱ 地圖 P.91(上)

　　美術館位於大濠公園內，由外牆到地面全由紅磚砌成，具有古典歐洲風味。美術館於 1979 年開館，至 2008 年已累積到訪人次超過 2,000 萬。館內展出超過 1 萬件展品，旅客可在此一次過參觀日本由古代到近代的各種美術展品。

▲館內不時舉辦各種特別展，詳情可留意官網公佈。

▲美術館就在大濠公園內，並鄰近福岡城跡，遊客可一次過遊覽三個景點。

Info
🏠 福岡縣福岡市中央區大濠公園 1-6
🚇 地鐵大濠公園站 3 或 6 號出口步行約
　　10 分鐘
🕐 09:30～17:30 (7～10 月延長至 20:00)，
　　周一 (若為假期則順延) 及 12 月 28 日
　　至 1 月 4 日休息
💲 成人 ￥200(HK$15)，大學生及高中生
　　￥150(HK$11)，初中生、小學生免費，
　　特別展覽或需要額外入場費
📞 092-714-6051
📄 www.fukuoka-art-museum.jp

(相片由福岡市提供)

▲外圍的紅磚路上，還可以欣賞到不同的雕塑。

貴族享受 JACQUES ジャック 大濠店 ⏱ 地圖 P.91(上)

JACQUES 的甜點很受歡迎，想吃到心儀的甜點，建議別太晚來。店內環境舒適，不只甜點賣相吸引，店鋪亦採用典雅的餐具，在這裏用餐能使你一嘗貴族般的享受。

▲士多啤梨忌廉蛋糕，賣相討好。

▲焦糖核桃蛋糕，蛋糕上放有焦糖核桃，鬆軟之中又有口感。

Info

🏠 福岡縣福岡市中央區荒戶 3-2-1

🚇 地鐵大濠公園站步行約 3 分鐘

🕐 10:00~12:20、13:40~17:00，周一及二休息

📞 092-762-7700

💲 人均消費：¥1,500 (HK$114)

🌐 www.jacques-fukuoka.jp

(圖文：黃穎宜)

絕景日出 愛宕神社 ⏱ 地圖 P.84 MAPCODE 13 280 793*15 🌸賞櫻

愛宕神社是日本三大愛宕之一，亦是福岡市內歷史最悠久的神社。神社建於 1901 年，庭園種滿約 2,000 棵櫻花樹，春天時為福岡市賞櫻熱點之一。從神社可遠眺福岡塔一帶風景，日出時更被稱為絕景。

另外，愛宕神社亦被認為可祈求戒煙及戒酒成功，每天吸引不少信眾前來參拜。

◀愛宕神社為福岡賞櫻熱點之一，春天時不少遊客前來參拜及賞花。

Info

🏠 福岡縣福岡市西區愛宕 2-7-1

🚇 地鐵室見站 1 號出口下車，再步行約 13 分鐘

🕐 08:00~17:30

📞 092-881-0103

🌐 atagojinjya.com

(相片提供：福岡市)

1 折名牌集中地 Marinoa City Fukuoka ⏱ 地圖 P.84

マリノアシティ福岡　MAPCODE 13 338 085*88

　　位於福岡西面的 Marinoa City 為最近福岡市中心的 Outlet，除了面向大海外，還有一座巨型的摩天輪，坐在上面可以欣賞福岡的夜景。

　　Marinoa City 佔地超過 8 萬平方米，內有多達 160 間店鋪，許多人所熟悉的品牌如 Nice Claup、AIGLE、Beams、LEGO 等都在此設店，折扣更高達一折！喜愛品牌的朋友記得前來尋寶！

▶ シルバニアファミリ
一森のお家。這店專售森林家族精品，是九州內唯一分店。店內亦出售砌圖，從風景到動漫人物都有。(Outlet II 棟 2F，10:00~20:00，morino-ouchi.jp)

▲ 日本的 Outlet 一般都離市區稍遠，從天神或博多出發至 Marinoa City 約需 1 小時。

▶ Outlet 內的大型摩天輪，成人 ￥500 (HK$38)，每個車廂供四人乘搭，四人同坐只需￥1,000(HK$76)。摩天輪環繞一周需時約 12 分鐘，晚上更會亮起漂亮的霓虹燈。小學生 ￥200 (HK$13)，

▶ earth music&ecology
以出售女裝為主，店內除了有折扣貨品外，還提供新裝供客人選購。(Outlet II 棟 2F，10:00~20:00，www.earth1999.jp)

▲ ポムの樹。店鋪主打蛋包飯，好吃得令人一試難忘。蛋包飯從 SS Size (以兩隻雞蛋製成) 到大胃王專用的 L Size(以六隻雞蛋製成) 都有提供，蛋包飯價錢從 ￥680(HK$52) 起。(Marina Side 北 棟 2F，11:00~20:00，www.pomunoki.com)

Info

🏠 福岡縣福岡市西區小戶 2-12-30
🚌 從地鐵姪浜站南出口轉乘昭和巴士 (昭和バス) 往マリノアシティ福岡方向，至總站下車，車程約 15 分鐘
🕐 商店 10:00~20:00，食店 11:00~21:00
☎ 092-892-8700
📱 www.marinoacity.com

以福岡夜景見證愛情 **福岡塔** 福岡タワー ⏱ 地圖 P.84、P.91(下)

福岡塔本為福岡市的電視塔，高 234 米，乘搭電梯從地面升至 123 米高的展望室只需 70 秒。

旅客可在展望室 360 度觀賞福岡景色，而位於 116 米高的展望室更是戀人的聖地。

▼ 只要 70 秒便能升上 123 米高的展望室。

▲ 雖然福岡的夜景沒有名列三大夜景之內，但一樣吸引。

▲ 呈三角柱體的福岡塔，外形十分特別。

▲ 116 米高的展望室是戀人必到的聖地。

Tips

買把愛情鎖 鎖住愛情

情侶可在 1 樓購票處購買愛情之鎖 (¥1,000、HK$76)，然後寫上彼此的名字、日期或其他心情語句，再把它扣在 116 米高的展望室上，讓它一面望著福岡夜景，一面見證著兩人的愛情。由於愛情之鎖並沒附上鎖匙，一旦把鎖鎖上便喻意二人永不分離。

Info

🏠 福岡縣福岡市早良區百道浜 2-3-26

🚌 從地鐵西新站 1 號出口步行約 20 分鐘，或於西新站的巴士站「西新パレス前站」乘搭西鐵巴士 10、15、54-1 及 94 號前往福岡塔站

🕐 09:30~22:00(個別日子營業時間有異，詳情請參考官網)

💲 一般 ¥800(HK$61)，初中生、小學生 ¥500(HK$53)，幼兒 ¥200(HK$15)，65 歲或以上 ¥720(HK$53)

📞 092-823-0234

🖱 www.fukuokatower.co.jp

❗ 於福岡塔內消費滿 ¥1,000(HK$76) 可獲免費泊車 2 小時

(攝影：Vivian)

近年落成大型商場 **MARK IS 福岡ももち** ⏱ 地圖 P.91(下)

MARK IS 福岡ももち是於 2018 年底開幕的大型百貨公司，規模極大。商場除了設有多間連鎖品牌服裝店、超市、美食廣場和雜貨店外，不得不提商場還為小朋友設有專門的樓層，既有適合大人和小朋友一起玩的遊樂設施、遊戲機店，還有兒童髮型屋、童裝店等，全面兼顧到所有顧客的需要，一家大小都絕對能在這裏耗一整天。

▶商場的規模龐大。

▲▶有一層是兒童專區。

▶▼多間餐廳。

▲▶多間時裝店。

▶當然不少得超市。

Info

🏠 福岡縣福岡市中央區地行浜 2-2-1
🚇 地鐵唐人町站步行約 10 分鐘；或乘西鐵巴士於ヤフオクドーム前站，或九州医療センター前站下車即達
🕐 商店 10:00~21:00，餐廳 11:00~22:00
📞 092-407-1345
🌐 www.mec-markis.jp/fukuoka-momochi

(圖文：Pak)

右側標籤（由上至下）：福岡市、朝倉市、太宰府市、柳川市、小倉（北九州市）、門司港（北九州市）

👨‍👩‍👧 親子

國寶級金印 **福岡市博物館** 🕐 地圖 P.91(下)

福岡市博物館於 1990 年開館，博物館樓高兩層，除了常設展外，更經常舉辦不同主題的企劃展。常設展中最讓人印象深刻的展品，可算是傳承自漢委奴國王、有國寶級之稱的金印了，再加上其他國寶及重要文化財，讓遊客能更深入了解福岡的歷史及風情。

◄博物館外展示了不同造型的雕像。

▲福岡市博物館的位置與福岡塔相近，不少遊客會一併遊覽兩個景點。

Info

🏠 福岡縣福岡市早良區百道浜 3-1-1
🚌 從地鐵西新站 1 號出口步行約 15 分鐘，或於西新站的巴士站「西新バレス前站」乘 10、15、54-1 或 94 號前往福岡塔站站，下車步行約 2 分鐘
🕐 09:30~17:30，逢周一 (若為假日則順延) 及 12 月 28 日至 1 月 4 日休館
💲 成人 ¥200(HK$15)，大學生、高中生 ¥150(HK$11)，初中生或以下免費
📞 092-845-5011
🖥 museum.city.fukuoka.jp

(相片由福岡市提供)

體驗做棒球選手 **福岡巨蛋** 🕐 地圖 P.84、P.91(下)

福岡ドーム Yahoo! JAPAN ドーム

◄寫上 YAHOO! 的字樣後，為何變得很有美式的感覺？

福岡巨蛋 (Yahoo! Japan Dome) 為日本職棒的主要球場之一，目前為福岡職業棒球隊 Softbank Hawks(福岡軟體銀行鷹) 的基地，亦因為 Softbank 的子公司為日本 Yahoo，因此福岡巨蛋亦稱為「Yahoo! Japan Dome」。

福岡巨蛋於 1993 年啟用，可以容納超過 3 萬 7 千人，亦是全日本最大的球場。旅客可參加巨蛋的導賞團，更可到一般人不能進入的選手區內一試做選手的滋味！

◄廣場上有一隻鷹停留在勝利手勢上，像為球隊喚來勝利一樣！

◄通往巨蛋的長樓梯上常會印上不同廣告圖案，這次印上的是 Softbank 廣告巨星──白戶家的爸爸狗！

▲在 Dugout 可找到 Softbank Hawks 的相關產品，許多都是限量發售，是只有在福岡巨蛋才能買到的珍貴商品！

Info

🏠 福岡縣福岡市中央區地行浜 2-2-2
🚌 從地鐵唐人町站 3 號出口步行約 12 分鐘
🕐 10:00~18:00
📞 092-847-1006
🖥 www.softbankhawks.co.jp/stadium

(攝影：Vivian)

雜錦燒專門小店 **お好み鉄板 炎屋** 🕐 地圖 P.91(下)

炎屋在唐人町商店街旁，提供雜錦燒、大阪燒、廣島燒等，還有其他特別口味的燒物。食物現點現製，大約等 15~20 分鐘。店內約有 15~20 個座位，是當地人日常用餐或飯後與朋友小酌的好地方。

▲お好み鉄板 炎屋。

Info
- 🏠 福岡縣福岡市中央區唐人町 1-10-1
- 🚇 地鐵唐人町站 4 號出口步行約 3 分鐘 (需穿過唐人町商店街)
- 🕐 周 一 至 六 11:30~22:00， 周 日 11:30~20:00，不定期休息
- 📞 092-791-8257

(圖文：CheukTable)

▲ 大阪燒 Special(大阪スペシャル)￥950(HK$72)，加了大量新鮮魷魚。

繁華都市之綠土 **国営海の中道海浜公園** 😊😊親子

🕐 見北九州景點及 JR 鐵路大地圖 | MAPCODE® 13 584 182*27

国営海の中道海浜公園位於博多北面，為一綜合休憩公園。公園內設有水族館海洋世界海の中道、日本名車歷史館、兒童遊樂場、動物之森、Sunshine Pool 等遊樂設施，部分設施如 Wonder World、Sunshine Pool 等需另外收費。公園內四季均可欣賞到不同植物和大片花田，是親近大自然或親子遊的好去處，而且可以玩上一整天。

▶ 公園內的 Sunshine Pool 備有多條水上滑梯，刺激好玩！(相片提供：福岡市)

Info
- 🏠 福岡縣福岡市東區大字西戶崎 18-25
- 🚉 於 JR 海ノ中道站下車即達
- 🕐 3 月 1 日 至 10 月 31 日 09:30~17:30，11 月 1 日 至 2 月 尾 09:30~17:00；12 月 31 日至 1 月 1 日、2 月第 1 個周一及翌日休息
- 📞 092-603-1111
- 💲 15 歲或以上￥450(HK$34)，65 歲或以上￥210(HK$20)，初中生或以下免費
- 🌐 uminaka-park.jp
- 🚗 泊車：每次￥520(HK$39)

▶ 到訪時，正值秋英盛放的季節。(攝影：蘇飛)

▲ 園內有多片花田，每逢花季，滿眼都是姹紫嫣紅。(攝影：蘇飛)

▲ Wonder World 遊樂園有不少適合小朋友玩的設施，如圖中的八爪魚滑梯。(攝影：蘇飛)

探索著名拉麵的製造地 一蘭の森

 見北九州景點及 JR 鐵路大地圖

MAPCODE® 224 609 765*70

富有濃厚豬骨湯底的一蘭拉麵相信不少人都吃過，其實一蘭的生產工場位於福岡縣西部的系島半島，名為一蘭の森，佔地更接近兩個東京巨蛋。一蘭の森開放了部分地區讓遊客參觀，旅客除可更深入瞭解一蘭拉麵的製作過程外，還可試試以不同時代為背景的一蘭屋台所提供的元祖及限定味道拉麵，限定味道拉麵包括具備濃稠湯頭的「滋養あふれる栄養満点のラーメン」與口感清爽的「あっさりと優しい味付けのラーメン」，每星期會輪流替換。這兩款拉麵是一蘭之森限定供應，每天數量有限！

▲ 美味的一蘭拉麵就是在這片翠綠的森林中製作而成。

▲ 拉麵博物館內展示了製作拉麵需要的道具。

◀ 不少名人均愛一蘭的拉麵，當中包括長瀨智也與錦戶亮等星級客人。

▲ 免費遊戲

▶ 從一蘭の森推出限定拉麵，要先從設於外面的自動販賣機買食券，再在以不同時代裝潢的食店中選擇座位。

▶ 模仿屋台的店鋪，別有一番風味。

◀ ▲ 商店內設有免費遊戲區，包括拋麵遊戲，利用橡筋圈製成的麵條，挑戰一分鐘內可拋起多少次麵條。

◀ 各式商品中不能少的一蘭拉麵套裝，一箱 5 個麵餅 ¥2,157（HK\$127）。

Info

- 福岡縣糸島市志摩松隈 256-10
- 從博多站乘地鐵至九大学研都市站，轉乘免費接駁巴士直達一蘭の森，車程約 25 分鐘；班次為 JR 站發車 10:30-13:30 逢 30 分，一蘭の森發車 11:00- 15:00 逢 00 分
- 10:00-21:00
- 免費
- 092-332-8902
- zh-cht.ichiran.com/mori/main.php

6.2

訪古城

朝倉市

朝倉市位於福岡縣中南部，由甘木市、朝倉郡朝倉町、杷木町等組成。本部分會介紹市內著名景點：秋月城跡，這裏是賞紅葉和櫻花熱點。

● 朝倉市官方網站：www.city.asakura.lg.jp

前往交通

JR 博多站 ⟶ JR 基山站 ⟶ 甘木鐵道 ⟶ 甘木站

全程約 55 分鐘 • ¥850(HK$62)

賞櫻紅葉勝地 秋月

　　從福岡市乘車約 70 分鐘，便會抵達秋月。秋月是朝倉市的賞紅葉及櫻花的熱點，當中的主要景點為秋月城跡 (黑門至長屋門，見 P.138 地圖)，而由城下町一路沿路而上也會經過不少景點。

　　秋月城被稱為「筑前小京都」，1203 年秋月種雄以秋月之名於此築城，此後 400 年這城均被秋月家統治，直到江戶時代黑田長興取代秋月家成為秋月的領主，並開始修建城池及城下町。到了今天，城下町一帶依舊保存舊日的風貌，每逢假日都吸引許多遊客前來參觀。

Tips 看紅葉的最佳時間：
11 月下旬～ 12 月上旬 **賞紅葉**

賞櫻最佳時間：
3 月下旬～ 4 月上旬 **賞櫻**

Info
🏠 福岡縣朝倉市秋月　📞 096-25-1335
🌐 www.akizuki-kanko.com
❗ 泊車：每天 ￥300(HK$23)

前往秋月交通

博多→秋月交通：

　　在 JR 博多站乘 JR 至「基山站」，在 JR 站旁轉乘甘木鐵道至「甘木站」，再轉乘甘木觀光巴士 (秋月線)，在鄉土館前站下車，全程約 70 分鐘 (巴士車程約 20 分鐘)，車費 ￥360(HK$27)。

秋月線 (巴士) 沿線各站：
甘鉄甘木駅→西鉄甘木駅→昭和通り→希声館前→甘木中央→恵比須町－木工所前→持丸→下渕→大園橋→千手→夫婦石→長谷山→公民館前→目鏡橋→秋月→鄉土館前→野鳥→白山神社前→古処山入口→だんごあん

秋月線 (巴士) 主要車站發車時間表：
去程：甘鉄甘木駅發車 (平日及周六)

甘鉄甘木駅	西鉄甘木駅	目鏡橋	秋月	鄉土館前
06:40	06:41	06:57	06:58	06:59
07:24	07:25	07:41	07:42	07:43
08:14	08:15	08:31	08:32	08:33
09:06	09:07	09:23	09:24	09:25
10:17	10:18	10:34	10:35	10:36
11:17	11:18	11:34	11:35	11:36
12:27	12:28	12:44	12:45	12:46
13:27	13:28	13:44	13:45	13:46
14:27	14:28	14:44	14:45	14:46
14:50	14:51	15:07	15:08	15:09
15:32	15:33	15:49	15:50	15:51
16:35	16:36	16:52	16:53	16:54
17:17	17:18	17:34	17:35	17:36
17:52	17:53	18:09	18:10	18:11
18:17	18:18	18:34	18:35	18:36
19:00	19:01	19:17	19:18	19:19
19:48	19:49	20:05	20:06	20:07
20:55	20:56	21:12	21:13	21:14

回程：秋月城跡發車 (平日及周六)

鄉土館前	秋月	目鏡橋	西鉄甘木駅	甘鉄甘木駅
06:16	06:17	06:18	06:34	06:35
06:44	06:45	06:46	07:02	07:03
07:06	07:07	07:08	07:24	07:25
07:53	07:54	07:55	08:11	08:12
08:41	08:42	08:43	08:59	09:00
09:36	09:37	09:38	09:54	09:55
10:48	10:49	10:50	11:06	11:07
12:00	12:01	12:02	12:18	12:19
12:58	12:59	13:00	13:16	13:17
14:01	14:02	14:03	14:19	14:20
14:58	14:59	15:00	15:16	15:17
15:26	15:27	15:28	15:44	15:45
16:03	16:04	16:05	16:21	16:22
17:11	17:12	17:13	17:29	17:30
17:47	17:48	17:49	18:05	18:06
18:19	18:20	18:21	18:37	18:38
18:49	18:50	18:51	19:07	19:08
19:26	19:27	19:28	19:44	19:45

去程：甘鉄甘木駅發車 (周日及假日)

甘鉄甘木駅	西鉄甘木駅	目鏡橋	秋月	鄉土館前
07:47	07:48	08:04	08:05	08:06
08:20	08:21	08:37	08:38	08:39
08:52	08:53	09:09	09:10	09:11
09:47	09:48	10:04	10:05	10:06
10:22	10:23	10:39	10:40	10:41
11:16	11:17	11:33	11:34	11:35
13:00	13:01	13:17	13:18	13:19
13:47	13:48	14:04	14:05	14:06
14:48	14:49	15:05	15:06	15:07
15:56	15:57	16:13	16:14	16:15
16:28	16:29	16:45	16:46	16:47
17:35	17:36	17:52	17:53	17:54
18:25	18:26	18:42	18:43	18:44
18:58	18:59	19:15	19:16	19:17

回程：秋月城跡發車 (周日及假日)

鄉土館前	秋月	目鏡橋	西鉄甘木駅	甘鉄甘木駅
07:51	07:52	07:53	08:09	08:10
08:21	08:22	08:23	08:39	08:40
08:56	08:57	08:58	09:14	09:15
09:20	09:21	09:22	09:38	09:39
10:21	10:22	10:23	10:39	10:40
11:16	11:17	11:18	11:34	11:35
12:04	12:05	12:06	12:22	12:23
13:36	13:37	13:38	13:54	13:55
14:29	14:30	14:31	14:47	14:48
15:33	15:34	15:35	15:51	15:52
16:36	16:37	16:38	16:54	16:55
17:14	17:15	17:16	17:32	17:33
18:03	18:04	18:05	18:21	18:22
18:53	18:54	18:55	19:11	19:12

▲ 帶有舊日風情的甘木鐵道，乘客需於下車時繳付車費。

Info

甘木鐵道網站
www.amatetsu.jp
甘木觀光巴士時刻表
amagikankobus.jp/rosenbus/

漫遊秋月

以下給讀者介紹在秋月主要車站下車後，沿途可看到的美麗風光及特色小店。

▶ 「目鏡橋站」下車步行約 1 分鐘　車費 ¥320(HK\$24)

逾 200 年 目鏡橋 ⏱地圖 P.138 ｜MAPCODE 55 172 652*24

於 1810 年建成，至今已有超過 200 年歷史，依舊屹立不倒，現時為福岡市的指定文化財產。

◀古老的橋。

> **Info**
> 🏠 福岡縣朝倉市秋月
> 📞 0946-22-0001(朝倉市教育部文化課)

人氣麵包店 天然酵母パン月の峠 ⏱地圖 P.138 必買

天然酵母パン月の峠就在目鏡橋對面，小小的店家卻是秋月的人氣麵包店！店內人氣最高的是咖喱雞肉麵包 ¥230(HK\$16)，每日限量出售 900 個，經常一早被搶購一空！

▲ 店鋪面積雖小，內裏卻經常擠滿慕名而來的客人。

◀吃麵包最搭配的，當然是牛的飲料，牛奶（¥100、HK\$7）

另外店內的人氣 No.2 分別為葡萄麵包 ¥210(HK\$16) 及忌廉麵包 ¥200(HK\$15)，同樣非常美味！

> **Info**
> 🏠 福岡縣朝倉市秋月 380
> 🕐 11:00~17:00，麵包售完即止
> 📞 0946-25-1115

▶ 「鄉土館前站」下車　車費 ¥360(HK\$23)

嘆下午茶 喫茶野都里 ⏱地圖 P.138

喫茶野都里位於鄉土館前站側，客人可欣賞窗外杉之馬場 (P.137) 這條美麗道路上的春櫻或秋天紅葉。

◀喫茶野都里就在巴士站旁。

店內的名物是加入了葛粉的咖啡 (¥600、HK\$45) 與栗子善哉 (¥600、HK\$45)，逛完秋月城跡的話可到此享受一頓悠閒的下午茶。

> **Info**
> 🏠 福岡縣朝倉市秋月野鳥 769-5 (鄉土館前站旁)
> 🕐 12:00~17:00
> 📞 0946-25-1928

賞紅葉熱點 **垂裕神社** ⏱地圖 P.138 🍁**賞紅葉**

　　垂裕神社於明治 8 年創建，內裏供奉了初代秋月藩主黑田長興與歷代藩主。神社內四周種滿楓樹，秋天時紅葉處處，為賞紅葉的一大熱點。

▲ 通往垂裕神社的石階都被紅葉染紅了。

▲ 穿過鳥居拾級而上，便是垂裕神社的所在地。

Info
🏠 福岡縣朝倉市秋月野鳥 666
🚌 在鄉土館前站下車再步行約 10 分鐘

▶ 垂裕神社。

甜絲絲葛餅 **黑門茶屋** ⏱地圖 P.138

　　在杉之馬場中央有間黑門茶屋為遊客提供一個歇腳處，店內名物為店員親手製作的葛餅，葛餅上淋由黃豆粉及紅糖煮成的糖漿，非常美味！葛餅每天限量發售，許多遊客都會把葛餅作為手信帶回家，想吃的話記得第一時間前往搶購。葛餅每份 ¥600(HK$35)。

Info
🏠 福岡縣朝倉市秋月野鳥 684-2
🚌 在鄉土館前站下車後再步行約 5 分鐘
🕐 10:00~16:00，逢周四休息 (假日除外)
📞 0946-25-0492
🌐 kuromonchaya.com
❗ 泊車：免費

▲ 黑門茶屋售賣葛餅及其他秋月獨有的土產。

福岡市

朝倉市

太宰府市

柳川市

小倉（北九州市）

門司港（北九州市）

賞紅葉必到之處 秋月城跡

🕐 地圖 P.138　MAPCODE 55173410　賞櫻

賞紅葉

在鄉土館前站下車後走過城下町一帶，便會來到秋月城跡，城跡不大，範圍包括長屋門、黑門等景點，是賞紅葉的絕佳地點。

▲ 秋高氣爽，秋月城內秋色無邊。

黑門

▲通往垂裕神社的表參道上，可以看到自鎌倉時代興建的黑門。黑門以前是山城的城門，江戶時代則為秋月城的正門，及至明治時期被用作為神社的神門。黑門至今已有超過百年歷史，為福岡市的指定文化財產。

▲ 春天的秋月城跡亦是賞櫻一大熱點。[相片由 (社) 福岡縣觀光聯盟提供]

▲ 古城配上紅葉，意境淒美。

長屋門

▲賞紅葉期間，前往城跡途中可見許多小攤檔出售當地食品。

◀長屋門為通往秋月城跡梅園的入口，江戶時代由天皇下令建造。門兩邊各有一間狹長房間供當時的守衛居住，現時為福岡市的指定文化財產。

Info

🏠 福岡縣朝倉市秋月野鳥

🚌 在鄉土館前站下車後再步行約 10 分鐘

櫻花通道 **杉之馬場** ⏱ 地圖 P.138

　　城下有條稱為「杉之馬場」的長長道路，為古時武士來往秋月城的登城之道。江戶時代道路的兩邊都種滿杉樹，及至明治時代，兩旁的杉樹被換作櫻花樹，亦因此讓秋月城在春天時變成一處賞櫻的熱點。

▶雨天裏的杉之馬場。

Info

🚌 在鄉土館前站下車後再步行約1分鐘

入讀私塾做忍者！ **秋月忍眾黑鷹**

　　即使到了現代，依然有許多日本人對忍者文化感興趣。為了推廣日本忍者文化，九州於 2011 年成立了九州忍者保存協會，至今已有超過 20 個團體加盟，當中包括秋月的代表黑鷹。遊客可以即場入讀忍者塾，以 ¥200(HK$15) 試擲飛鏢，還有忍者導師指導你。

▲店舖爬滿忍者。

▲秋月忍眾黑鷹店內有動畫《忍者亂太郎》的作者尼子騷兵衛之親筆簽名繪板，上面寫着「忍者就是毅力」，而不是靚姑的名句：「唔准食剩啲飯餸」。

Info

🏠 福岡縣朝倉市秋月野鳥
🚌 在鄉土館前站下車後再步行約 4 分鐘
📞 0946-25-1305

懷舊建築內看歷史 **秋月鄉土館** ⏱ 地圖 P.138

　　秋月鄉土館原來是秋月藩上級武士戶波家的住所與練習館，至 1965 年戶波家家族經營的店鋪以及庭園被一併改建為鄉土館與美術館。鄉土館內展示了黑田長政的鎧甲與稱為「來國俊」的名刀，亦有描繪島原之亂的屏風。

Tips

黑田長政 (1568 年~1622 年) 為安土桃山時代到江戶時代初期的武將。他的出身可謂很「巴閉」，爸爸是日本戰國時代「三英傑」之一——豐臣秀吉的軍師黑田孝高。黑田長政本身也立下巨大戰功，後成為福岡藩第一代藩主。

Info

🏠 福岡縣朝倉市秋月野鳥 532
🚌 在鄉土館前站下車後再步行約 4 分鐘
🕐 09:30~16:30，周一及 12 月 28 日至 1 月 4 日休館
📞 0946-25-0405
💲 成人 ¥320(HK$24)，中·小學生 ¥160(HK$12)

▲秋月鄉土館。

福岡市　朝倉市　太宰府市　柳川市　小倉（北九州市）　門司港（北九州市）

當地特色農產品 山田 SA(下行) 見北九州自駕遊大地圖

MAPCODE® 166 735 413*74

▲山田 SA(下行)。

山田 SA 是較大型的公路休息站，內有多間餐廳、商店、麵包店。當中商店售賣別府、大分等地的農產品或以農產品製成的商品，商品均由九州各地直送，相當新鮮。另外，餐廳的餐點同樣取材自當地新鮮的農產品，其中朝倉豚蒸飯御膳(￥800、HK$61) 更曾參加全國 SA、PA 料理大賽！麵包店的包點亦相當受歡迎，當中的可樂餅曾獲得金賞。

◀蘋果批 ￥380(HK$29)。

Info

🏠 福岡縣朝倉市山田 1427
🚗 由秋月駕車前往約 30 分鐘
🕐 餐廳約 10:00~18:00，商店約 07:00~22:00，各店營業時間不一
📞 0946-52-3103
🌐 w-holdings.co.jp/sapa/2786. html

◀雜莓撻 ￥340(HK$26) 賣相吸引。

(文字：IKiC，攝影：蘇飛)

6.3

求良緣求學業
太宰府市

太宰府距福岡市約半小時車程，雖然太宰府市面積不大，不過與奈良時代、平安時代齊名的太宰府古城，還有人們專門前來求學業的太宰府天滿宮均位於太宰府市內，每天吸引不少遊客前來觀光。而觀世音寺和光明禪寺是賞楓熱點。

太宰府觀光協會：www.dazaifu.org

前往交通

 JR 博多站 → 約5分鐘・¥210(HK$15) → 地鐵 天神站 → 步行至西鉄福岡(天神)站轉乘西鐵 → 西鉄 福岡(天神)站 → 天神大牟田線 → 西鉄 二日市站 →  太宰府線 → 太宰府站

28分鐘 ¥410(HK$30)

西鐵巴士まほろば號

▲まほろば號，車內空間不大，下車時把一日乘車券遞給車長看或付款便可。

要遊遍太宰府，遊客可乘搭西鐵巴士「まほろば號」逛盡大小名勝。まほろば號行走不同路線，而遊覽本書景點主要使用北谷迴線的「西鉄都府楼前駅－內山（竈門神社）」。

巴士每程收費￥100(HK$7)，若乘搭三次以上可考慮購買一日乘車券(￥300、HK$23)。一日券可於車上買，下車時出示，如不打算買一日券，可於下車時直接付車費。

◀於西鐵太宰府站下車便會看到這塊巨大的學業祈願繪馬，十分壯觀。

◀位於西鐵太宰府站的巴士站設有電子顯示牌，告知乘客各巴士的即時位置及於何時到站，十分方便。

常用巴士線：西鉄都府楼前駅－內山（竈門神社）

若想前往一些較遠的景點，如觀世音寺，可乘這條巴士線。

路線（紅字為常用站）：

西鉄都府楼前駅→関屋→通古賀中央→通古賀近隣公園→大宰府政庁跡→観世音寺前→太宰府市役所→いきいき情報センター→五条台口→いきいき情報センター→西鉄五条駅→五条（郵便局前）→梅大路→西鉄太宰府駅→連歌屋→宮前→三条公民館前→菅谷（九州情報大学前）→梅林アスレチック公園前→豆塚山前→內山（竈門神社前）

西鉄都府楼前駅發車時間：

平日（周一至五）	周六	周日及假期
07:40~18:10 逢 10、40 分開出、19:10、20:10	07:10~18:10 逢 10、40 分開出、19:10	07:10~18:10 逢 10、40 分開出

內山（竈門神社）發車時間：

平日（周一至五）	周六	周日及假期
06:35、07:00、07:35、07:55、08:20~17:50，逢 20、50 分開出、18:30、19:00、19:50	06:35、07:00、07:35、07:55、08:20~17:50，逢 20、50 分開出、18:30、19:00	07:04、07:55、18:30、08:20~17:50 逢 20、50 分開出

Info

🕐 全程約 20~35 分鐘（視乎有些班次會否不停靠某些中途站）
💲 單程￥100(HK$7) 或購買一日券￥300(HK$23) 隨意乘搭
📖 西鐵巴士まほろば號各路線時刻表：www.city.dazaifu.lg.jp/soshiki/6/1100.html

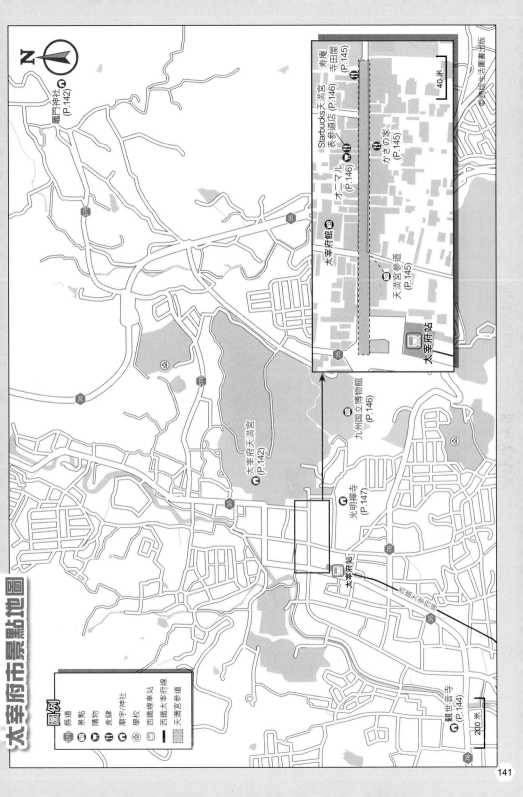

太宰府市景點地圖

祈求良緣 竈門神社 地圖 P.141 賞紅葉 賞櫻

MAPCODE 竈門神社前巴士站55 396 009*06

竈門神社創建於 664 年，現時的神殿則於 1931 年建成，神社主要供奉玉姬依命，以「緣結」(即求姻緣)聞名，因此許多日本女性都會特意前來祈求良緣。竈門神社位於太宰府的竈門山 (亦稱寶滿山) 上，春天時櫻花滿開，到了夏天則會看到處處繡球花，秋天便會搖身一變成為賞紅葉熱點，即使不是祈求姻緣，作為遊覽景點亦值得前往。

▲ 竈門神社面積不大，卻吸引不少善信前來祈求良緣。

▲ 若想早日找到命中注定的另一半，買個祈願繪馬 (￥800、HK\$61) 向神明許願吧！

▲ 祈求戀愛的祈願繪馬掛滿在繪馬掛所上。

▲ 位於神社旁有兩塊愛敬之岩，傳說閉着眼從一邊岩石順利走到另一邊岩石的話，戀情便能順順利利了！

▲ 除了繪馬，不能少的當然就是緣御守的護身符了！(￥800、HK\$61)

Info

🏠 福岡縣太宰府市內山 883
🚌 於西鐵太宰府站乘「西鐵巴士まほろば號」(巴士線：內山線 竈門神社行) 於內山 (竈門神社前) 站下車，再步行約 5 分鐘(巴士時間表見 P.140)
🕐 24 小時
📞 092-922-4106
🌐 kamadojinja.or.jp

▲ 通往神社的路上還能看到兩頭神鹿，在神社可以￥100(HK\$7)購買食物餵飼牠們。

學子祈福聖地 太宰府天満宮 地圖 P.141 MAPCODE 55364101

☑共通券適用 (九州国立博物館 + 太宰府天満宮寶物殿及菅公歷史館)

大部分遊客到太宰府，目的都是到這座有過千年歷史的太宰府天満宮。太宰府天満宮與北野天満宮被稱為日本全國天満宮之總本社，而天満宮主要供奉的是學識之神菅原道真，所以許多莘莘學子遠道前來，祈求學業進步及順利升學。

每年初詣 (即 1 月 1 日，日本的新年) 更會有多達 200 萬人前來參拜，可以想像當時的場面是何等浩大呢！

◀天満宮的本殿，既是學生前來祈求學業進步的聖地，亦是國家重要文化財產。

福岡市

朝倉市

太宰府市

柳川市

小倉（北九州市）

門司港（北九州市）

▲ 正在進行儀式的神職人員。

▲ 相傳學識之神菅原道真生肖屬牛，故在天滿宮內總會找到稱為御神牛的銅像，據說撫摸牠的頭會讓人變得更聰明，並有助增強財運。

▲ 志賀神社供奉著神話中的海神綿津見大神，是為祈求海上安全而建。神社建於室町時代長祿二年（1458年），是天滿宮內現存最古老的木造建築物，具有和風、唐朝與天竺風格，是國內重要文化財產之一。

▶ 掛滿繪馬的繪馬掛所，上面寫滿對將來的心願與希望。

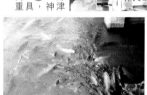

▲ 從天滿宮參道入口至本殿間建有一個心字的水池「心字池」。池上連成直線的三條石橋被稱為太鼓橋，分別代表過去、現在與將來，遊客經過三條石橋後，便能拔除三世邪念，得到重生。從橋上除了可欣賞池中的鯉魚外，亦可眺望天滿宮本殿的風光。

神社位於山上的木造神社，每個都供奉著不同的神明。

▲ 買個繪馬及護身符留念。

▲ 神社內不時有賣藝的人帶領猴子表演雜技，喜歡的話就打賞一下吧！

▲ 繪馬堂建於文化十年（1813年），為九州現存最大及最古老的繪馬堂。遇上不同祭典，繪馬堂亦會變為不同的賣場，相片中為日本各地清酒的試酒會。

Info

太宰府天滿宮

🏠 福岡縣太宰府市宰府 4-7-1

🚃 西鐵太宰府站步行約 5 分鐘

🕐 06:30~19:00（春分之日至秋分之日前夕 06:00 開放；6 月至 8 月 19:30 關門；12 月至 3 月 18:30 關門，逢周五、六 20:30 關門；1 月 1 日至 3 日 24 小時開放，1 月 4 日晚上或會關門）

📞 092-922-8225 🌐 www.dazaifutenmangu.or.jp

Tips

天滿宮是不少太宰府節慶活動的舉辦場地，包括驅鬼節（1 月 7 日）、曲水宴（3 月第一個周日）、神幸式（秋分和前夜祭祀）、秋思祭祀（農曆 9 月 10 日）。

暖暖自然光 Starbucks 天滿宮表參道店 🕐 地圖 P.141

這家 Starbucks 甚具特色，由設計師隈研吾所設計，採「弱建築」風格，使用木、竹等天然材料作主題。店內引入大量自然光，充滿溫暖的感覺。

◀ 採用獨特方法採光的建築，令這間 Starbucks 甚具特色。

Info

🏠 福岡縣太宰府市宰府 3-2-43
🚌 西鐵太宰府站步行約 4 分鐘
🕐 08:00~20:00，不定期休息
📞 092-919-5690
🌐 www.starbucks.co.jp

(圖文：黃穎宜)

辣高菜漬物 オニマル 🕐 地圖 P.141

自明治 37 年創業的「オニマル」出售九州產漬物為主，當中以明太子辣高菜漬物最有名，若喜歡日本漬物的話可在此大量購買。

◀「オニマル」為鬼丸的意思，難怪代表店家的吉祥物是一隻可愛的小鬼！(「オニ」指鬼，「マル」指小朋友)

Info

🏠 福岡縣太宰府市宰府 3-2-45
🚌 西鐵太宰府站步行約 3 分鐘
🕐 10:00~17:00
📞 092-922-4505

歷史文物 九州国立博物館 🕐 地圖 P.141

☑共通券適用 (九州国立博物館 + 太宰府天滿宮寶物殿及菅公歷史館)

九州国立博物館於 2005 年成立，館內展示了九州歷史文物，當中包括從舊石器時代至現代的展覽品。除了常設展外，博物館亦經常舉辦不同種類的特別展，當中包括不少外國的美術展覽。

Info

🏠 福岡縣太宰府市石坂 4-7-2
🚌 西鐵太宰府站步行約 10 分鐘
🕐 09:30~17:00，周五、六至 20:00，逢周一休息 (若遇公眾假期翌日休息)

入場費用	成人 ￥700(HK$41) 大學生 ￥350(HK$21)
九州国立博物館、太宰府天滿宮寶物殿與菅公歷史館的共通券	￥500(HK$38)

📞 092-918-2807
🌐 www.kyuhaku.jp

滿目碧綠青苔 光明禪寺 地圖 P.141 MAPCODE 55 334 731*62 賞紅葉

　　光明禪寺建於 1273 年，自鐮倉時代中期已存在。寺廟有苔寺的稱號，取其庭園內滿佈碧綠青苔之意。寺廟的庭園為賞紅葉的熱點，許多遊客都會靜靜坐於木板上，細意欣賞美麗的園景。

▲從天滿宮往光明禪寺只需 5 分鐘路程。

▲庭園內紅葉處處，難怪光明禪寺被評為賞紅葉的熱點之一。

▲寺外是日本庭園常見的砂礫地，只是加上一棵開滿紅葉的樹便形成一幅美麗的圖畫。

▲坐在木板上靜觀眼前美景，充滿禪意。

▲寺廟供奉的神明位於看似居所的大廳內，十分有趣。

▲進入寺廟前需要先脫鞋。

Info

🏠 福岡縣太宰府市宰府 2-16-1
🚃 西鐵太宰府站步行約 5 分鐘
🕐 08:00～17:00
💲 參拜費用：￥200(HK$15)
📞 092-922-4053

6.4

九州水鄉
柳川市

柳川市內由多條運河貫通,因此有九州水鄉之稱。既然來到水鄉,當然要乘船遊覽才最能觀賞到柳川之美了!

🔵柳川市觀光協會:www.yanagawa-net.com

前往交通

| JR 博多站 | →約 5 分鐘 • ¥210(HK$15)→ | 地鐵 天神站 | →步行→ | 西鉄 福岡 (天神) 站 | →48 分鐘 • ¥860(HK$64)→ | 西鉄 柳川站 |

市內交通

前往本書的柳川市景點,主要由西鉄柳川站前往即可。

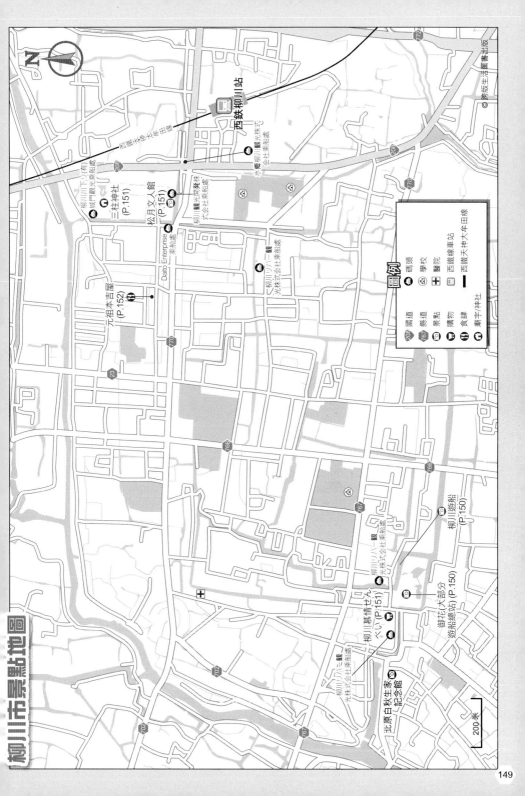

柳川市景點地圖

九州水鄉 柳川遊船 ⏱ 地圖 P.149 　MAPCODE 西鉄柳川站：69875376

　　柳川有多間觀光公司開辦遊船之旅，旅客乘西鐵至西鐵柳川站後，可直接前往不同公司位於該站的接待處，預約後會有專車接載客人前往登船處。一般遊船需時約 1 小時，各公司的遊覽路線略有不同。船公司職員一般懂英語，買票時可以英語溝通。

▲ 來到柳川豈可不遊船？　　　　　　　　　　　　　　(攝影：Vivian)

船公司 9 折乘船優惠

柳川観光：www.yanagawa kk.co.jp/kawakudari/coupon.html

Daito Enterprise：www.de daito.com/coupon.html

水鄉柳川：www.kawakuda ri.com/wp/m/coupon.html

城門觀光：www.interq.or.j p/kyuushu/jyoumon/off/off.htm

Tips 較受歡迎遊船路線：

路線	時間	公司
從松月乘船處 (於松月文人館側) 出發，途經城堀水門、日吉神社、水天宮等，最後於御花下船	約 70 分鐘	大東エンタープライズ
從下百町乘船處出發，途經並長、長谷健文字碑、水天宮等，最後於御花下船	約 70 分鐘	水鄉柳川觀光株式会社

Info 不同遊船公司資料：

遊船公司	上船地址	電話	網址
(株) 大東エンタープライズ*	福岡県柳川市城隅町 18-9	0944-72-7900	www.dedaito.com
水鄉柳川観光 (株)*	福岡県柳川市三橋町下百町 1-6	0944-73-4343	kawakudari.com
(有) 城門観光	福岡県柳川市新外町 4－25	0944-72-8647	r.goope.jp/jyoumon

* 遊船路線見左邊 Tips Box

🕐 一般 09:00~17:00(詳見個別公司網站)，船程約 60~70 分鐘

💲 成人 ¥1,700~2,000(HK$100~118)，小童 ¥850~1,000(HK$50~59)

國家指定名勝 御花 ⏱ 地圖 P.149 　MAPCODE 69 842 539

　　大部分遊船都以御花作為旅程的終點，而御花本身是一大著名景點。御花建於 1738 年，由柳川藩五代藩主立花貞俶興建，最初作為別邸使用。至明治 43 年，立花家被封為伯爵，別邸跟隨當時的風氣改建成洋館，即現時的御花。進去可參觀立花氏庭園內的立花家史料館，也可以在裏面的對月館內吃飯。

▲ 充滿西方風情的御花。　　　　　　　　　　　　　　(攝影：Vivian)

Info

🏠 福岡縣柳川市新外町 1

🚌 從遊船御花下船處步行約 1 分鐘即達

🕐 09:00~18:00

📞 0944-73-2189

💲 立花氏庭園：成人 ¥1,000(HK$59)，高中生 ¥500 (HK$29)，初中生、小學生 ¥400(HK24)

🌐 www.ohana.co.jp

人氣仙貝 柳川慕情せんべい ⏱ 地圖 P.149

每個水鄉都會有屬於自己的著名土產，柳川除了以鰻魚聞名外，仙貝（せんべい）也是這兒的人氣手信之一。柳川慕情せんべい（仙貝）以雞蛋製成，鬆脆與柔軟的口感讓人一試難忘，不少朋友在遊船後都會前來購買，作為土產帶回家。

Info
🏠 福岡縣柳川市稻荷町 4
🚉 從遊船御花下船處步行約 1 分鐘即達
🕐 08:30~17:30
📞 0944-72-1060
🌐 www.bojousenbei.com

(攝影：Vivian)

地靈人傑 松月文人館 ⏱ 地圖 P.149

或許水鄉真的是地靈人傑，許多出色文人及詩人均在水鄉出身。柳川是多位日本著名文人的出身之地，例如詩人及童謠作家北原白秋、作家長谷健等均來自柳川。在松月文人館內展出許多文人的手稿與作品，大家參觀完後，可會有興致來作一首詩歌呢？

Info
🏠 福岡縣柳川市三橋町高畑 329
🚉 從西鉄柳川站步行約 6 分鐘即達
🕐 09:30~16:30
📞 0944-72-4141

(攝影：Vivian)

▲在松月文人館可看到很多名家的作品。

名家之作 三柱神社 ⏱ 地圖 P.149

三柱神社建於文政 9 年 (1826 年)，神社內供奉着藩親立花宗茂公、其夫人及岳父戶次道雪。樓門仿照日光東照宮之陽明門，迴廊則出自名家之手。神社於平成 17 年遭逢火災，迴廊全被燒毀，本殿則倖免於難。

Info
🏠 福岡縣柳川市三橋町高畑 323-1
🚉 從西鉄柳川站步行約 5 分鐘即達
🕐 08:00~17:00
📞 0944-72-3883
🌐 www13.plala.or.jp/mihashirajinja

(攝影：Vivian)

▶神社的鳥居。

福岡市
朝倉市
太宰府市
柳川市
小倉（北九州市）
門司港（北九州市）

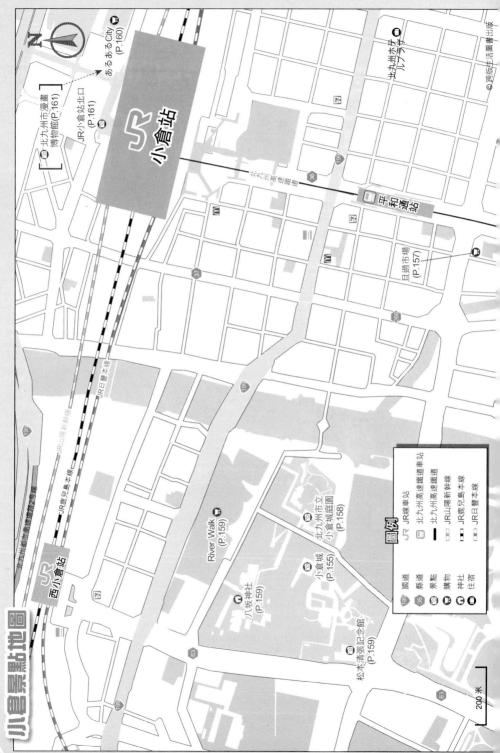

小倉景點地圖

N

あるあるCity (P.160)

北九州市漫畫博物館(P.161)
JR小倉站北口 (P.161)

JR
小倉站

北九州高速道路
36

平
和
通
站

日過市場 (P.157)

北九州高速鐵道

JR山陽新幹線
北九州都市高速道路2號線

JR鹿兒島本線

JR日豐本線

JR
西小倉站

River Walk (P.159)

北九州市立小倉城庭園 (P.158)

小倉城 (P.155)

八坂神社 (P.159)

松本清張記念館 (P.159)

北九州木子
ホテルプラザ

圖例

JR JR線車站
駅 JR高速鐵道車站
北九州高速鐵道
JR山陽新幹線
JR鹿兒島本線
JR日豐本線

19 國道
36 縣道
景點
購物
神社
住宿

200 米

©跨版生活圖書出版

江戶時代的生活 小倉城 ⏱ 地圖 P.154 MAPCODE 16465815 賞紅葉

☑共通券適用 (松本清張記念館 + 小倉城 + 小倉城庭園)

　　小倉城位於小倉北區，有勝山城、指月城等別名。根據研究所得，小倉城約在 13 世紀中即江戶時代建成，現存之小倉城則為 1959 年重建而成。

　　小倉城連同天守閣樓高五層，城內設有鄉土資料館，展示與小倉城相關的物品，內裏更有電影介紹小倉城的歷史，遊客可免費借用中英文翻譯機，好好瞭解一下江戶時代的城下町生活。小倉城除了是欣賞銀杏的好去處外，更是觀賞紅葉的熱門景點，適逢紅葉季節來到的話，一定不可以錯過。

▲小倉城面積不大，天守閣屬四重五層的天守再外加一重小天守。

▲在最頂層的天守閣可遠眺小倉的風光。

▲日本的古城再配上銀杏，美得難以用筆墨形容。

雌虎　　雄虎

▲現存日本最大的老虎繪像，相傳兩幅畫像繪於 1866 年，雄虎為迎賓之虎，雌虎為送客之虎。兩幅畫像高達 4.7 米，氣勢迫人。

▲逛完城池，不妨買一隻小木屐留念，每隻 ￥180(HK$14) 至 ￥315(HK$24)。

▶位於地下的模型重現小倉舊日城下町的面貌，模型動用約 1,500 件和紙紙雕，造工栩栩如生。

◀旅客可坐在轎中，幻想一下自己在城下町視察，一試當城主的滋味。上轎前記得脫鞋。

▲為慶祝小倉城天守閣重建 50 周年的吉祥物「とらっちゃ」，在城內到處都可見到牠的蹤影。

▲吉祥物とらっちゃ的各式紀念品。

◀館內設有模型，重現島原之亂出戰前開作戰會議的情景。

Info

小倉城

🏠 福岡縣北九州市小倉北區城內 2-1

🚃 JR 西小倉站下車步行約 10 分鐘

🕐 4 月至 10 月 09:00~20:00、11 月至 3 月 09:00~19:00

📞 093-561-1210

💲 成人 ￥350(HK$26)、中學生 ￥200(HK$15)、小學生 ￥100(HK$7)；另可購買松本清張記念館、小倉城與小倉城庭園的共通券，成人 ￥700(HK$53)、中學生 ￥400(HK$30)、小學生 ￥250(HK$19)

🌐 www.kokura-castle.jp

❗ 泊車費用：最初 1 小時 ￥200(HK$15)、之後每 20 分鐘 ￥100(HK$6)

北九州廚房 旦過市場 ⏱ 🗺 地圖 P.154

　　旦過市場有「北九州廚房」之稱號，市場內有多達 200 間店鋪，無論新鮮海產、水果、蔬菜到熟食小吃店都一應俱全。旅客來這裏不但可以吃到撐，也可感受一下日本一般民眾的日常生活。

▶旦過市場北面入口。

▲大家總喜歡一邊逛街一邊吃小食，逛旦過市場時若感到牙癢或心癢，大可到「小倉かまぼこ」品嘗一下由老鋪製作的日式炸物與魚蛋。這店鋪在市場內設有兩家分店，所賣的魚蛋以明太魚或金目鯛等製成，美味無窮。(09:30~18:00，逢周日及假期休息)

▲小倉另一名物「ぬかみそだき」，即以麵豉醬為醬汁的燒魚。市場內的店鋪「ぬかだき たちばな」就有出售這款特色食物，一般人會把燒魚配以白飯進食。飯糰方面，在便利店就可找到不同類型的飯糰。(營業時間：09:00~18:00，逢周日休息)

▲兩羽果實店賣的不是盆栽或果實，而是熟了的果實，即水果。日本水果的美味不用多講，一於買些自己喜歡的嘗嘗。(09:00~18:00，每月第 1 及第 3 個周日休息)

Info

🏠 福岡縣北九州市小倉北區魚町 4-2-18
🚌 JR 小倉站下車步行約 10 分鐘
🕐 約 09:00~18:00，各店鋪營業時間不一
📞 093-521-4140
🌐 tangaichiba.jp

▲丸和主要出售新鮮的、由小倉生產之明太子。

福岡市
朝倉市
太宰府市
柳川市
小倉（北九州市）
門司港（北九州市）

體驗日本茶道 北九州市立小倉城庭園 ⏱ 地圖 P.154

☑ 共通券適用 (松本清張記念館 + 小倉城 + 小倉城庭園)

北九州市立小倉城庭園 (或簡稱小倉城庭園) 位於小倉城側，是傳統日式庭園建築。庭園主要分為四部分，包括展示區、體驗區、書院區及庭園區：

- 展示區：展示了日本傳統禮法如進食禮儀、答謝禮儀等資料，並有企劃展不定期舉辦食器、繪畫等展覽；

- 體驗區：不定期舉辦茶會，讓人體驗不同派別的日本茶道；

- 書院區：為傳統木造建築，展示了江戶時代至現代的文化演進過程。

▲ 充滿和式情懷的庭園。

▲ 從書院望向小倉城，可看到小倉城最美的一面。

◀ 書院充滿日式風情。

▲ 展示區內的小賣店出售著名的小倉織，每個香包 ¥540(HK$41)。

▲ 茶道體驗每位 ¥800(HK$47)，費用包括抹茶一杯與時令和菓子一份。

Info

🏠 福岡縣北九州市小倉北區城內 1-2
🚃 JR 西小倉站下車步行約 10 分鐘
🕐 4 月至 10 月 09:00~20:00，11 月至 3 月 09:00~19:00
💲 成人 ¥350(HK$23)、中學生 ¥200(HK$11)、小學生 ¥100 (HK$7)；另可購買松本清張記念館、小倉城與小倉城庭園的共通券，成人 ¥700(HK$53)、中學生 ¥400(HK$30)、小學生 ¥250(HK$19)
📞 093-582-2747
🌐 www.kcjg.jp

盛大祇園祭 八坂神社 ⏱ 地圖 P.154

八坂神社位於小倉城側,屬小倉城內的神社。神社創於 1617 年,又稱為祇園社,至明治時期才改稱為八坂神社。

每年 7 月第 3 個周六及日,神社均會舉辦盛大的祇園祭 (又稱為小倉祇園太鼓),與博多祇園山笠祭 (P.106)、戶畑祇園大山笠同為福岡縣三大祇園祭。

▲ 鳥居設於小倉城庭園對面。

Info

- 🏠 福岡縣北九州市小倉北區城內 2-2
- 🚌 JR 西小倉站下車步行約 8 分鐘
- 🕐 06:00~17:30
- 📞 093-561-0753
- 🌐 www.yasaka-jinja.com

► 正門全為木造,散發古樸的氣息。

▲ 八坂神社之本殿。

推理小説迷的世界 松本清張記念館 ⏱ 地圖 P.154

☑ 共通券適用 (松本清張記念館 + 小倉城 + 小倉城庭園)

即使不是推理小説迷,也許都聽過松本清張的名字。松本清張 (1909~1992 年) 為日本現代名推理小説家,著作有《砂之器》、《點與線》等,為社會派推理小説的始祖。

松本清張於小倉北區出生,城內設有紀念館,以紀念這位一代推理小説家。館內除了展出松本清張的生前用品與手稿外,亦有對這位作家創作歷程的詳細分析資料及故居模型,讓大家更清楚他的小説世界與靈感來源。

Info

- 🏠 福岡縣北九州市小倉北區城內 2-3
- 🚌 JR 西小倉站下車步行約 10 分鐘
- 🕐 09:30~18:00,12 月 29 日至 31 日休館
- 📞 093-582-2761
- 💰 成人 ￥600(HK$38)、中學生 ￥360(HK$23)、小學生 240 (HK$15);另可購買松本清張記念館、小倉城與小倉城庭園的共通券,成人 ￥700(HK$53)、中學生 ￥400 (HK$30)、小學生 ￥250(HK$19)
- 🌐 www.kid.ne.jp/seicho

► 紀念館主要分為三部分,不過大部分展品以日文展出。

特色商店總匯 River Walk リバーウォーク北九州 ⏱ 地圖 P.154

遠看 River Walk,還以為只是幾棟高低不一與顏色各異的建築物圍在一起,實際上整個範圍合稱為 River Walk,內裏包含了以商店為主的 Deco City、美術館、北九州藝術劇場,甚至西日本工業大學!設計師利用不同顏色去展現不同概念,例如棕色代表大地、黑色代表日本瓦、黃色則代表黃金稻穗,甚有心思。商場內設有多間品牌店鋪,如 GAP、As Know As、Kiddyland 等。另外,當然還有各種食店,讓你暢遊小倉後在此大快朵頤啦!

► 外形獨特的 River Walk。

Info

- 🏠 福岡縣北九州市小倉北區室町 1-1-1
- 🚌 JR 西小倉站下車行約 5 分鐘
- 🕐 10:00~20:00(各店營業時間不一)
- 📞 093-573-1500
- 🌐 www.riverwalk.co.jp
- ❗ 各層商店精選:
  5F 北九州市立美術館分館;4F 鶴橋風月;3F The Super Sports Xebio;2F ABC Mart、Columbia、Can Do;1F GAP、Starbucks;B1F Laox

▲ 北九州市立美術館分館經常舉辦不同的展覽,入場費會按各展覽而異。(River Walk 5F,09:30~17:30,館內整理日及 12 月 29 日至 1 月 1 日休息,www.kmma.jp/bunkan)

動漫迷宅之聖地 あるある City ⏱ 地圖 P.154

地圖 P.154

許多喜愛到日本的朋友都是動漫迷，沒想到除了秋葉原與大阪電電城外，在小倉也有一整棟專售動漫商品的商場！あるある City 與 JR 小倉站有天橋連接，步行至此只需 2 分鐘，樓高七層，當中四層都是以出售動漫精品為主。若你是動漫迷，千萬別忘記來這裏宅一下！

◀ あるある City 與小倉站以天橋連接，前往方便。

▲ 夾公仔機，內裏的公仔都是以動漫主題為主。(位置：2F)

◀ Gamers。以出售男性向動漫精品為主，還有遊戲軟件、漫畫雜誌等。(3F，11:00~20:00，www.anibro.jp)

▲ 商場經常舉辦不同類型主題活動，有時連日本組合 AKB48 也會參與其中。

▲ Melonbooks(メロンブックス)。這店的商品可以海量來形容，主要出售與同人相關產品如同人誌、遊戲軟件等。(3F，11:00~20:00，www.melonbooks.co.jp)

Info

🏠 福岡縣北九州市小倉北區淺野 2-14-5
🚃 JR 小倉站下車，經天橋步行約 2 分鐘
🕐 11:00~20:00　📞 093-512-9566
🌐 aruarucity.com

あるあるCity 精選景點

動漫迷勝地 北九州市漫畫博物館 ⏱ 地圖 P.154

　　博物館位於商場的5樓至6樓，6樓是常設展覽，既展出了《銀河鐵道999》的作者松本零士的作品，也以時光隧道的方式介紹了眾多出生於北九州的漫畫家。此外，漫畫的七大奇蹟區還透過漫畫形式講解了各種繪製漫畫的方法，極富心思，遊客還可以在藏書超過5萬本的閱讀閣看漫畫！5樓則是專題展覽場地，主題會定期更換，遊客出發前可先參考官網，參加心儀的展覽。

▲採訪期間，5樓正舉行新海誠展覽。

▲時光隧道也展覽了不同時期的代表漫畫。

▲介紹日本漫畫發展的時光隧道。

Info

🏠 あるある City 5~6F
🕐 11:00~19:00，逢周二休息 (若遇公眾假期順延至翌日)，12月29日至1月3日及館內整理日休館
💲 常設展成人 ￥480(HK\$34)，中學生 ￥240(HK\$15)，小學生 ￥120(HK\$8)
☎ 093-512-5077　www.ktqmm.jp

Tips 由於版權問題，博物館內很多地方都禁止拍照，遊客遊覽時要多加注意。

▲遊客可以坐在這些座位上拍照留念。

(撰文：Pak，攝影：Tina & Fai)

經典漫畫角色恭候大駕 JR 小倉站 ⏱ 地圖 P.154

　　日本有不少著名漫畫家都是在北九州出道的，當中以《銀河鐵道999》的作者松本零士比較廣為人知。為了紀念這位漫畫界的翹楚，JR 小倉站北口放置了多個他筆下的角色銅像，例如是《銀河鐵道999》的車長、宇宙海盜夏羅古、美達露等，絕對值得動漫迷專程前來打卡朝聖。

▶小倉站北口。

▲星野鐵郎和美達露。

Info

🏠 JR 小倉站北口

(撰文：Pak，攝影：Tina & Fai)

▲站內的《銀河鐵道999》車長。
▶威風凜凜的夏羅古。

貓奴的天堂 藍島

地圖 P.20　MAPCODE 小倉港 16 496 205

藍島距離小倉大約 35 分鐘船程，是近年極受遊客歡迎的貓島，很多貓奴都會專程前往，朝聖島上的一眾貓咪呢！據說藍島有多達 300 隻貓，與人的數目比例是一比一的，遊客甫下船便已經有貓咪迎接，絕對不會撲空。島上的貓咪很親人，貓奴可以在這裏盡情餵貓、摸貓、抱貓——但緊記藍島每天只有 3 班船，貓奴不要玩到忘記時間啊！

▲ 來往小倉和藍島的船。
▶ 船的下層是冷氣房。

◀▲ 到處都見到貓咪的蹤影。
▲ 收獲任摸的貓咪一隻。

▲ 正在開餐的貓咪軍團。

遊客會被「洗劫一空」。

Tips
藍島的設施比較少，只有一間規模不大的商店，遊客需自備貓糧、紙巾和濕紙巾等探貓必備的用品。此外，島上會有蚊，建議遊客帶備蚊怕水。

Info
🏠 福岡縣北九州市小倉北區藍島
🚌 從 JR 小倉站北口的天橋一直走約 10 分鐘，進入 AIM 大樓後下樓梯，過馬路後一直走，便到小倉港碼頭，在此乘搭前往藍島的船，於總站下船。
🕐 平日去程 10:30、14:30、17:30，回程 07:00、13:30、15:30；周六去程 10:30、14:00、17:30，回程 07:00、13:00、16:30；周日及假日去程 09:00、15:30、17:30，回程 07:00、14:30、16:30
💲 船票單程成人 ¥400(HK$29)，小童 ¥200(HK$14)
🌐 kitakyushu.nasse.com/nyasse/ainoshima/map.html

（撰文：Pak，攝影：Tina & Fai）

令人心醉的紫藤隧道 河內藤園

見北九州景點及 JR 鐵路大地圖

MAPCODE 16 275 312*24

每年一到 4、5 月紫藤花開的季節，就會有數以千計的遊客來到北九州市，目的就是為了一睹河內藤園的紫藤風采。河內藤園是私營的花園，園內有兩條長長的花架，上面種滿紫藤花，一到花季，深淺不一的紫藤徐徐綻放，形成一條夢幻的紫藤隧道！藤園更被美國 CNN 選為 31 個最美麗景色之一，難怪每年都會吸引無數遊客到此！

▲ 夢幻的紫藤隧道。[圖片授權自日本國家旅遊局 (JNTO)]

Tips
必須先在日本便利店購買門票，否則不可進場。

Info
🏠 福岡縣北九州市八幡東區河內 2-2-48
🚌 JR 八幡站乘計程車（約 ¥2,600，HK$197）起；或乘前往藤園附近的「河內溫泉あじさいの湯」的免費接駁巴士，下車步行前往約 10 分鐘
🕐 4 月中旬至 5 月上旬開放觀紫藤：08:00~18:00，11 月中旬至 12 月上旬開放賞紅葉：09:00~17:00
💲 紫藤期開花期收費不同，約 ¥500~1,500(HK$38~114)，紅葉期 ¥500 (HK$36)，高中生或以下免費
📞 093-652-0334　🌐 kawachi-fujien.com

（文字：IKiC）

6.6

浪漫歐陸風情
門司港（北九州市）

門司港位於九州島最北的企救半島，面向關門海峽，在這裏遊客可坐船或經關門隧道來往九州島與日本本島。門司港一帶充滿歐陸風情，當中一些建築物建於大正時代，甚具歷史意義。自 1988 年起，日本政府銳意把門司港一帶打造成觀光景點，配合 2003 年大河劇《武藏 Musashi》與燒咖喱飯的廣泛推廣，現時每年平均有超過 200 萬人次到此觀光，成為九州其中一個熱門觀光點。

● 門司港網址：www.mojiko.info

前往交通

🚆 JR 博多站 ⟶ 🚆 JR 小倉站 —— 鹿兒島本線 ⟶ 🚆 JR 門司港站

全程約 41 分鐘 ● 車費約 ￥2,370(HK$139)

一般距 JR 門司港站較近的景點均可步行而至，至於較遠的景點如出光美術館及關門行人隧道等，則可利用以下交通工具到達。

1. 浪漫遊船 門司港レトロクルーズ

既然門司港鄰近港口，當然少不了提供遊船服務。門司港的遊船旅程分為 Day Cruise(デイクルーズ) 與 Night Cruise(ナイトクルーズ)，船程為 20 分鐘，讓乘客可分別欣賞門司港的日夜。

遊船價錢便宜，不少遊客都會選擇坐船方式，從另一個角度欣賞門司港的美景。

Info

🏠 福岡縣北九州市門司區西海岸 1-4-1
🚃 JR 門司港站下車步行約 8 分鐘
🕐 Day Cruise：11:00(周六、日 10:00 開始) 至日落時分
　　Night Cruise：日落後
💲 成人 ￥1,000(HK$59)，小童 ￥500(HK$29)
📞 093-331-0222
🌐 www.kanmon-kisen.co.jp/route/mojikou.html

2. 觀光小火車 潮風號　門司港レトロ観光列車　トロッコ

只有兩節車卡的潮風號為門司港的觀光小火車，於假日時行走九州鉄道記念館站至関門海峽めかり站。這段鐵道於明治時期原本作為運送貨物之用，至平成 17 年廢止，及後再被開發成觀光鐵道。潮風號沿途經過出光美術館站、ノーフォーク広場站等景點。

◀ 潮風號的車身與潮水一樣，擁有湛藍的顏色。

▲ 小巧的兩節車廂，共可接載 100 名乘客。

▲ 穿過隧道時，車頂會變為夜光藍色，十分漂亮。

Info

🏠 福岡縣北九州市門司區清滝 3-29
🚃 JR 門司港站下車步行約 5 分鐘可達九州鉄道記念館站
🕐 每年 3 月至 11 月逢周六、日及公眾假期運行，另 3 月假期期間、黃金周及暑假期間則會每日運行，旅客可先瀏覽官網得知最新運行日期，車程約 10 分鐘
📞 093-322-1006
💲 成人單程 ￥300(HK$23)，小童 ￥150(HK$11)，另可購買一日乘車券，成人 ￥600(HK$45)，小童 ￥300(HK$23)，一日乘車券可於潮風號或各站內 (ノーフォーク広場站除外) 購買
🌐 www.retro-line.net

(攝影：Vivian)

火車 + 巴士觀光優惠：関門海峽套票

　　想一次過遊遍門司與關門海峽，可考慮購買以下套票，比起購買個別景點的門票優惠了不少。

関門海峽クローバーきっぷ

價錢：成人 ¥800(HK$61)，小童 ¥400(HK$30)

套票包括：

☑ 潮風號單程票：從九州鉄道記念館站→関門海峽めかり站

☑ 関門人道トンネル (關門海底行人隧道)

☑ 免費乘搭巴士サンデン：從關門海底行人隧道下關出口處的「御裳川 (みもすそ川)」巴士站至唐戶，班次每小時達 10 班次以上

☑ 關門汽船：乘船由下關至門司港。船程約 5 分鐘，門司港開出時間為每小時 10 分、30 分、50 分，下關開出時間為每小時 00、20 與 40 分

購買地點：潮風號線的九州鉄道記念館站、関門海峽めかり站，或門司港栈橋発券所、唐戶栈橋発券所

> **Info**
> 📖 套票詳情可瀏覽：retro-line.net/about/value_tickets/関門海峽クローバーきっぷ

3. 輕鬆單車遊 JOYiNT 門司港

　　JOYiNT 門司港於門司港站及門司港 Retro 展望室 (P.169) 均設有租借單車及電動單車的服務，不少遊客都會租借單車，好好暢遊門司港一番。

> **Info**
> **JOYiNT 門司港分店**
> 🏠 福岡縣北九州市門司港站門司港前單車場 2F
> 🚃 JR 門司港站下車步行約 1 分鐘
> 🕐 4 月至 10 月 10:00~18:00(需在 17:00 還車)、11 月至 3 月 10:00~17:00
> 💲 每日 ¥800(HK$59)
> ☎ 093-321-2272
> 📱 www.npo-ido.com/business/rent/oneday_2 .

4. 懷舊人力車 えびす屋

　　想既輕鬆又省體力遊覽門司港的話，可考慮來一趟人力車之旅。門司港的人力車以區間收費，兩人共遊價錢會更優惠，喜歡懷舊的朋友不妨一試。(**現暫時休業中。**)

> **Info**
> 🏠 福岡縣北九州市門司區港町 2-14
> 🚃 JR 門司港站下車步行約 1 分鐘
> 🕐 09:30 至日落
> ☎ 093-332-4444
> 💲 以區間收費，一人 ¥4,000(HK$235)，二人 ¥5,000(HK$294)，三人 ¥9,000(HK$529)
> 📱 www.ebisuya.com/store_info/kannmon

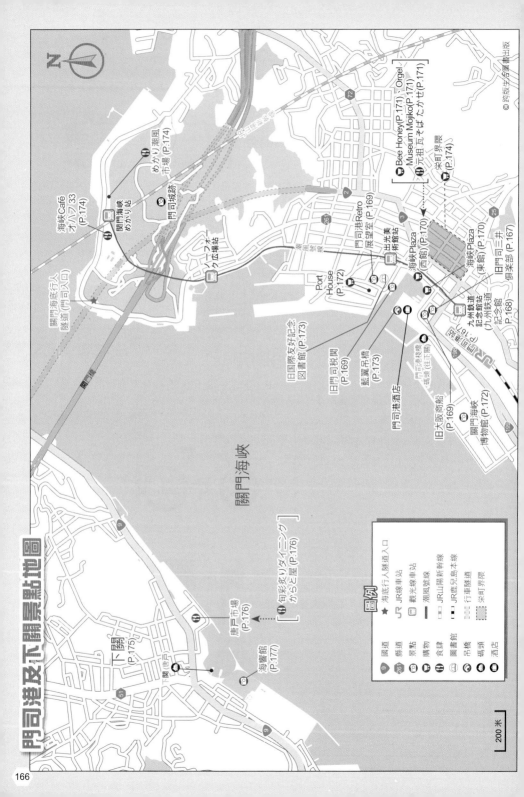

門司港及下關景點地圖

關門海峽

門司城跡

めかり潮風市場 (P.174)

海峽Cafe オハマ733 (P.174)

關門海底行人隧道 (門司入口)

海峽Cafe オハマ733 (P.174)

関門海峡めかり站

ノーフォーク広場站

Bee Honey(P.171) Orgel Museum Mojiko(P.171)

元祖瓦そば たかせ (P.171)

栄町界隈 (P.174)

潮風號線

門司港Retro (P.169)

出光美術館 (P.171)

海峡Plaza (西館)

海峡Plaza (東館) (P.170)

九州鉄道記念館站 (九州鉄道)

旧門司三井倶楽部 (P.167)

九州鉄道記念館 (P.168)

Port House (P.172)

旧国際友好記念図書館 (P.173)

旧門司税関 (P.169)

藍翼吊橋 (P.173)

門司港酒店

門司港桟橋 埠頭 (往九州)

埠頭 (往下關)

旧大阪商船 (P.169)

關門海峽博物館 (P.172)

関門海峡

旬彩炙りダイニング
からと屋 (P.176)

唐戸市場 (P.176)

下關 (P.175)

海響館 (P.177)

圖例

★ 海底行人隧道入口
JR JR線車站
観 觀光線車站
—— 潮風號線
JR山陽新幹線
JR鹿兒島本線
行車隧道
栄町界隈

國道
縣道
景點
購物
食肆
圖書館
吊橋
埠頭
酒店

200 米

時光倒流 **門司港站** ⏱ 地圖 P.166

　　乘 JR 前往門司港，下車的門司港站本身已是個值得一遊的景點。門司港站於 1891 年開始運作，外觀與站內設施至今仍保留着當年的外貌，給人時光倒流的感覺。

▼ 晚上的門司港站更加明豔動人。

◀ 假日時還可租一輛人力車，輕輕鬆鬆遊門司。

Info
🏠 福岡縣北九州市門司區西海岸 1-5-31
🚃 JR 門司港站下車即達
☎ 093-321-8843

▲ 舊時的站長室稱為驛長室。

▲ 月台上有一座名為幸福之泉的銅鐘，敲響它的話說不定會有一段幸福的旅程！

古舊情懷 **旧門司三井倶楽部** ⏱ 地圖 P.166

　　旧門司三井倶楽部始建於 1921 年，本來屬於三井物產，用以接待外賓。後於 1990 年被指定為國家文化財產。現時俱樂部地下改建為餐廳，2 樓則為日本已故小說家林芙美子的資料室。

▶ 充滿歐陸風情的旧門司三井倶樂部。

▲ 家具亦配合建築的古舊情懷。

▲ 名為三井倶樂部的餐廳。

Info
🏠 福岡縣北九州市門司區港町 7-1
🚃 JR 門司港站下車步行約 5 分鐘
🕐 09:00~17:00，餐廳 11:00~21:00
💲 2 樓展覽館成人 ￥150(HK\$7)，初中生及小學生 ￥70(HK\$4)
☎ 093-321-4151

福岡市

朝倉市

太宰府市

柳川市

小倉（北九州市）

門司港（北九州市）

餐卡中用餐 海峽 Café オハフ 33 地圖 P.166

這間 Café 位於潮風廣場內，不過放眼廣場內不易找到，因為它藏身在一列叫「かんもん號」的列車上。Café 提供西餐與輕食，座位沿用列車的陳設，給食客在火車的餐卡內吃飯的感覺。

◀ Café 保留舊日車廂的面貌。

來一個悠閒的下午茶。

在車廂中一邊用餐，一邊欣賞關門海峽的景色。

Info

🏠 福岡縣北九州市門司區門司めかり公園 潮風廣場
🚃 乘潮風號 (門司港レトロ觀光列車)，於關門海峽めかり站下車步行約 2 分鐘
🕐 餐廳於潮風號 (P.164) 運行的日子營業，10:00~17:00
📞 093-322-1188

(攝影：Vivian)

1 千日圓吃鯨魚料理 めかり潮風市場 地圖 P.166

食物以自助形式供應，還有 BBQ，美食選擇多，客人可一次過嘗盡不同種類的門司港美食，包括關門出產的乾物、產自關門海峽的新鮮刺身、天婦羅，甚至鯨魚料理都可以吃到，而且價錢便宜 (￥1,260、HK$96)，相當「抵食」！

▲ 外觀很有鐵皮屋的風格。

▶ 食店以自助形式提供食物。

Info

🏠 福岡縣北九州市門司區門司 3491-16
🚃 乘潮風號 (門司港レトロ觀光列車)，於關門海峽めかり站下車即達
🕐 10:00~17:00，12 月 31 日至 1 月 3 日休息
📞 093-331-1218
💲 人均消費成人 ￥1,080 (HK$82)， 小 童 ￥600 (HK$45)

在懷舊店鋪尋寶 栄町界隈 地圖 P.166

▲ 由這條路轉進去便是懷舊街。

栄町界隈是以榮町銀天街為中心的商店街，建有圓拱形屋頂，充滿昭和時代的氣氛，商店街內有各式懷舊的商店與食店。

Tips

懷舊糖果

商店街內有一家由北九州市立大學的學生所經營的昭和懷舊館，內裏展出了門司港出身的漫畫家關谷ひさし的作品、人們在昭和時代的生活用品，還出售懷舊糖果。

Info

🕐 周六、日及公眾假期 10:00~17:00

◀ 帶有昭和時代風味的懷舊街。

Info

🏠 福岡縣北九州市門司區榮町
🚉 JR 門司港站下車步行約 8 分鐘
🌐 www.mojiko.info/spot/sakae.html

(攝影：Vivian)

特篇 從門司港走路可達的 山口縣

福岡市
朝倉市
太宰府市
柳川市
小倉（北九州市）
門司港（北九州市）

前往方法

1. 關門海底行人隧道 ⏱ 地圖 P.166 (攝影：Vivian)

門司港對開是關門海峽，一水之隔的另一端其實就是屬於山口縣的下關了。除了乘搭輪船或車外，還有一條海底行人隧道連結兩縣。關門海底行人隧道全長780米，只需花約15分鐘的步行時間便可穿梭兩個縣府。

Info

🏠 門司港起點：福岡縣北九州市門司區大字門司
下關終點：山口縣下關市みもすそ川町
🚉 JR門司港站下車前往乘搭潮風號，在関門海峽めかり站下車步行約5分鐘
🕐 06:00~22:00
💲 步行免費，單車使用者 ¥20(HK$1.5)
📞 083-222-3738

2. 坐船

從門司港棧橋碼頭可乘搭關門聯絡船直往下關的碼頭「下関(唐戶)」，船程只需5分鐘。

◀ 從下關至門司港乘船的話只需5分鐘，比天星小輪的船程還要快！

Info

🏠 門司港棧橋：福岡縣北九州市門司區西海岸 1-4-1
🚉 門司港棧橋：JR門司港站下車步行約3分鐘
🕐 門司港發船：06:15、06:40，07:10~18:50 逢 10、30、50分開出，19:10、19:40、20:10、20:40、21:10、21:50；下關發船：06:00、06:30，07:00~18:40 逢 00、20、40分開出，19:00、19:30、20:00、20:30、21:00、21:30
* 紅字為週日及公眾假期停航
📞 093-331-0222　💲 成人 ¥400(HK$30)，小童 ¥200(HK$15)
🌐 www.kanmon-kisen.co.jp/route/kanmon.html

馬關條約簽署地 下關 ⏱ 地圖 P.166

下關位於關門海峽北岸，是日本本州最西端的城市。下關經歷了許多歷史關鍵時刻，如壇之浦之戰便是在下關進行。另外，相傳江戶時代一代劍客宮本武藏便與死敵佐佐木小次郎，在下關對開的巖流島進行決鬥。古時的下關稱為馬關，甲午戰爭後的馬關條約亦在這裏簽署。

▲ 石碑上刻上當年壇之浦之戰的點點滴滴。

Info

🏠 山口縣下關市

(攝影：Vivian)

▶ 下關海邊有穿著古裝的職員，利用紙板場景介紹下關的歷史。

175

品嚐鮮美魚生 唐戶市場 🕐 地圖 P.166

　　除了歷史遺跡外，下關最有名的便是唐戶市場。來到唐戶市場，你會有種到了築地的感覺，因為漁業者會直接把當天的收穫帶到這裏出售，所以在這裏一定可以吃到最新鮮的海產與美味的魚生，難怪這裏會有「關門之台所」的稱號呢！

▲ 每逢假日都會有許多人前來大快朵頤。

▲ 遊客可在不同店鋪砌出合乎自己口味的海鮮丼。

▲ 除了魚生，不少店鋪也有熟食供應。

Tips

甚麼是「台所」？
台所（だいところ，發音為 DaiDoKoRo）即廚房，若說某處的台所，就是指那是該處的廚房，既是廚房，肯定有大量美食等着食客！

Info

🏠 山口縣下關市唐戶町 5-50
🚌 從關門海底行人隧道下關出口處的「御裳川（みもすそ川）」巴士站，乘往下關站方向巴士，於唐戶站下車再步行約 7 分鐘，車費為成人￥220(HK$17)，小童￥110(HK$8)
🕐 周一至六 05:00~15:00，周日及公眾假期 08:00~15:00
📞 083-231-0001　🌐 www.karatoichiba.com

（攝影：Vivian）

唐戶市場 美食推介

必食山口縣名物「河豚」 旬彩炙りダイニング からと屋 🕐 地圖 P.166

　　在日本人的飲食文化中，「河豚」被稱為高級食材，但因體內含有劇毒，若不妥善處理，便會有中毒的危險，所以要食得安心，必須要到有專門料理資格的食店才可。日本山口縣有全國約八成河豚的批發產量，而專門料理師也相當多，在山口縣的唐戶市場及附近的關門碼頭（漁人碼頭）都可享用到不同價位的河豚料理，而下關市的野生河豚盛產期為 10 月至翌年 3 月底，另外也有養殖河豚。

▲ 關門碼頭的商店和餐廳。

▲ Karatoya(からと屋)。

　　唐戶漁人碼頭有不少海鮮餐廳及河豚專門店。二人到訪必點河豚魚生、炸河豚肉（即河豚天婦羅）及當日時令魚生。如多人同行，可點一份日式河豚鍋和一夜干。一客 4 人份的河豚魚生約￥3,500(HK$259)。河豚生魚片是可吃又可欣賞的藝術品，魚片被切得很薄，透明得可以看到碟上的花紋。魚味淡而甜，口感特別，而特別部位更帶點爽脆，配上一點小蔥、蘿蔔蓉和柚子味醬油，魚味更被提升。炸河豚肉可算是另一驚喜，有點像日式炸雞，香口不乾身。

▲ 河豚魚生片(4 人份)，￥3,500 (HK$259)。

Tips

　　關門碼頭的 1 樓有不少商店及手信店，部份商店有出售已處理好、可以外帶的河豚魚生。如果想以較便宜的價錢試一試，可以買一份，約￥500～1200(HK$37～89) 不等。可坐在漁人碼頭外的長椅，邊吹着海風邊來個小野餐。

Info

🏠 山口縣下關市唐戶町 6-1 カモンワーフ 2F
🚇 乘搭 JR 至 JR 門司港站，再轉乘約 5 分鐘高速船至下關市
🕐 11:00~15:00，17:00~23:00
📞 083-229-5640
🌐 kamonwharf.com/shoplist/karatoya

▲河豚生魚片切得很薄。

▲小蔥、蘿蔔蓉和柚子味醬油。

▲蘸上醬料使魚味更提升。

▲有點像日式炸雞的炸河豚肉。

(圖文：CheukTable)

可愛企鵝村 海響館 下関市立しものせき水族館 🕐 地圖 P.166

　　海響館正名為下關市立水族館，館內除了飼養了許多關門海峽內的海洋動物外，還有一條企鵝村，讓參觀者與企鵝近距離接觸，在某些時段更可與企鵝拍照甚至觸摸牠們，實在是難得的體驗！另外，海豚與海獅的表演當然少不了，喜歡海洋動物的旅客萬勿錯過！

◀海響館連地庫共有五層。

▲有活化石之稱的腔棘魚。

▶ 館內展示着藍鯨的標本模型。

海豚與海獅永遠都是表演的最佳拍檔。

▲▶一到餵食時間，所有小企鵝都圍住工作人員，十分溫馨。

◀外型趣怪的翻車魚。

Info

🏠 山口縣下關市あるかぽーと 6-1
🚌 從關門海底行人隧道下關出口處的「御裳川（みもすそ川）」巴士站，乘往下關站方向巴士，於海響館前站下車前往，車費成人 ￥220(HK$17)，小童 ￥110(HK$8)
🕐 09:30~17:30(最後入場時間 17:00)
📞 083-228-1100
💲 一般 ￥2,090(HK$123)，初中生、小學生 ￥940(HK$68)，幼兒 ￥410(HK$26)
🌐 www.kaikyokan.com

Tips 旅客可親親企鵝，時段為 11:00 及 15:30，體驗時間約 20-30 分鐘，名額各 25 人。09:30 開始接受報名參加 11:00 的體驗，13:30 開始則接受下午的報名。

(攝影：Vivian)

Part 7
大分縣

　　大分縣 (Oita) 位於九州東部，面向別府灣，擁有多個著名溫泉，例如九州有名的別府溫泉及由布院溫泉均位於此縣，而縣內的別府市更擁有「八大地獄」。由於位於火山區域，大分縣以地熱發電為主，而農業方面，大分縣盛產冬菇，不妨買些與冬菇相關的手信回家。

由各縣前往大分 (以 JR 大分站為終點站) 的交通

出發地	JR 車程 / 車費	高速巴士車程 / 車費
福岡 (博多站)	2 小時 22 分鐘 / ¥5,940(HK$349)	2 小時 33 分鐘 / ¥3,250(HK$191)
佐賀	2 小時 59 分鐘 / ¥8,040(HK$473)	――――
長崎	4 小時 39 分鐘 / ¥11,350(HK$668)	4 小時 / ¥4,720(HK$278)
宮崎	3 小時 2 分鐘 / ¥6,470(HK$381)	――――
熊本	2 小時 33 分鐘 / ¥11,150(HK$656)	4 小時 23 分鐘 / ¥3,700(HK$218)

註：不同時間開出的 JR 班次車程及車費不一，上表摘自較快班次的資訊。

大分縣旅遊信息：www.visit-oita.jp/spots/lists/

7.1

地獄之旅
別府市

別府市位於大分縣東海岸，為大分縣第二大城市。要說別府市內最受歡迎的觀光點，當然就是別府八大地獄及別府溫泉！那麼，常聽到的別府拉麵又是不是別府的名產呢？實際上別府的名產應該是冷麵而不是拉麵，到別府時記得要品嘗！溫泉方面，除了本部分的介紹外，還可見本書 P.69~70 的別府旅館介紹。

● 別府市：www.gokuraku-jigoku-beppu.com

前往交通

1. JR 博多站 ────── 2 小時 12 分鐘 ● ¥5,940(HK$349) ──────▶ JR 別府站

2. JR 大分站 ────── 9 分鐘 ● ¥780(HK$46) ──────▶ JR 別府站

市內交通

別府市的景點較為分散，遊客主要乘龜の井巴士公司 (亀の井バス) 提供的巴士路線前往各大景點，巴士路線大多由 JR 別府站東口或西口出發。巴士公司提供一日及兩日乘車券，可於 JR 別府站的觀光案內所購買。

票價：一日 Mini Free 乘車券 (ミニフリー乘車券) 成人 ¥1,000(HK$59)，學生 ¥800(HK$47)，小童 ¥500(HK$29)；兩日乘車券成人 ¥1,600(HK$94) 起，小童 ¥800(HK$47) 起

龜の井巴士網站：www.kamenoibus.com

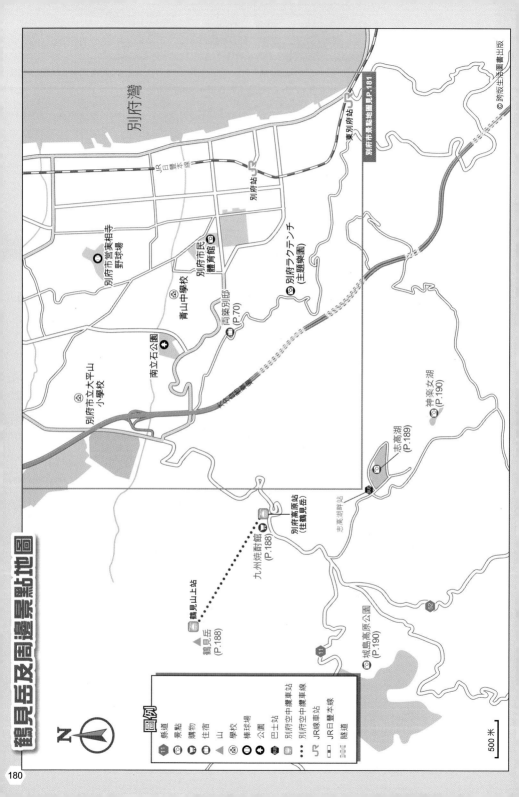

鶴見岳及周邊景點地圖

別府灣

JR日豐本線

JR

別府站

東別府站 JR

別府市景點地圖見P.181

© 跨版生活圖書出版

別府市營美相寺
野球場

青山中學校

別府市民
體育館

両栗別邸
(P.70)

別府ラクテンチ
(主題樂園)

別立石公園

別府市立大平山
小學校

神楽女湖 (P.190)

志高湖
(P.189)

別府高原站
(往鶴見岳)

別府高原站
(住鶴見岳)

志高湖畔站

九州焼酎館
(P.188)

鶴見山上站

鶴見岳
(P.188)

城島高原公園
(P.190)

52

11

圖例

縣道
景點
購物
住宿
山
學校
棒球場
公園
巴士站
別府空中纜車站
別府空中纜車線
別府空中纜車站
JR線車站
JR日豐本線
隧道

JR

N

500 米

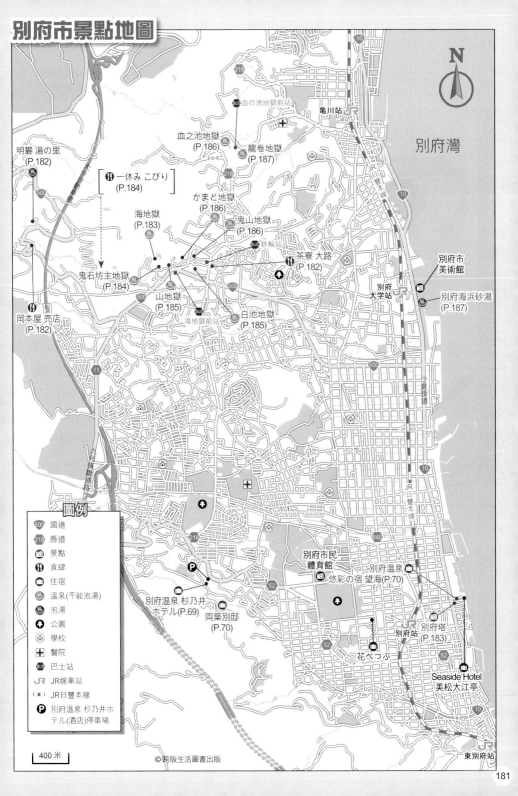

別府市景點地圖

N

別府灣

明礬 湯の里
(P.182)

[日 一休み こびり]
(P.184)

血之池地獄
(P.186)

龍卷地獄
(P.187)

かまど地獄
(P.186)

海地獄
(P.183)

鬼山地獄
(P.186)

茶寮 大路
(P.182)

別府市
美術館

鬼石坊主地獄
(P.184)

別府海浜砂湯
(P.187)

山地獄
(P.185)

白池地獄
(P.185)

岡本屋 売店
(P.182)

龜川站

別府
大学站

別府站

圖例

500	國道
218	縣道
🔟	景點
日	食肆
⬭	住宿
♨	溫泉(不能泡湯)
♨	泡湯
♠	公園
🏫	學校
✚	醫院
BUS	巴士站
JR	JR線車站
▪▪▪	JR日豐本線
P	別府溫泉 杉乃井ホテル(酒店)停車場

別府溫泉 杉乃井
ホテル(P.69)

兩築別邸
(P.70)

別府市民
體育館

悠彩の宿 望海(P.70)

別府溫泉

別府塔
(P.183)

花べっぷ

別府站

Seaside Hotel
美松大江亭

400 米

© 跨版生活圖書出版

東別府站

181

Part
7

福岡縣

大分縣

熊本縣

長崎縣

佐賀縣

宮崎縣

「蒸物」料理 茶寮 大路 ⏱ 地圖 P.181

這家店提供各款「蒸物」料理。蒸水蛋為必吃之選，香甜鮮味，極為嫩滑。蒸雜菜拼盤亦風味十足，熱騰騰的新鮮蔬菜，沾上芝麻醬，極之美味。人氣美食為懷石料理，包括生魚片、天婦羅、蒸雞蛋糕、小菜、抹茶蕎麥麵，價錢為￥1,500(HK\$88)。

風味一流。
▲熱騰騰的蒸野菜配上芝麻醬，

▲茶碗蒸(小)嫩滑，以茶杯盛載，十分精緻。

Info
- 🏠 大分縣別府市風呂本 5
- 🚌 從 JR 別府站西口乘搭 2、5、41 等可往鉄輪方向的巴士，車程約 16 至 30 分鐘，在鉄輪站下車步行約 5 分鐘
- 🕐 11:00~14:00、17:30~20:00，逢周二休息
- 📞 0977-66-0011

(圖文：黃穎宜)

溫泉蒸布丁 岡本屋 売店 ⏱ 地圖 P.181　MAPCODE 46 519 707*71

岡本屋地處清幽，坐在店內看着山中的優美景色，品嘗地道溫泉蒸布丁，實一樂也。

◀店內的地獄蒸布丁售￥330(HK\$19)，上面淋上香濃焦糖，甜而不膩。

Info
- 🏠 大分縣別府市明礬 3 組
- 🚌 從 JR 別府站西口乘搭 5、24、41 往鉄輪方向的巴士，在地藏湯前站下車，車程約 25 分鐘
- 🕐 08:30~18:30　📞 0977-66-6115
- 💻 www.jigoku-prin.com/shop/index.html

(圖文：黃穎宜)

原始風味泡湯 明礬 湯の里 ⏱ 地圖 P.181　MAPCODE 46 519 863*62

◀甚有原始風味的湯屋。

來到溫泉鄉別府，除了看地獄溫泉外，當然不能錯過在這裏泡溫泉的機會。湯の里共有 50 棟茅屋，假如是一家大小或情侶，可以租用這些獨立湯屋，私密度高。另外，也可以選擇露天溫泉，在海拔 350 米高飽覽整個別府市的景色。

Info
- 🏠 大分縣別府市明礬溫泉 6 組
- 🚌 JR 別府站西口乘 5、24、41 往鉄輪方向的巴士，約乘 26 分鐘至地藏湯前站，再步行約 4 分鐘
- 🕐 家族湯屋 10:00~18:00，大露天岩風呂 10:00~18:00，最後售票時間為 17:00
- 💰 家族湯屋 1 小時￥1,500(HK\$109)，大露天岩風呂一般￥600(HK\$39)，4 歲至小學生￥300(HK\$19)
- 📞 0977-66-8166
- 💻 www.yuno-hana.jp

▲湯の花小屋，是「重要無形民俗文化財」。

▲可以用泉水煮食物。

(圖文：黃穎宜)

飽覽全景 別府塔 ⏱️地圖 P.181 MAPCODE 46 406 360*58

別府塔為別府市的電波塔,高約 100 米,展望塔位於 17 樓,在上面可 360 度飽覽別府市的景色。此外,在 17 樓還可找到可愛的「別府三太郎」玩偶,1 樓則設有餐廳。

▶別府塔。

Info

🏠 大分縣別府市北浜 3-10-2　🚊 從 JR 別府站東口步行約 10 分鐘
📱 bepputower.co.jp
別府塔 17 樓瞭望台
🕐 09:30~21:30,逢周三 (若遇假日則照常營業) 及除夕休息
📞 0977-21-3944
💲 成人 ¥800(HK$47),初中高中生 ¥600(HK$35),4 歲至小學 ¥400(HK$24)

八大血池溫泉巡迴 別府地獄 別府地獄めぐり 📍必到

Tips

八大地獄巡遊之旅

八大地獄位處不同位置,龍卷及血之池地獄距離其餘六個地獄較遠,想一日內看完八大地獄會比較趕,建議挑幾個有興趣的前往,或集中其餘六個地獄遊玩。若真的想一日之內走完全部地獄,不妨先乘巴士到山、海、鬼石坊主這三個較集中的地獄,再沿路往かまど、鬼山、白池地獄參觀,還有時間的話則可到鉄輪站乘巴士往另外兩個地獄。龜の井巴士設有特別觀光巴士,每天有數班班次駛往八大地獄。(www.kamenoibus.com/teikikanko_01.php)

這些「地獄」其實是溫泉。別府的地獄已有過千年歷史,古時的人看到這些溫泉不斷噴出熱氣與熱水,甚至連熱泥都有,便把它們稱為地獄。

別府的八個地獄每個形態不同,現時已成為世界知名的觀光區,來到九州的話一定要「下地獄」!

♨️ 別府八大地獄巡禮

1. 青藍如海的溫泉泉水 海地獄 ⏱️地圖 P.181 MAPCODE 46 521 556

海地獄是八大地獄中最大的地獄,它的誕生源於 1,200 年前鶴見岳的爆發,因泉水呈青藍如海的顏色而得名,走在其中猶如置身仙境。每逢 5 至 11 月,海地獄中會開滿了原生於亞馬遜的睡蓮,池中更有一種

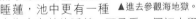

免費足湯

▲盆子狀的就是大鬼蓮,夏季有數天開放讓小孩 (限 20kg 內) 坐在上面。

▲海地獄擁有一池蔚藍的池水,溫度高達 98 度,據說在 1,200 年前已經形成。

▲進去參觀海地獄。

名為大鬼蓮的睡蓮,可承受一個初小學生的重量 (約20kg)!海地獄的溫泉蛋亦相當有名,蛋白及蛋黃呈半熟狀態,十分嫩滑,如有興趣,可到海地獄的小賣部購買。

Info

🏠 大分縣別府市大字鐵輪 559-1
🚊 JR 別府站西出口乘搭 2、5、9、24 或 41 號等可往鉄輪方向的龜の井巴士 (龜の井巴士),車程約 20 分鐘,於海地獄前站下車,步行約 1 分鐘
🕐 08:00~17:00　📞 0977-66-0121
💲 成人 (高中或以上) ¥450(HK$26),兒童 (初中至小學) ¥200(HK$12),另有七地獄共通券 (不包括山地獄),成人 (高中或以上) ¥2,200(HK$129),兒童 (初中至小學) ¥1,000(HK$59)
🌐 www.umijigoku.co.jp　🅿️ 泊車:免費

▲湛藍剔透的池水,不愧是海地獄。

(文字:IKiC,攝影:蘇飛)

別府市　由布市　大分市　中津市　九重町　杵築市、宇佐市　豐後高田市

5. 天神的爐灶 かまど地獄 地圖 P.181 MAPCODE 46 521 509

　　かまど (竈) 即「爐灶」的日文，傳說中古時竈門八幡宮大祭會使用這裏的噴氣孔去烹煮供奉神明的御飯，因而稱這裏為かまど地獄，喻意為天神所使用的爐灶，地獄外擺放的大釜就是這個傳說的象徵。這裏分成一至六丁目，不同丁目的溫度有所不同，當中以六丁目溫度最高，高達 95℃。這裏設有各式溫泉設施，例如足湯、蒸臉溫泉、飲用溫泉等，遊客可隨意使用，據說蒸臉溫泉有美顏效果！

◀ かまど
地獄。

Info
- 🏠 大分縣別府市大字鐵輪 621
- 🚌 JR 別府站西出口乘搭 2、5、9、24 或 41 號往鐵輪方向的龜的井巴士，車程約 20 分鐘，於鐵輪站或海地獄前站下車，步行約 4 分鐘
- 🕐 08:00~17:00　📞 0977-66-0178
- 💲 門票與「海地獄」(P.183) 相同
- 📱 kamadojigoku.com

(文字：IKiC)

6. 鱷魚天堂 鬼山地獄 地圖 P.181 MAPCODE 46 522 483

　　鬼山地獄又稱為鱷魚地獄，因池內飼養了近 100 條的鱷魚！自大正 12 年 (1923年)，鬼山地獄充份利用溫泉熱力飼養鱷魚，現時鱷魚首領イチロウ已傳至二代目 (第二代)，牠更是鬼山地獄的台柱呢！場內還有鱷魚標本館，展示歷年園中飼養的鱷魚標本及骨骼標本。此外，每逢周三、六及日都有餵飼鱷魚的表演，可看到百條鱷魚爭奪食物的震撼場面。

Info
- 🏠 大分縣別府市鐵輪 625
- 🚌 JR 別府站西出口乘搭 2、5、9、24 或 41 號往鐵輪方向的龜的井巴士，車程約 20 分鐘，於鐵輪站或海地獄前站下車，步行約 3~5 分鐘
- 🕐 08:00~17:00　📞 0977-67-1500
- 💲 門票與「海地獄」(P.183) 相同
- 📱 www.beppu-jigoku.com/oniyama/

▲ 鬼山地獄。

(文字：IKiC)

7. 日本最古老天然溫泉 血之池地獄 地圖 P.181

　　血之池地獄是眾多地獄中最有地獄感覺的一個，其泉水呈血紅色，驟眼看有如同傳說中的血池一般。血之池地獄早在 6 世紀時的地方志《豐後國風土記》MAPCODE 46 552 831 已有記載，當時稱為「赤湯泉」，約有 1,300 年的歷史，是日本最古老的天然地獄 (溫泉)。場內設有免費足湯，其礦物成分據可改善皮膚問題。而血之池池底的沉澱物是「血之池軟膏」(￥1,500、HK$88) 的主要材料，軟膏只在地獄賣場及網上販售，主治各類皮膚問題，可以作為一種特別的手信。

Info
- 🏠 大分縣別府市野田 778
- 🚌 1. JR 別府站西出口乘搭 2、5、9、24 或 41 號往鐵輪方向的龜的井巴士，在鐵輪站下車 (車程約 20分鐘)，轉乘 16、16A 號巴士在血的池地獄前站下車 (約 6 分鐘)
    2. 由 JR 別府站 (約 30 分鐘) 或龜川站 (約 15 分鐘) 乘往鐵輪方向的 26、26A 號龜的井巴士，在血的池地獄前站下車
- 🕐 08:00~17:00　📞 0120-459-554
- 💲 門票與「海地獄」(P.183) 相同
- 📱 www.chinoike.com

▲ 血之池地獄。

(文字：IKiC)

8. 間歇泉奇觀 龍卷地獄

🕐 地圖 P.181　　MAPCODE 46 552 774

　　龍卷地獄是有名的間歇泉，不少遊客都會坐在專為觀賞間歇泉而設的座位或石階上靜候噴發的一刻。龍卷地獄的泉水高達 150℃，壓力使泉水定時每 30~40 分鐘噴發一次，其衝力會使泉水噴出達 50 米，令它不負「龍卷」之名！另外，龍卷地獄內有杜鵑花公園，每到 4 月中旬，就會滿開，嫩白、淡粉、杏紅色的杜鵑花，一朵朵地點綴在小山頭上，真是滿眼錦繡，好不美麗！

Info

🏠 大分縣別府市野田 782
🚌 交通方法與「血之池地獄」(P.186) 相同
🕐 08:00~17:00　　📞 0977-66-1854
💲 門票與「海地獄」(P.183) 相同
🌐 www.beppu-jigoku.com/tatsumaki

▶ 龍卷地獄。

(文字：IKiC)

埋入沙堆中焗桑拿 別府海浜砂湯

🕐 地圖 P.181　　MAPCODE 46 525 014

♨泡湯

　　如果沒有時間到南部的鹿兒島指宿享受黑砂浴，不妨在別府市試試。砂湯是日本溫泉的一種，即埋入溫熱的沙中，利用地熱焗出汗水，從而達到排出體內毒素的效果，其原理好比焗桑拿一樣。砂湯建於海邊，客人換上浴衣後，按工作人員的安排躺在棚架下面對着別府灣美景、埋入沙中享受約 15 分鐘的地熱，然後沐浴更衣。據說砂湯對肌肉痛、神經痛、關節痛、慢性消化病等有改善功效。

▲ 別府海浜砂湯。

◀ 砂湯設有足湯。

▲ 砂湯外可看到別府灣美麗的海景。

Info

🏠 大分縣別府市上人ケ浜
🚌 JR 別府站東出口乘搭 26、26A 號亀の井巴士或大分交通 APU 線 50 號巴士，車程約 15 分鐘，於六勝園・別府海浜砂湯前站下車，步行約 2 分鐘
🕐 3 月至 11 月 08:30~18:00，12 月至 2 月09:00~17:00，最後入場時間為休息前 1小時，每月第 4 個周三休館 (如遇假日順延至翌日休館)
📞 0977-66-5737
💲 ¥1,500(HK$88)
🌐 www.city.beppu.oita.jp/sisetu/shieionsen/detail9.html
❗ 泊車：免費

◀ 可惜到達時太晚，砂湯已經關門。營業時候，這兒會鋪滿沙，客人躺在沙上享受砂湯。

(文字：IKiC，攝影：蘇飛)

別府市

由布市

大分市

中津市

九重町

杵築市、宇佐市

豐後高田市

靈山上同時賞楓及冬櫻 鶴見岳 ★賞紅葉 ❀賞櫻

🕐 地圖 P.180　[MAPCODE] 別府ロープウェイ站：46 369 840*48

　　位於阿蘇九重國立公園範圍內的鶴見岳，是日本其中一座活火山。鶴見岳的四季各有風貌，是知名的賞櫻、賞楓勝地。秋天時，楓葉自山頂慢慢向下變紅，而冬櫻亦會同時綻放，是少數可以同時賞紅葉與櫻花的地方。冬天時，鶴見岳還會舉辦大寒忍耐大會，不少人會到來挑戰自己的耐寒能力呢！要前往鶴見岳山頂，可以乘搭別府空中纜車（別府ロープウエイ），由纜車別府高原站往鶴見山上站。

◀駛往山頂的別府空中纜車。

▲鶴見岳。

▶秋天時，山下停車場附近可以同時欣賞到紅葉與罕見的冬櫻。

Tips
　　自古時起，鶴見岳便被視為靈山，山上供奉了不少神祇，包括著名的七福神（即七位福神，被認為會帶來福氣與財運，形象與中國的八仙相似）。觀光局也因此開拓出「七福神巡遊」及「名剎巡遊」兩條登山路線，讓遊客在感受大自然的同時，加深對日本文化的了解。

Info
🏠 大分縣別府市大字南立石字寒原 10-7
🚌 JR 別府站西出口乘搭龜の井巴士 36 號湯布院線或 37 號くじゅう高原線，於別府ロープウエイ站下車，車程約 20 分鐘，然後乘空中纜車上山
❗ 泊車：免費
空中纜車
🕐 09:00~17:00(11 月 15 日至 3 月 14 日提早至 16:30 停運)
📞 097-722-2278
💲 來回一般 ￥1,800(HK$106)，4 歲至小學生 ￥900 (HK$53)；單程一般 ￥1,200(HK$71)，4 歲至小學生 ￥600(HK$35)
🌐 www.beppu-ropeway.co.jp

（文字：IKiC，攝影：蘇飛）

名酒與傳統工藝 九州燒酎館 🕐 地圖 P.180　[MAPCODE] 46 368 897

　　九州燒酎館位於別府空中纜車別府高原站大停車場旁，專售來自九州各地 300 多個品牌的燒酒，亦有經銷其他酒類，包括日本酒、葡萄酒等等。館內獨家發售燒酎館原創的燒酒「弍十七」，酒精含量較高。除了酒，館內展示了大分縣的工藝品，如日本傳統木屐「天領日田下駄」、燒陶「小鹿田燒」等。如有興趣，可買些九州的傳統工藝品，或作為手信送給親友，價錢不算太貴。

▲九州燒酎館。

▲小鹿田燒是日本國家指定文化財之一。

▲館內有不同種類的酒可供購買。

▶天領日田下駄（木屐），每對由￥2,000(HK$152) 起

Info
🏠 別府空中纜車高原站大停車場旁
🚌 參考「鶴見岳」交通抵達纜車站高原站
🕐 10:00~17:30（部分月份 17:00 休息)
📞 0977-22-2279
🌐 www.beppu-ropeway.co.jp/shochu

（文字：IKiC，攝影：蘇飛）

與天鵝超近距離接觸 志高湖

地圖 P.180　MAPCODE 46 339 208*52　賞紅葉

志高湖四季景色不同，並不時舉辦季節性活動，如櫻祭、夏祭煙火大會等，不過，最吸引的是棲息在這兒的大批天鵝，遊客可近距離接觸這些美麗又優雅的白鳥！位於鶴見岳東南面的志高湖，是阿蘇九重國立公園的一部分，位於別府近郊。志高湖周圍青葱翠綠，又有多種設施，例如垂釣場、露營場地、散步道、小賣店等，吸引不少當地人及遊客來到這裏遠足、露營。若想親近大自然、輕鬆消磨一整天時間，志高湖是個不錯的選擇。

▲在志高湖可找到很多天鵝。

▲即使在平日，志高湖都吸引不少人到訪。

▼天鵝不怕人，可以與牠們近距離接觸。

▲秋天可看到紅葉。

▲除了天鵝，志高湖內飼養了大量錦鯉。

▲可租賃天鵝船在湖中暢遊（￥1,100、HK$65）。

Info

🏠 大分縣別府市志高 4380-1

🚌 JR 別府站西出口乘搭龜的井巴士 37 號くじゅう高原線，於志高湖畔站下車，車程約 30 分鐘；或由 JR 站乘計程車前往，約 ￥3,970(HK$290)

📞 0977-25-3601

💻 www.city.beppu.oita.jp/sisetu/sangyou_kankou/11kankou_11-01sidakako.html

❗ 泊車：免費

◀小賣部有各式小食、手信等，內裏還有免費休息室。

▶善的設施志高湖無論是騎單車都有相應都是、露營完

◀每天限量售賣的志高湖抹茶新地，雪糕撒上抹茶粉再配上紅豆，甜度剛好（￥350、HK$27）。

（文字：IKiC，攝影：蘇飛）

別府市 由布市 大分市 中津市 九重町 杵築市、宇佐市 豐後高田市

福岡縣

大分縣

熊本縣

長崎縣

佐賀縣

宮崎縣

初夏菖蒲花開 **神樂女湖** ⏱ 地圖 P.180 [MAPCODE 46 310 359*86]

傳說於平安時代，神樂湖邊住了鶴見岳社的歌舞女伶，便命名此湖為神樂女湖。神樂女湖面積比志高湖小，同屬阿蘇九重國立公園，有遊道連接兩湖，但步道全程約 3 公里，步行約 1 小時，若自駕只需約 10 分鐘。神樂女湖內有菖蒲園，是觀賞菖蒲花的知名場所。園內種有 80 種、共 1 萬 5 千多株的菖蒲花，每到 6 月，園內開遍深淺不一的紫色菖蒲花，6 月下旬更會舉辦菖蒲花觀賞會，參加者可在菖蒲花的圍繞下欣賞音樂演奏，更可嘗到菖蒲花糰子，吸引不少遊客前往參加，但菖蒲花期以外的時間遊人十分稀少。

▲ 菖蒲花。

▲ 可到湖中心的小橋。

◀ 湖上的水鳥。

Info

🏠 大分縣別府市大字神樂女 5106-1
🚌 1. JR 別府站西出口乘搭龜の井巴士 37 號くじゆう高原線，於志高湖畔站下車，車程約 30 分鐘，沿步道由志高湖走至神樂女湖，步行約 1 小時；或由 JR 別府站乘計程車前往，約 ¥4,870(HK$355)
2. 菖蒲園開園期間 (約 6 月) 可於 JR 別府站西出口乘搭龜の井臨時巴士前往，車程約 30 分鐘
🕐 菖蒲園開花時間為 6 月上旬至 7 月上旬
📞 0977-21-1111 ❗ 泊車：免費

(文字：IKiC，攝影：蘇飛)

日本最早木製過山車 **城島高原公園** ⏱ 地圖 P.180

城島高原パーク [MAPCODE 46 336 465*13]

城島高原公園是大型遊樂園，園內以日本最早的木製過山車 "Jupiter" 聞名，使用了 6 萬根米松木搭建，比起鐵造的過山車多了種刺激感，是園中的標誌。除了過山車外，園內還有多種刺激的機動遊戲，如號稱世界最大型的衝浪船 "Poseidon30"、雙人笨豬跳 "Birdman" 等，亦有一些需要運用腦力的設施，如立體迷宮 "Mars"、逃出遊戲「脫出の森」，而「玩具王國」則相對較溫和，十分適合親子玩樂。

▲ 園內的摩天輪。

◀ 遊樂園入口。

◀城島高原公園的標誌——Jupiter。

Info

🏠 大分縣別府市城島高原 123 番地
🚌 JR 別府站西出口乘搭龜の井巴士 36 號湯布院線或 37 號くじゆう高原線，於城島高原パーク站下車，車程約 20 分鐘；或乘搭計程車前往，約 ¥4,510(HK$329)
🕐 10:00~17:00(營業時間或隨季節變動，宜出發前先參閱官網)
📞 0977-22-1165
💲 入園票一般 ¥1,500(HK$114)，3 歲至小學生以及 60~69 歲 ¥600(HK$45)；遊戲需逐項收費，見 Tips Box
🌐 www.kijimakogen-park.jp
❗ 泊車：每天 ¥300(HK$23)

(文字：IKiC，攝影：蘇飛)

泡湯
(溫泉旅館 P.67~68)

泡溫泉度假勝地
由布市：由布院

　　由布院，即由布院溫泉，位於由布院市的湯布院町(湯布院町是行政區域)。由於「由布院」與「湯布院」的日文發音都是「ゆふいん」，所以不少人又稱由布院為湯布院。由布院的溫泉主要來自由布岳，水量是日本國內數一數二的。從 JR 由布院站一路延伸至各大溫泉旅館的溫泉街，充滿小鎮風情，令由布院成為日本著名的度假勝地。

📍由布院溫泉觀光協會：www.yufuin.gr.jp

前往交通

1. 🚃 JR 博多站 ──── 2 小時 12 分鐘 • ￥4,660(HK$274) ──── 🚃 JR 由布院站

2. 🚃 JR 大分站 ──── 49 分鐘 • ￥1,700(HK$100) ──── 🚃 JR 由布院站

3. 🚃 JR 別府站 ──── 🚃 JR 大分站 ──── 🚃 JR 由布院站
　　　　 1 小時 3 分鐘 • ￥2,130(HK$125)

市內交通

　　除了前往 theomurata(P.199) 需要乘搭計程車，及由布岳登山口 (P.202) 需要轉乘龜の井巴士或計程車外，其他景點都可在 JR 由布院站徒步前往。

福岡縣

大分縣

熊本縣

長崎縣

佐賀縣

宮崎縣

香濃牛奶蛋糕 由布院ロールショップ ⏱ 地圖 P.192

蛋糕店採用生忌廉製作蛋糕，牛奶味比一般市面上售賣的蛋糕香濃，值得一試。蛋卷每日限賣 100 件，想一嘗香濃奶味的蛋卷就要趁早前往。

▶蛋卷每日限售 100 件。

Info

🏠 大分縣由布市湯布院町川北 2-8
🚇 JR 由布院站步行約 1 分鐘
🕐 09:30~18:00，不定休 (每年 5 次)
📞 0977-84-5003
💻 tabelog.com/oita/A4402/A440201/44006960/

（圖文：黃穎宜）

純天然新鮮食材 ゆふふ工房 ⏱ 地圖 P.192

ゆふふ工房採用由布院高原鮮牛奶、雞蛋為材料製作各款食物，以蛋卷及布甸最受歡迎。店內設有桌椅供客人坐下來慢慢品嘗美食。

▲進去買蛋卷做手信。

▶小巧的焦糖布甸放在鬆脆的撻皮上，一次過感受到軟和脆的口感，￥370(HK$28)。

Info

🏠 大分縣由布市湯布院町川北 2-1
🚇 JR 由布院站步行約 1 分鐘
🕐 平日 10:00~18:00，周日及公眾假期 09:00~18:00
📞 0977-85-5839
💻 www.yufufu.com

（圖文：黃穎宜）

地道大分美食之選 龍庵 ⏱ 地圖 P.192

這家料理店距離由布院站不遠，提供地道的大分美食，包括刺身、牛肉飯、地雞及雞天婦羅等。由於是自家經營的小店，食物簡單鮮味，而且價錢便宜，不容錯過。

◀刺身盛合份量恰到好處，一份￥800(HK$61)。

￥500(HK$38)。

▶地雞丼味道香濃，一份

Info

🏠 大分縣由布市湯布院町川上 3056-16
🚇 JR 由布院站步行約 3 分鐘
🕐 11:30~14:00、17:00~22:00，逢周三休息
📞 0977-85-3879

（圖文：黃穎宜）

即叫即製的豐後牛漢堡 YUFUIN BURGER ユフインバーガー ⏱ 地圖 P.192

店家供應漢堡包、薯條和汽水為主,但特別之處在於他們提供 100% 豐後牛漢堡包。雖然價錢較貴,但難得吃到豐後牛也覺得值得。店內所有漢堡即叫即製,確保客人手上每一份的漢堡包都熱辣辣。另外,使用天然酵母焗製而成的麵包烤得非常香脆,令味道層次昇華。

▶ YUFUIN BURGER。

Info

🏠 大分縣由布市湯布院町川上 3053-4
🚌 JR 由布院站步行約 5 分鐘
🕐 11:00~17:30,逢周三休息
📞 0977-85-5220

(圖文:沙發衝浪客)

包羅萬有 湯の坪街道 ⏱ 地圖 P.192

由布院除了以名湯聞名外,湯の坪街道也是令由布院大受歡迎、不可不去的原因之一。湯の坪街道長約 1 公里,由白瀧橋開始一直伸延到金鱗湖,整條街道小店林立,包括雜貨、菓子、咖啡店等,保證盡享食、玩之樂。單單是從由布院站往金鱗湖,加上逛街吃喝的時間,湯の坪街道已足夠讓你耗上半天!注意,街道店鋪大多 17:00 便休息。

Info

🏠 大分縣由布市湯布院町湯の坪街道
🚌 JR 由布院站步行約 10~15 分鐘
🌐 www.yufuin.org

▶ 街道兩旁開滿特色小店,全都逛一遍的話要花上不少時間呢!

(圖文:黃穎宜)

湯の坪街道 店鋪推介

要買趁早 B-speak ⏱ 地圖 P.192

B-speak 屬於山莊無量塔的糕點鋪,是由布院內極具人氣的蛋糕店,也是九州最受歡迎的蛋糕品牌之一。

蛋糕有香濃蛋味,而製作蛋糕時會加入氣泡,使蛋糕特別鬆軟,入口即溶,其中以原味及朱古力味蛋卷最受歡迎。

每天出售的蛋糕數量有限,要買趁早,若怕趕不及購買,店鋪提供預訂服務,最早可於領取前 5 日預訂。

Info

🏠 大分縣由布市湯布院町川上 3040-2
🚌 JR 由布院站步行約 5 分鐘
🕐 10:00~17:00,每年兩次不定期休息
📞 0977-28-2066
🌐 www.b-speak.net

▶ 蛋卷包裝精美,作為手信很不錯,每件 ¥1,520(HK$89)。

(圖文:黃穎宜)

精美玻璃畫 由布院ステンドグラス美術館 🕐 地圖 P.192

由布院ステンドグラス美術館 (或 St. Robert Church、聖ロバート教会)，原本為教會，於百多年前建成，室內的玻璃由英國運來，主題為聖經故事。雖然這美術館距離湯の坪大街較遙遠，但美術館的玻璃畫極為精美，館內的環境亦華麗，絕對值得一去。紀念品部出售各種玻璃手工藝品，可以買回家作為紀念。

MAPCODE 269 329 783

Info

🏠 大分縣由布市湯布院町川上 2461-3
🚃 JR 由布院站步行約 15 分鐘
🕐 09:00~17:00(最後售票時間 16:30)，1 月 1 日至 3 日休息
📞 0977-84-5575
💲 成人 ¥1,000(HK$76) 小童 ¥500(HK$38)
🌐 www.yufuin-sg-museum.jp

▲ 美術館內展示的玻璃畫極為精美，每件都是賞心悅目的藝術品。

▲ 美術館以紅磚作建築材料，與歐洲一些小鎮教堂十分相似。

(圖文：黃穎宜)

夢幻迷霧 金鱗湖 🕐 地圖 P.192 MAPCODE 269359527 🍁 賞紅葉

金鱗湖為由布院其中一個代表景點，湖的周邊約 400 米，水深 2 米。由於金鱗湖湖底同時湧出溫泉與清水，冬天時會因為溫差而在湖面形成迷霧，疑幻疑真。金鱗湖周邊有許多餐廳與茶座，遊客可挑選喜歡的一家，一面欣賞美麗的金鱗湖，一邊享受美食，悠閒地度過半天。

到了秋天，湖四周的楓葉轉紅，尤其在金鱗湖通附近有幾道木橋，既古典又美麗！

▲ 湖景漂亮。

◀ 湖中的天祖神社鳥居。

▲ 紅葉加上迷霧，景象疑幻疑真。

▲ 湖中真的有金鱗！

Info

🏠 大分縣由布市湯布院町川上 1561-1
🚃 JR 由布院站步行約 25 分鐘
📞 0977-84-3111(湯布院振興局)
❗ 泊車：每小時 ¥200(HK$15)

(攝影：蘇飛)

美味豐後牛料理 洋灯舍 ⏱ 地圖 P.192

洋灯舍位於金鱗湖旁，提供數個 Lunch Set，其中以「豐後牛 Set」最受歡迎，套餐包括忌廉湯、豐後牛配薯菜、麵包/飯及雪糕。牛肉淋上已烹調數日的牛仔骨汁，滋味無窮。

來到這家店，除了可以品嘗到美味的豐後牛外，更可一邊用膳、一邊欣賞金鱗湖的美麗景致。店內提供英文餐牌，不會日語也能輕鬆點菜。

▶餐廳名為洋灯舍，入口亦掛上洋燈配合主題。

Tips 豐後牛為大分縣生產的黑毛和牛品種，肉質柔軟，自 1921 年獲得全國畜產博覽會大賞後一直深受歡迎，為大分縣著名美食之一。

◀豐後牛料理配有薯菜，整個 Lunch Set 售 ￥1,650(HK$115)。

右側標籤（由上至下）：
別府市
由布市
大分市
中津市
九重町
杵築市、宇佐市
豐後高田市

▶隨套餐奉上忌廉湯，味道香濃，值得一試。

▶豐後牛料理套餐中更包括一客雪糕，為這份套餐畫上完美的句號。

Info

🏠 大分縣由布市湯布院町川上 1561
🚇 JR 由布院站步行約 25 分鐘
🕐 11:00~14:00，逢周一晚上及周二休息
📞 0977-84-3011

(圖文：黃穎宜)

水道旁尋找特色商店 **金鱗湖通リ** ⏱ 地圖 P.192

　　沿着通往金鱗湖的水道走，會發現這裏有條商店街——金鱗湖通リ。相比起湯の坪街道 (P.195) 的遊人如鯽，這條商店街較為幽靜，但有不少特色小店，想購買小飾物、精品等都可以在這裏找到。街上亦有風味食店，如以石窯燒製 Pizza 的奈らーと、以手作蛋糕聞名的菓子蔵 五衛門等。不少旅店坐落在水道旁，逛得累想回旅店休息也十分方便。

▲金鱗湖通リ就位於水道旁。

▲金鱗湖通リ有不少特色小店。

▲櫻日和源自京都，售賣和式小物。(湯布院町川上 1551-11，09:30~18:00)

◀▲遊季家有各種可愛擺設。(湯布院町川上 1551-12，09:00~17:30)

Info
🏠 大分縣由布市湯布院町金鱗湖通リ
🚉 JR 由布院站步行約 25 分鐘

登上豐後富士賞芒草 **由布岳登山口（正面）**

⏱ 見北九州景點及 JR 鐵路大地圖　MAPCODE 46 332 355*11

▲由布岳登山口。

　　坐落在由布市的由布岳，是座標高 1,500 多米的活火山，因其對稱的圓錐形與關東的富士山相似而有「豐後富士」之美名。由布岳是熱門的登山地，在假日，不少當地人會帶同子女來到由布登山口遠足。秋天時由布登山口吸引更多人前來，他們都是為了一睹登山口前的芒草原。金黃色的芒草配上形態優美的由布岳，令人不停按下快門。來到由布市又適逢秋季，不妨前來欣賞這片美麗的芒草原。

◀秋冬來到由布岳登山口就可看到金黃一片的芒草原景象。

▶縣道11號（由布岳）短片

Info
🏠 日本縣道 11 號線由布岳登山口
🚌 JR 由布院站乘搭龜の井巴士 36 號湯布院線或 37 號くじゅう高原線，於由布登山口站下車，車程約 15 分鐘；或乘搭計程車前往

（文字：IKiC，攝影：蘇飛）

7.3

動靜兼備
大分市

　　大分市位於大分縣中部，亦是大分縣縣廳所在地，所佔人口為縣內最多。由於大分市於鎌倉時期已是豐後國的武家之一（「武家」類似將軍級別），至今市內仍遺留許多珍貴的寺廟及古跡。著名的影星深津繪里及前 AKB48 成員指原莉乃均出身自大分市，而發表著名「村山談話」的前日本首相村山富市，也出身自大分市，大分市可謂人材輩出。此外，大分城址公園及一心寺更是賞櫻熱點。

（相片由大分旅遊協會提供）

● 大分市：www.city.oita.oita.jp

前往交通

1. JR 博多站 —— 1 小時 46 分鐘 • ￥5,940(HK$349) —→ JR 大分站

2. JR 別府站 —— 10 分鐘 • ￥780(HK$46) —→ JR 大分站

市內交通

　　大分市市內的景點一般可步行前往，一些偏遠景點則需乘巴士或自駕才能到達。市內的巴士網站 (www.busnavi-oita.com) 提供中文頁面供遊客查詢詳情，方便簡單。

7.5

賞楓熱點
九重町

 建議自駕 賞紅葉

九重町是賞楓勝地，有眾多美麗景觀，包括著名景點九醉溪，秋天時一片火紅，還有九重「夢」大吊橋，可欣賞到大橋橫跨在楓葉海中的景色。此外，秋天時更可到長者原沉醉在一整片芒草的淒迷景色中。九重町還有牧場及動物園，是親子同遊的好選擇。

● 九重町：www.town.kokonoe.oita.jp

前往交通

除了小部分景點有巴士可前往，大部分景點都沒巴士可達，較為適合自駕遊的人士前往。

九醉溪
秋色短片

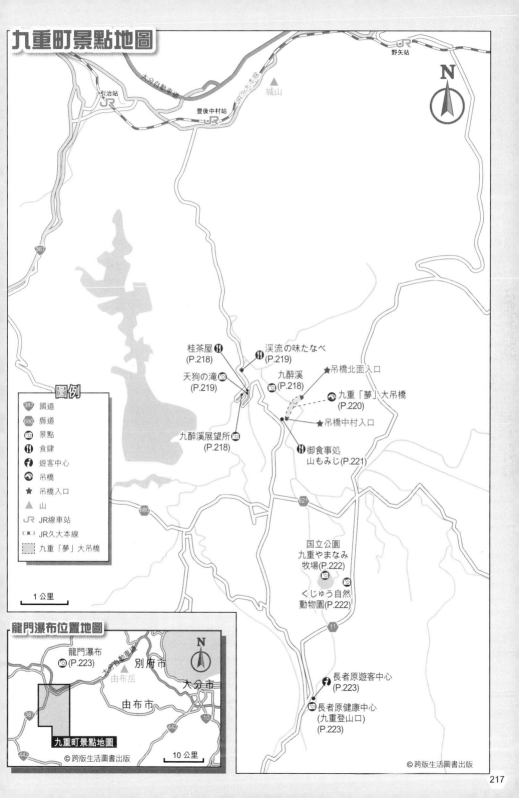

九重町景點地圖

野矢站

城山

引治站
大分自動車道
豐後中村站

圖例

387	國道
680	縣道
📷	景點
🍴	食肆
ⓘ	遊客中心
⬭	吊橋
★	吊橋入口
▲	山
JR	JR線車站
⊏□□⊐	JR久大本線
▨▨	九重「夢」大吊橋

1 公里

桂茶屋 🍴
(P.218)

渓流の味たなべ
(P.219)

天狗の滝 📷
(P.219)

九酔溪 📷
(P.218)

吊橋北面入口

⬭ 九重「夢」大吊橋
(P.220)

★ 吊橋中村入口

九酔溪展望所 📷
(P.218)

🍴 御食事処
山もみじ(P.221)

680

621

国立公園
九重やまなみ
牧場(P.222)

くじゅう自然
動物園(P.222)

11

ⓘ 長者原遊客中心
(P.223)

📷 長者原健康中心
(九重登山口)
(P.223)

龍門瀑布位置地圖

龍門瀑布
📷(P.223)

別府市

由布岳

大分市

由布市

九重町景點地圖

387

442

442

10

10 公里

© 跨版生活圖書出版

© 跨版生活圖書出版

紅葉名所 九醉溪　地圖 P.217　MAPCODE 展望所 269 011 603*77　賞紅葉

九醉溪為大分賞楓熱點之一，1959 年被國家指定為大分縣名勝，範圍包括共 2 公里長的玖珠川流域兩岸。車道兩旁為斷崖及石壁，加上溪谷及原生樹林，到了秋天便變身為紅黃交錯的絕景，吸引許多遊客特地前來參觀。溪谷設有展望台 (九醉溪展望所)，讓人更清楚地欣賞由大自然繪製的美景。

◀九醉溪展望所看到的美景。

▶九醉溪紅葉最美麗的時期為遊人最多的時候。

Info

🏠 大分縣玖珠郡九重町大字田野
🚌 從大分市駕車約需 1 小時 15 分鐘

(攝影：詩人)

九醉溪 遊點推介

貍貓妝迎客 桂茶屋　地圖 P.217　MAPCODE 269 011 606*82　免費足湯

桂茶屋是九醉溪有名的店家，附近就是展望所和瀑布天狗的滝。這裏的服務員全都畫上貍貓妝，熱情款待每位來到的客人，店內氣氛活躍，不少遊客都會與服務員拍照留念。桂茶屋內有餐廳、商店、菓子工房等，餐廳主要提供烏冬、麵食、定食等日本料理，亦有售賣傳統小吃；商店以售賣當地特產為主，亦有手信出售。桂茶屋還有售自創的甜品，如「鬼の目にも涙」，十分特別。此外，這兒提供免費足湯。

▲桂茶屋。

▲服務員會畫上貍貓妝，十分有趣！

▲ (左) 山女魚炭火燒 ¥600(HK$45)，(右) 燒糰子 (燒だんご) ¥300(HK$23)。

▶用餐環境。

▲店內有售當地特產、傳統玩意及擺設。

▲在這裏可以購買在天狗の滝使用的繪馬，¥300(HK$23)。

Info

🏠 大分縣玖珠郡九重町大字田野 953
🕐 08:00~18:00(午餐 11:00~14:30)
📞 0973-79-3744
🌐 www.kyusuikei-katsurachaya.com

(文字：IKiC，攝影：蘇飛)

向天狗許願 天狗の滝 ⏱ 地圖 P.217

　　天狗の滝在桂茶屋旁邊，因瀑布中段左側的岩石，在充足的陽光照射下隱約看到天狗的形象而得名。瀑布落差約 10 米，傳說中，弘法大師將身高 6 米的天狗封印在瀑布的岩石中，故瀑布旁邊擺放了一對天狗所穿的木屐。天狗被困於岩石中後，為了逃出來便會為遊人實現願望，由此產生了向天狗の滝許願的傳統。只要將願望寫在繪馬上 (可在桂茶屋買繪馬) 掛起，願望就會很快達成。

▲在樹葉及欄柵襯托下顯得更美麗。

◀近看天狗の滝。

▶版旁掛了很多繪馬。介紹天狗的告示

Tips

天狗

天狗有長長的紅鼻及紅臉，背生兩翼，身穿盔甲或僧服，手持團扇，腳穿高木屐，具有怪力和神通，是很厲害的妖怪！亦有說天狗是山神。

Info

🏠 大分縣玖珠郡九重町大字田野
📞 九重町工商觀光課 0973-76-3150
❗ 泊車：免費

▲人們把願望寫在繪馬上，祈求天狗幫助他們達成。

(文字：IKiC，攝影：蘇飛)

特色山女魚料理 渓流の味たなべ ⏱ 地圖 P.217 〔MAPCODE〕269 040 207*26

　　渓流の味顧名思義就是品嘗來自溪流的鮮味，店鋪主打山女魚 (やまめ) 料理，山女魚主要生長於北海道至九州的河流上游，而店內使用的全是自家飼養的山女魚，保證食材新鮮。店內提供各式山女魚料理，包括鹽燒、甘露煮、刺身等，個人推薦鹽燒，不會有太多調味，略帶鹹香的微焦魚肉，每一啖都是最原始的山女魚味道。渓流の味在網上獲得不少好評，不妨試試。

Info

🏠 大分縣玖珠郡九重町町田 3684
🚌 由大分市駕車約 1 小時 25 分鐘
🕐 09:00~18:00，逢周二休息
📞 0973-79-3360
🌐 kokonoe.net/tanabe
❗ 泊車：免費

(文字：IKiC，攝影：蘇飛)

▲店內使用的是自家飼養的山女魚。

▲渓流の味。

夏天可採摘新鮮藍莓 **国立公園 九重やまなみ牧場**

🕐 地圖 P.217　MAPCODE 440793550　♨泡湯

　　牧場有不少過癮的體驗活動，例如騎馬 ¥800(HK$61)、坐馬車、餵鴨子和羊。在 7、8 月來到，還可以在兩公頃大、種植超過 40 種藍莓的藍莓園，任摘任吃 30 分鐘。牧場設有湯屋和露天風呂，也有餐廳提供豐後牛等料理，一於吃飽、休息夠再繼續行程！

▲牧場非常空曠，不過動物就不多見。

▲水池飼養了不少鴨子。

▲羊咩。可購買 ¥100(HK$7) 的動物飼料餵羊。

▲這款在全九州都有出售的牛奶，原來出自這個牧場。

▲秋天時可以撿到栗子！

Info

🏠 大分縣玖珠郡九重町大字田野 1681-14
🚌 由大分市駕車約 1 小時 26 分鐘，或由湯布院 IC 駕車約 35 分鐘
🕐 09:00~17:00，逢周三休息，12 月至 3 月中旬休業，至 3 月第 3 個星期開館。**溫泉館** 10:00~20:00，逢周三休息，12 月至 3 月 10:00~19:00，逢周二、三休息。**餐廳** 10:00~16:00
📞 0973-73-0080　🖥 www.yamanami-farm.jp
💲 採摘藍莓小學生或以上 30 分鐘 ¥500(HK$36)，帶走 100g ¥200(HK$15)，溫泉 成人 ¥500(HK$36)，小童 ¥200(HK$15)
❗ 泊車：免費

(文字：IKiC，攝影：蘇飛)

與動物零距離接觸 **くじゅう自然動物園**　🕐 地圖 P.217

MAPCODE 440 794 540

　　動物園離九重やまなみ牧場只需 5 分鐘車程，園內飼養了約 20 種動物，包括梅花鹿、白黃占鹿、草泥馬 (羊駝)、羊等，還有兔子、狗隻。動物園採放養模式，除了少量動物外，大部分動物皆可在園內自由地走動，遊客可與園內動物進行零距離接觸！此外，園內有多種體驗活動，如給幼羊、幼豬餵奶或餵飼各種動物，小孩子甚至可以騎上草泥馬、山羊身上拍照。

◀くじゅう自然動物園。

▶遊客可購買飼料或奶餵飼動物。

▲很可愛的親子草泥馬！

▲動物可自由走動。

Info

🏠 大分縣玖珠郡九重町田野 1685-3
🚌 由大分市駕車約 1 小時 26 分鐘，或由湯布院 IC 駕車約 35 分鐘
🕐 3 月下旬至 11 月中旬 10:00~17:00(周六、日及假期 09:30~17:30)，11 月下旬至 3 月中旬 10:00~16:30(周六、日及假期延長至 17:00)，如遇極端天氣或會休息
📞 0973-79-3005　🖥 www16.plala.or.jp/kuju-zoo
💲 一般 ¥1,000(HK$76)，4 歲至初中生 ¥500(HK$36)
❗ 泊車：免費

(文字：IKiC，攝影：蘇飛)

高山濕地 長者原遊客中心

長者原ビジターセンター 地圖 P.217 　MAPCODE 440702807

縣道11號
(長者原)短片

長者原遊客中心主要展示以九重山群為主的地質以及動植物資料,而中心最著名的是後方的蓼原濕原,這個高山濕地位於海拔超過 1,000 米之上,更是世界重要濕地之一。濕原有多樣化的植物,例如蘆葦、芒草等。中心附近有多條登山和散策路線,有時間不妨走走。

▲秋天隨風舞動
的芒草。

▲長者原遊客中心。

▶可沿木橋走
進芒草裏。

▲在長者原上可欣賞到九重山的美態。

Info

- 🏠 大分縣玖珠郡九重町大字田野 255-33
- 🚗 1. 由大分市駕車約 1 小時 15 分鐘,或由湯布院 IC 駕車約 40 分鐘
  2. 可在由布院乘 JR 至豐後中村站 (約 21 分鐘),乘九重町コミュニティ巴士九重橫斷線,在九重登山口みやま站下車
- 🕐 09:00~16:00(5月至 10 月延遲至 17:00 休息),12 月 29 日至 1 月 3 日休息　☎ 0973-79-2154
- 🌐 kyushu.env.go.jp/nature/tyojyabaru
- ❗ 泊車:免費

Tips

遊客中心旁的登山D(冬季關閉)

在遊客中心旁有座「長者原健康中心(九重登山口)」[長者原ヘルスセンター(くじゅう登山口)],這個中心是登上九重連山的入口。中心內有食店及商店,2 樓更有天然溫泉(￥350、HK$27)。

▶長者原健康中心
(九重登山口)。

Info

- 🕐 約 08:00~17:00(部分日子營業時間或變更)
- ☎ 0973-79-2244

(文字:IKiC)

(文字:IKiC,攝影:蘇飛)

春夏觀瀑布熱點 龍門瀑布

龍門の滝 🕐 地圖 P.217 　MAPCODE 269 370 602*45

龍門瀑布在大分自動車道北面,是兩段式的瀑布,兩處落差各 20 米,春、夏期間水流量較多,吸引大批遊客前來,是熱門的觀瀑地方。因瀑布的落差幅度不算太大,坡度和緩,不少遊客更會來到這裏嬉水,嘗試「滑瀑布」。瀑布周圍有不少小賣店,看完瀑布可買土產。不過,秋冬時瀑布水量不多,顯得比較冷清。

▲龍門瀑布。

Info

- 🏠 大分縣玖珠郡九重町松木龍門
- 🚗 從大分市駕車約 1 小時 25 分鐘;從由布院駕車約 40 分鐘;從九醉溪或一目八景車約 30 分鐘
- ❗ 泊車:免費

▲附近有不少小賣店。

Tips

日本 VS 中國的龍門瀑布

宋朝時,東渡日本弘法的蘭溪道隆禪師來到這兒,覺得這條瀑布與中國的龍門瀑布十分相似,便將瀑布命名為龍門の滝,還在附近建設龍門寺呢。

(文字:IKiC,攝影:蘇飛)

7.6

漫步古式坂道

杵築市、宇佐市

杵築市位於九州東面，與大分市分隔於兩方。1603年的江戶時代，杵築藩的松平氏在此建設了城下町，整個城下町的面貌保存至今，讓杵築市成為一個充滿古色風情的旅遊景點。來到杵築，必買特產有豐後梅、紅茶等。另外，本部分還會介紹離杵築市不遠的宇佐市，那兒有動物公園，是不錯的親子遊景點。

● 大分縣杵築市觀光協會：www.kit-suki.com

前往交通

1. JR 博多站 ── 1 小時 50 分鐘 • ￥5,500(HK$324) ── JR 杵築站

2. JR 別府站 ── 13 分鐘 • ￥980(HK$58) ── JR 杵築站

3. JR 大分站 ── 22 分鐘 • ￥1,410(HK$83) ── JR 杵築站

4. **自駕：** 由別府自駕前往杵築需時約 40 分鐘，市內主要景點都提供免費泊車服務。自駕的朋友可先到「杵築ふるさと產業館」(P.227)，此處亦為杵築的觀光案內所，可在這兒獲得城下町的地圖與有用資料。

市內交通

抵達 JR 杵築站後，轉乘巴士前往杵築巴士總站 (杵築バスターミナル)，從巴士總站步行至城下町各個景點。乘巴士需時約 10 分鐘，成人車費為 ￥290(HK$22)。
巴士時間表詳情可參考：www.oitakotsu.co.jp/bus/rosen(以五十音「き」查詢)。

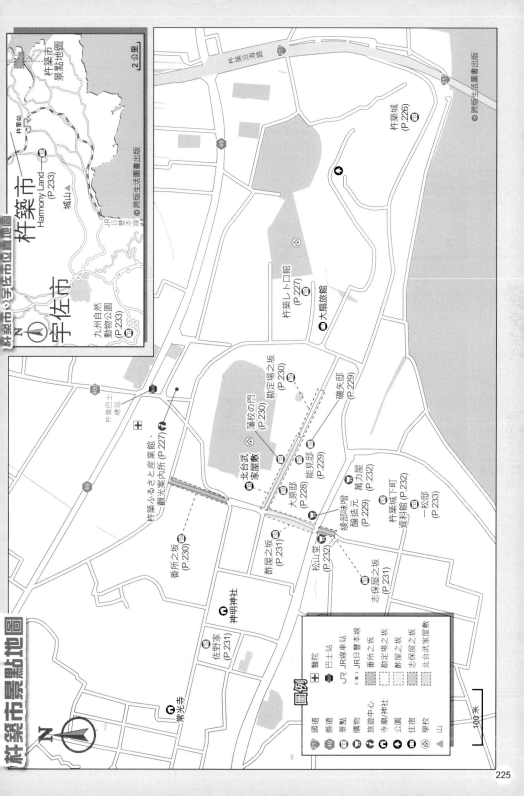

杵築市景點地圖

N

杵築市・宇佐市區畫地圖

N

九州自然
動物公園 (P.233)

宇佐市

杵築市

杵築市
景點地圖

Harmony Land
(P.233)

城山 ▲

杵築站
JR

JR日豐本線

© 跨版生活圖書出版

2公里

杵築沿海路

49

杵築城
(P.226)

杵築レトロ館
(P.227)

大原旅館

105

49

杵築巴士
總站

杵築ふるさと産業館、
觀光案内所 (P.227)

藩校の門 (P.230)

勘定場之坂
(P.230)

磯矢邸
(P.229)

北台武
家屋敷

能見邸 (P.229)

番所之坂 (P.230)

酢屋之坂
(P.231)

大原邸
(P.228)

綾部味噌
釀造元
(P.229)

萬力屋
(P.232)

杵築城下町
資料館 (P.232)

一松邸 (P.233)

松山堂
(P.232)

志保屋之坂
(P.231)

佐野家 (P.231)

神明神社

常光寺

© 跨版生活圖書出版

圖例

- ⊞ 醫院
- 🚌 巴士站
- JR線車站
- JR JR日豐本線
- ▦ 番所之坂
- ▦ 勘定場之坂
- ▦ 酢屋之坂
- ▦ 志保屋之坂
- ▦ 北台武家屋敷

- 🔷 國道
- 49 縣道
- ▨ 景點
- ▣ 購物
- 🏣 旅遊中心
- ⛩ 寺廟/神社
- 🔵 公園
- ▤ 住宿
- ▨ 學校
- ▲ 山

100米

225

Part
7

福岡縣
大分縣
熊本縣
長崎縣
佐賀縣
宮崎縣

700 年古城美景 杵築城 地圖 P.225 MAPCODE 878570348

☑杵築城下町共通券適用 (杵築城 + 大原邸 + 資料館本館 + 一松邸 + 磯矢邸 + 佐野家 + 重光家)

杵築城建於 1393 年，至今已有接近 700 年歷史，一直在小山丘上默默守護杵築城下町。杵築城最初建於室町時代，其後幾經交接，至松平氏因幕府政權結束而宣告終結。現時山丘附近的城山公園對外開放，杵築城亦成為杵築其中一個最多人參觀的景點。

▲杵築城天守閣有三層高，頂樓的天守可眺望整個杵築市。

◀城外有一個圓形高台的站，在上面可遠眺瀨戶內海的風光。

▲通往杵築城的路環境舒適怡人，在秋天更開滿紅葉。

▲城內展示了古時遺留下來的鎧甲與兜。

▲名門能見家所捐贈的展品，圖為古時的日本轎子。

◀公園內展示了不同時期的石塔。

Tips　有興趣的話可租借和服（¥3,000，HK$227）遊走杵築城下町，免費進入不同觀光設施，用餐更可獲折扣或禮物。

▲登上天守閣，可以清楚飽覽杵築的美景。

Info
🏠 大分縣杵築市杵築 16-1
🚌 由 JR 杵築站乘巴士抵達杵築巴士總站，從杵築巴士總站步行約 15 分鐘
🕐 09:00~17:00
📞 0978-62-4532
💲 一般 ¥400(HK$24)，初中生、小學生 ¥200(HK$12)，另可購買杵築城下町共通券，一般 ¥1,200(HK$71)，初中生、小學生 ¥600(HK$35)
🌐 www.kit-suki.com/tourism
❗ 泊車：免費

拿齊資料再出發 杵築ふるさと產業館 🕐 地圖 P.225

產業館內出售杵築特有的土產，也是杵築的旅遊據點。產業館內有一個小小的觀光案內所，遊客可在此得到最新旅遊資訊及取得杵築城下町的地圖。

杵築ふるさと產業館。

▲店內可買到杵築的特產，如豐後梅、紅茶等。(相片由杵築市觀光協會提供)

▶產業館前的泊車處顯示了整個城下町的所在地，免費停車場地方的對自駕人士非常有用！

Info

🏠 大分縣杵築市大字杵築 665-172
🚌 由 JR 杵築站乘巴士抵達杵築巴士總站，從杵築巴士總站步行約 10 分鐘
🕐 09:30~17:30，12 月 31 日至 1 月 2 日休息
📞 0978-62-2000

2,000 件玩具雜貨珍藏 杵築レトロ館 🕐 地圖 P.225

遠遠看到多啦 A 夢還有牛奶妹，還以為是玩具店，其實是「杵築レトロ館」。由有田鎮雄先生開設，內裏展出他珍藏多年的唱片、玩具、文具與雜貨，數量多達 2,000 件，全部都具有昭和時代的風味。一邊喝館內附送的飲料，一邊細細回味兒時的片段也不錯。

▲杵築レトロ館位於杵築城一帶。

Info

🏠 大分縣杵築市大字杵築字多門 6-2
🚌 由 JR 杵築站乘巴士抵達杵築巴士總站，從杵築巴士總站步行約 7 分鐘
🕐 10:00~17:00，逢周二、年末年始休館
📞 0978-63-5228
💲 一般 ￥500(HK$38)，3 歲至初中生 ￥300(HK$23)，附送飲料一杯
❗ 泊車：免費

▲館內所有物品為有田先生多年來的珍藏。(相片由杵築市觀光協會提供)

▶連舊式的電單車、汽車都有，很厲害啊！(相片由杵築市觀光協會提供)

7.7

緬懷舊日情
豐後高田市

豐後高田市於 2005 年由西國東郡真玉町及香地町合併而成，位於大分縣北部國東半島的西北位置，人口約為二萬多人。雖然今日的豐後高田市是寧靜小鎮，但在昭和40 年代卻擁有國東半島最繁華的商店街。現時商店街被改建為昭和之町，成為人們懷緬舊日的觀光點，也讓國外遊客可以在此感受到昭和時代的日本情懷。本書主要介紹市內的昭和之町。

● 大分縣豐後高田市：www.city.bungotakada.oita.jp

前往交通

1. 先乘 JR 往宇佐站，JR 交通見下：

A. JR 博多站 —— 1 小時 35 分鐘 • ￥4,660(HK$274) —— JR 宇佐站

B. JR 別府站 —— 30 分鐘 • ￥1,610(HK$95) —— JR 宇佐站

C. JR 大分站 —— 39 分鐘 • ￥2,130(HK$125) —— JR 宇佐站

2. 再由 JR 宇佐站往豐後高田市：

 JR 宇佐站 —— 乘巴士 • 約 15 分鐘 • ￥250(HK$19) —— 豐後高田バスターミナル (巴士總站)

重現繁華 昭和の町 ⏱ 見北九州景點及 JR 鐵路大地圖 MAPCODE 459487507

雖然現在已經繁華落盡，但從江戶時代至明治時期，豐後高田市的中心商店街繁榮昌盛。2001 年，豐後高田市決定打造昭和の町，務求把昭和時代繁華的商店街重現觀光客的眼前。現時昭和の町內有超過 30 多間店鋪，並吸引超過 27 萬觀光客到訪。想重溫日本昭和時代的遊客，一定會有興趣到此一遊。

► 經典的紅色郵筒也可在此找到。

► 充滿昭和風情的入口。

◄ 昭和之夢町三丁目館內重現昔日昭和時代的街道。

Info

🏠 大分縣豐後高田市新町 989-1
🚌 從 JR 宇佐站乘往「豐後高田バスターミナル」的巴士，在豐後高田站下車，車程約 15 分鐘
🕐 平日 10:00~16:00，周六・日 09:00~17:00
📞 0978-23-1860
💲 昭和之夢町三丁目館＋駄菓子屋之夢博物館 共通券：成人 ¥640(HK$47)，中・小學生 ¥450(HK$33)
🌐 www.showanomachi.com
❗ 泊車：每次 ¥300(HK$23)，頭 30 分鐘免費

（相片由大分旅遊協會提供）

▲ 駄菓子屋之夢博物館展出許多日本人兒時的糖果與玩具，當中你會否發現眼熟的東西呢？

別府市

由布市

大分市

中津市

九重町

杵築市、宇佐市

豐後高田市

Part 8
熊本縣

　　熊本縣 (Kumamoto) 位於九州中部，古時被稱為肥後國，並因著名的阿蘇火山位於縣內，亦有火之國之稱。熊本縣內的旅遊景點眾多，除了阿蘇火山，還有日本三大名城之一的熊本城，再加上熊本吉祥物——黑熊 Kumamon(くまモン) 近年在日本人氣急升，頓時讓熊本成為到九州必到之處，連北九州 JR Pass 也把熊本納入使用範圍，前往方便。

由各縣前往熊本 (以 JR 熊本站為終點站) 的交通

出發地	JR 車程 / 車費	高速巴士車程 / 車費
福岡 (博多站)	38 分鐘 / ￥4,700(HK$276)	2 小時 36 分鐘 / ￥2,500(HK$147)
佐賀	47 分鐘 / ￥4,430(HK$261)	——
長崎	2 小時 16 分鐘 / ￥8,310(HK$489)	3 小時 30 分鐘 / ￥4,200(HK$247)
宮崎	3 小時 40 分鐘 / ￥10,650(HK$626)	3 小時 44 分鐘 / ￥4,720(HK$278)
大分	2 小時 30 分鐘 / ￥11,150(HK$656)	4 小時 23 分鐘 / ￥3,700(HK$218)

註：不同時間開出的 JR 班次車程及車費不一，上表摘自較快班次的資訊。

8.1

火熱名城

熊本市

熊本市為熊本縣的縣廳，也是九州第三大城市以及日本著名的三大名城之一。熊本市擁有不少著名景點，例如本妙寺、水前寺成趣園，以及最熱門的熊本城。此外，不少遊客會以熊本市為主要停留地，再順帶遊覽鄰近的阿蘇火山等景點，貫通福岡與鹿兒島的九州 JR 亦必經熊本市，確實是自遊行旅客的首選據點。

🔍 熊本市觀光手冊：kumamoto-guide.jp/tw

前往交通

 ─────── 約 38 分鐘・￥4,700(HK$276) ───────▶ 🚆

JR 博多站   **JR 熊本站**

註：市電熊本站就在 JR 熊本站東口對出，一出站口便能看到。

要暢遊熊本，最方便的當然是使用熊本市電穿梭各個景點。熊本市電全部於地面行駛，只有 A、B 兩條路線，車站名稱全部皆為漢字。乘搭方法為先從市電後方上車，按鈴示意下車，並於下車時付款或出示一日乘車券便可，簡單方便。

▶ 車頭列明電車系統的號碼 (即 A 或 B 線)、顏色與總站名稱。

Info

🕐 營運時間 05:50～24:09，班次約數分鐘至十多分鐘一班

💲 成人每程 ￥170(HK$13)，小童每程 ￥90(HK$7)，另有一日乘車券，當天可無限次乘搭

熊本市電一日乘車券 (市電全線有效)	成人 ￥500(HK$38)
	小童 ￥250(HK$19)
電車・巴士共通一日乘車券 (任乘市電、電鐵電車、產交巴士、電鐵巴士、熊本都市巴士)	按不同區間指定＂而收費 (分區間指定 1、2 及熊本縣內版)，成人 ￥700～2,000(HK$53～152)，小童 ￥350～1,000(HK$26～76)

＂「區間指定」即一日券可達範圍，詳見 www.kotsu-kumamoto.jp/kihon/pub/detail.aspx?c_id=8&id=12&pg=1

註：一日乘車券購票地點在 JR 熊本站的觀光案內所、市電或巴士內

🏠 www.kotsu-kumamoto.jp

Tips 另外，熊本有款名為「電鐵」的列車行走熊本市郊一帶，一般遊客較少使用。不過電鐵不時會有特別列車行走，例如車身塗上熊本熊的特別車。詳情可瀏覽：www.kumamotodentetsu.co.jp

熊本市電路線圖

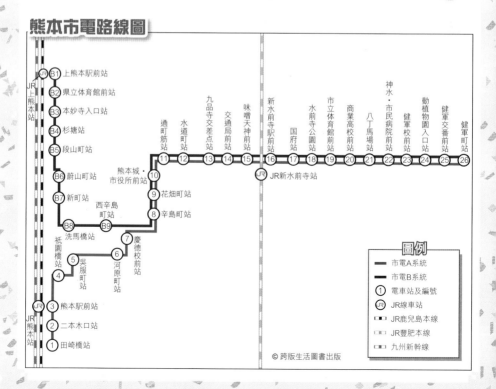

B1 上熊本駅前站
B2 県立体育館前站
B3 本妙寺入口站
B4 杉塘站
B5 段山町站
B6 蔚山町站
B7 新町站
B8
B9

JR 上熊本駅

通町筋站
水道町站
九品寺交差点站
交通局前站
味噌天神前站
新水前寺駅前站
国府站
水前寺公園站
市立体育館前站
商業高校前站
八丁馬場站
神水・市民病院前站
動植物園入口站
健軍校前站
健軍交番前站
健軍町站

11 12 13 14 15 16 17 18 19 20 21 22 23 24 25 26

熊本城・市役所前站 10
花畑町站 9
辛島町站 8
西辛島町站
洗馬橋站
祇園橋站
慶德校前站 7
河原町站 6
吳服町站 5
4
熊本駅前站 3
二本木口站 2
田崎橋站 1

JR 熊本站
JR 新水前寺站

圖例

━━━	市電 A 系統
━━━	市電 B 系統
①	電車站及編號
JR	JR 線車站
▪️▪️▪️	JR 鹿兒島本線
▪️▪️▪️	JR 豐肥本線
▪️▪️▪️	九州新幹線

© 跨版生活圖書出版

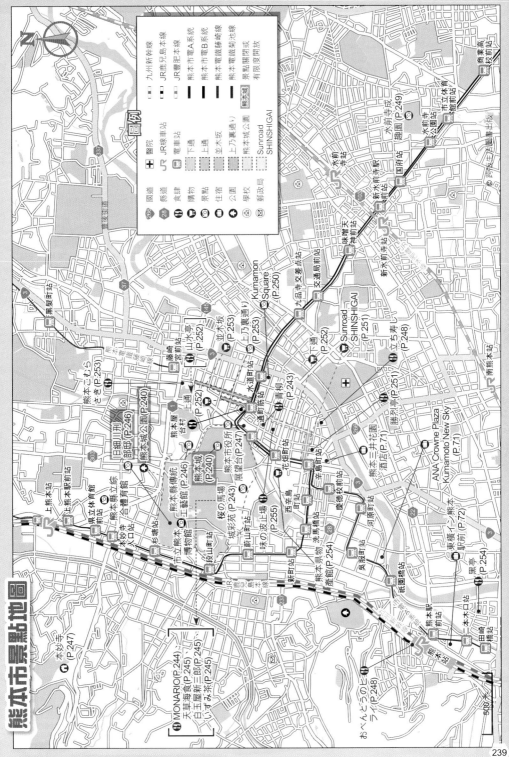

熊本市景點地圖

凡例

九州新幹線
JR鹿兒島本線
JR豐肥本線
熊本市電A系統
熊本市電B系統
熊本電鐵藤崎線
熊本電鐵菊池線
景點開放
有限度開放
熊本城

醫院
JR JR線車站
電車站
下通
上通
並木坂
上乃裏通り
熊本城公園
Sunroad SHINSHIGAI

國道
縣道
食肆
購物
景點
住宿
公園
綠地
學校
郵政局

MONARI(P.244)、
天草海食(P.245)、
白玉屋新三郎(P.245)、
いずみ茶(P.245)

Kumamon Square (P.250)

味噌天神前站

水前寺站
新水前寺站前站
新水前寺站

水前寺
水前寺公園 (P.249)

市立體育館前站

商業高校前站

九品寺交差点站
交通局前站

山水亭 (P.252)
藤崎宮前站
並木坂 (P.253)
上乃裏通り (P.253)

Sunroad SHINSHIGAI (P.251)

立ち寿し (P.248)

熊本ごたうら
ささ (P.253)

(旧細川刑部邸)(P.246)
熊本城公園(P.240)

下通 (P.252)

水道町站

青柳 (P.243)

通町筋站

熊本屋台村 (P.252)

勝烈亭 (P.251)
熊本三井花園 酒食(P.71)

熊本城(P.240)

熊本城傳統
工藝館 (P.246)

熊本市役所
展望台 (P.247)

花畑町站

辛島町站

慶徳校前站

ANA Crowne Plaza
Kumamoto New Sky (P.71)

熊本井(P.72)
駅前

東横イン
駅前

桜の馬場
城彩苑 (P.243)

西辛島
町站

本妙寺
(P.247)

上熊本站

正熊本站
前站

縣立體育
館前站

本妙寺
入口站

杉塘站

市立熊本
博物館

段山町站

蔚山町站

味の波止場 (P.255)

熊本縣立綜
合體育館

熊本縣立
美術館

新町站

熊本果物
產館 (P.254)

吳服町站

河原町站

祇園橋站

熊本站
前站

一本木口站

田崎橋站
二本木口站

おべんとうのヒト
ライバ (P.248)

本妙寺
(P.247)

本妙寺駅前站

熊本城
(P.240)

黑亭 (P.254)

熊本駅

南熊本站

黒髪町站

500米

239

地震後熊本城遊覽路線

　　2016 年熊本地震時，熊本城受到大規模損毀，天守閣和一些城牆的磚、瓦都有剝落和倒塌的情況，預計需時多年才能全部修復。雖然現時熊本城部分區域可以進入，遊客只可以走指定路線。以下為大家介紹地震後遊覽熊本城的路線：

1.

▲在市電熊本城．市役所前站下車後向熊本城的方向走，會先見到受損毀的長塀，沿路向前走，會到達桜の馬場 城彩苑 (P.243)。

2.

▲桜の馬場 城彩苑的盡頭有一條天橋和樓梯，繼續拾級而上。

3. 來到南口售票處，購票後沿著天橋直行，途經「數寄屋丸二樓御廣間」、「二樣之石垣」、「連續枡形」、「重要文化財產櫓群」，可在天橋上拍攝景點。

4. 穿過地下通道「黑暗通道」，來到「天守閣」前。

▲跟隨指示牌到達加藤神社，亦可以看到「宇土櫓」。

6. 往北口售票處走，可看到「宇土櫓」。

5. 參觀「天守閣」內部展覽廳。

8. 遊客亦可圍繞熊本城周遭遊覽。

(圖：Pak)

遊覽熊本城路線圖

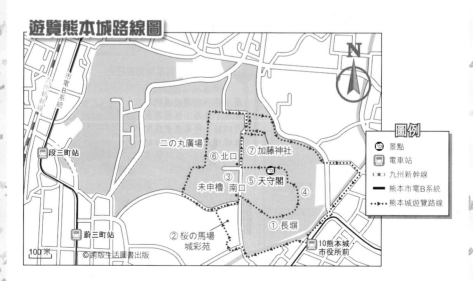

互動展覽館 桜の馬場 城彩苑 地圖 P.239 MAPCODE 29 489 021

桜の馬場 城彩苑分為兩部分，分別為展覽館湧湧座及售賣土產、小食的櫻之小路。

湧湧座樓高兩層，展示了熊本城的建造者加藤清正的資料，還有熊本城的古今歷史。館內強調互動關係，如熊本城的今昔物語採用了最新科技，參觀者踏上現代熊本城的地圖時，地圖隨即展示古時同一地點的風景與歷史，非常有趣！

館內還可免費體驗乘轎及穿和服拍照，給人回到舊時的感覺。

▲ 城彩苑的入口。

◀ 由高處望下，可以感受到城彩苑昔日作為城下町的繁華景象。

▲ 位於櫻之小路中央的廣場，不時有古代武將表演。

◀ 館內有模型展示了古時細川家的歷史。細川家（或細川氏）是日本的武家氏族，他們在江戶時代為熊本藩藩主。

▲ 湧湧座的 2 樓不時播放短劇與影片，而在入口處則展出動畫影片的主角模型。

◀ 可免費穿和服，並拍照留念。

熊本市

玉名市

菊池市

阿蘇市

天草市、宇城市

人吉市

火紅走廊 旧細川刑部邸 ⏱ 地圖 P.239 🍁賞紅葉

旧細川刑部邸位於熊本城三之丸跡附近，為高級武士細川刑部家的故居。宅邸總面積達 990 平方米，為現存日本國內少數的高級武屋敷，並於昭和 60 年 (1985 年) 被熊本縣指定為珍貴的文化遺產。

必讀！
受 2016 年熊本大地震影響，目前關閉。

▲ 進入宅邸參觀前，需要先在玄關脫鞋。

▲ 旧細川刑部邸外的長廊，秋天時開滿紅葉，形成一條火紅的走廊。

▲ 原來古時的人已懂得善用空間，往 2 樓的樓梯是儲物用的抽屜，果然是個好主意！

▲ 宅邸內的銀之間，又叫春松閣。

Info
- 🏠 熊本縣熊本市中央區古京町 3-1
- 🚈 市電「10 熊本城 • 市役所前站」下車再步行約 10 分鐘
- 🕐 留意官方公佈
- 📞 096-352-5900
- 💲 收費以官方公佈為準

獨有工藝品 熊本縣傳統工藝館 ⏱ 地圖 P.239 MAPCODE 29 490 453

熊本縣傳統工藝館於昭和 57 年 (1982 年) 開館，一直以推廣熊本縣傳統工藝為己任。熊本縣自古代至今有多項獨有的工藝品，例如江戶時代八代市以製作刀劍聞名；人吉與球磨一帶以精細木工製作出不同的廚具或置物用具得名；天草地區的竹製品也得到很高的評價，這些值得欣賞及保留的工藝都可在工藝館內看到。

▲ 工藝館不時舉辦不同主題的展覽。

Info
- 🏠 熊本縣熊本市中央區千葉城町 3-35
- 🚈 市電「10 熊本城 • 市役所前站」下車再步行約 6 分鐘
- 🕐 09:30~17:30，逢周一 (若遇公眾假期順延一天)、12 月 28 日至 1 月 4 日休館
- 📞 096-324-4930
- 💲 成人 ¥210(HK$16)，大學生 ¥130(HK$10)
- 🌐 kumamoto-kougeikan.jp

熊本市

玉名市

菊池市

阿蘇市

天草市、宇城市

人吉市

日蓮宗最大寺廟 本妙寺 地圖 P.239 MAPCODE 29 518 540*83

本妙寺建於 1585 年，由加藤清正 (初代熊本藩主) 為了祭祀其父加藤清忠而建。
本妙寺最初建於熊本城內，但在慶長 19 年遭受火災而燒毀，便移至現址重建，為日本
主要佛教宗派「日蓮宗」最大的寺廟。
本妙寺內的寶物館收藏了大量加藤清正
與細川家的遺物，包
括文書、書畫、工藝
品、鎧兜等，不少更
被列為國家重要文化
財。另外，於淨池廟
拾級而上，經過 300
段石階後可參觀加藤
清正的銅像。

▶本妙寺的大本堂。

▶淨池廟本殿與寶物
館位於大本堂旁的石
梯上。

▲從市電本妙寺前站下車拾級而
上，便能看到宏偉的仁王門。

◀通往本殿的參道上，兩旁種滿銀杏樹。

Info
🏠 熊本縣熊本市花園 4-13-1
🚃 市電「B3 本妙寺入口站」下車步行約 10 分鐘
🕐 本堂 06:00~17:00；寶物館 09:00~16:30
📞 096-354-1411
💲 免費，寶物館 ￥300(HK$23)，大學生、高中生 ￥200(HK$15)，
　初中生、小學生 ￥100(HK$7)
🌐 www.honmyouji.jp ❗ 泊車：免費

從另一角度看熊本城 熊本市役所展望台 地圖 P.239

除了熊本城內的二之丸廣場和加藤神社外，其實熊本城外也有 MAPCODE 29 460 846
一個能夠清楚遠眺天守閣的地方，那就是熊本市役所展望台了。展望台位於熊本市役
所 14 樓，雖然是隔着玻璃，但遊客從這裏可以清楚地看到天守閣，甚至是整個熊本城
的輪廓，有些當地人還會坐在椅子上，向熊本城的方向眺望一整天，緬懷昔日宏偉的
古城。展望台還有展板及海報，清晰地向訪客解釋熊本城的受災和修
繕情況，就如一間介紹熊本城的
博物館。

▶講解熊本
城受災情況
的展板。

◀升降機上 14 樓的展望台

進入市役所後，便可乘

▲熊本市役所。

熊本城。

很多當地人都會專程上來遠眺

Info
🏠 熊本縣熊本市中央區手取本町
　1-1 熊本市役所 14 樓
🚃 市電「10 熊本城·市役所
　前站」下車步行約 1 分鐘
🕐 平日 08:30~22:00，周六、
　日及假日 09:00~22:00
📞 096-328-2555

▲可以清楚看到整個熊本城。

(圖文：Pak)

設有機動遊戲的動物園 熊本市動植物園  見北九州景點及 JR 鐵路大地圖

MAPCODE 29 375 519

👪親子

2016 年熊本地震後，熊本市動植物園基於安全理由，便把園內大部分動物遷走，直至 2018 年底園內的設施修復妥當，動植物園才重新開業。熊本市動植物園除了有企鵝、北極熊和獅子等比較罕見的動物外，最特別的是園內設有各種機動遊戲設施，例如摩天輪、咖啡杯和飛天鞦韆等，遊客還可以乘搭小火車和迷你單軌電車繞園一圈，保證小朋友玩得開心！

▲動植物園入口。

▲飛天鞦韆和摩天輪。

▲可愛的企鵝。　　▲長頸鹿。

◀大象。

▲遊客可選乘小火車遊園。

Info
- 🏠 熊本縣熊本市東區健軍 5-14-2
- 🚃 市電「24 動植物園入口」下車步行約 10 分鐘
- 🕐 09:00~17:00：周一休息（每月第 4 個周一及假日照常開放，並改為翌日休園）；年末年始
- 💰 成人 ¥500(HK$29)，初中生或以下 ¥100 (HK$7)；機動遊戲每次 ¥200(HK$14)
- 📞 096-368-4416
- 🌐 www.ezooko.jp/one_html3/pub/default.aspx?c_id=5

（圖文：Pak）

探訪熊本熊 Kumamon Square

くまモンスクエア　⏱地圖 P.239　MAPCODE 鶴屋東館 29460772*65

　　紅透半邊天的熊本熊於熊本市設立了 Kumamon Square(熊本熊廣場)，除了出售限定的熊本熊紀念品外，熊本熊部長每逢周一、三、五、六、日及假期都會出現館內 (有時更一連 7 天，詳見官網くまモン部長當值時間)，與公眾見面，一起做體操！熊本熊出現時，館內會實施人潮管制，若想與部長一起做體操，建議於表演開始前 30 分鐘排隊等候

入場。體操時間約 15 分鐘，結束後部長會返回辦公室，這時大家可排隊進入辦公室，與部長近距離見面，而部長會親自遞上卡片。無論你是不是熊本熊的粉絲，都不要錯過這個難得的機會！

▲來熊本，怎能不來拜訪熊本熊呢？

▶部長出場了！

◀體操結束後別忘了與熊本熊見面，還可由熊本熊手上得到限定的卡片！

▲琳瑯滿目的熊本熊精品。

◀布偶，格外威風！

◀騎着電單車的熊本熊

Info
- 🏠 熊本縣熊本市中央區手取本町 8-2 鶴屋百貨東館（テトリアくまもとビル）1F
- 🚃 市電「12 水道町站」下車步行約 1 分鐘
- 🕐 10:00~17:00
- 📞 096-327-9066
- 🌐 www.kumamon-sq.jp

繁華街道 Sunroad SHINSHIGAI ⏱ 地圖 P.239 | MAPCODE 29460421

Sunroad SHINSHIGAI(Sunroad 新市街) 於明治 36 年 (1903 年) 完成，一直以來都是熊本市內最繁華的街道之一。明治時代末期，隨熊本市電開始運行，新市街內大小商店與電影院林立。從 Sunroad 新市街一直往前走，於 Best 電器店左轉的話，更可以直接通往下通 (P.252) 與通町筋站，非常方便。

Info
🏠 熊本縣熊本市中央區新市街
🚋 市電「8 新島町站」下車即達
🌐 www.shinshigai.com

▶ Sunroad 新市街內擁有不少食店與老鋪，當中一些還選保留着昭和時代的味道。

Sunroad SHINSHIGAI 美食推介

知名炸豬扒老店 勝烈亭 ⏱ 地圖 P.239

於昭和 50 年 (1975 年) 創業的勝烈亭，可説是熊本市最有名的炸豬扒餐廳之一。勝烈亭的人氣美食是鹿兒島的六白黑豚炸豬扒定食，厚身的豬扒肉質香軟，加上店家獨創的醬汁讓人一試難忘！定食的白飯、椰菜與紅味噌湯可隨意添加，吃飽後可在自助區飲咖啡或茶。

▲ 位於 Sunroad 新市街不遠處的新市街本店。此外，還有一間南熊本店，位於 JR 南熊本站附近。

▲店內特製的兩種醬汁：元祖洋風汁與特製和風汁。

▲上等豬扒定食 (上ロースかつ膳)，140g 每客 ¥1,800 (HK$106)。

▶想一嘗六白黑豚的美味可選六白黑豚ロースかつ膳，180g 每客 ¥2,800(HK$165)，豬肉較為肥美。

Info
勝烈亭新市街本店
🏠 熊本縣熊本市中央區新市街 8-18 勝烈亭ビル 1~2F
🚋 市電「8 辛島町站」步行約 2 分鐘
🕐 11:00~21:30(最後 點 餐 21:00)，12 月 31 日至 1 月 2 日休息
📞 096-322-8771
🌐 hayashi-sangyo.jp

潮流集中地 下通 ⏱地圖 P.239

説下通是熊本市最繁華的街道絕不為過，從市電通町筋站下車的一剎那，看到往下通方向前進的人潮，已經知道那是熊本市的潮流集中地！

下通位於文京區一帶，這區集中不少高校與大學，所以這裏的商店都會以迎合年輕人口味為主。從下通可直接通往 Sunroad 新市街 (P.251)，即是可以步行至辛島町站。下通兩旁盡是商鋪，走起來充滿樂趣，也是入手潮流商品的地方。

Info
🏠 熊本縣熊本市中央區手取本町 5
🚇 市電「11 通町筋站」下車即達
🌐 shimotoori.com

特色小店林立 上通 ⏱地圖 P.239

日本的地區名稱有時改得十分直接，就像位於下通對面的就是上通。穿過上通，就能到達開滿學校的校區。上通一帶連結不同的橫街與坂道，這些街道上有許多無名小店，與一般連鎖店大為不同，各具特色。若已厭倦連鎖店的話，在這裏閒逛可能較有新意。

◀上通的入口與一般商店街無異，進去後就會發現一片新天地。

◀▲蜂樂饅頭為熊本三大饅頭店之一，名物是紅豆餡的饅頭。饅頭以蜂蜜代替砂糖調味，加上北海道十勝的紅豆，相當美味！饅頭全部以人手製作，每個 ¥100(HK$7)。(上通町 5-4，10:00~18:30，逢周二休息，096-352-0380)

Info
🏠 熊本縣熊本市中央區上通町 1
🚇 從市電「11 通町筋站」下車即達
🌐 www.kamitori.com

上通 美食推介

老字號拉麵店 山水亭 ⏱地圖 P.239 必吃

山水亭於昭和 51 年 (1976 年) 創業，為熊本的老字號拉麵店。麵店的湯頭以雞肉加上豬骨熬上 8 小時精製而成，一直深受熊本居民喜愛。除了拉麵，店內的豬肉包亦十分受歡迎，店主更特意把蒸籠移至店外，讓街上的客人可以更快及更容易買到包。若沒時間內進吃碗拉麵，買個包當作點心也不錯。

◀店外設有蒸籠賣包，每個 ¥220(HK$13)。

◀要嘗試麵店的最滋味的美食？首選麵店的山水亭拉麵（山水元祖味ラーメン），每碗 ¥660 (HK$39)。

▲店內的餃子十分有名，餃子四件 ¥330 (HK$19)。

Info
🏠 熊本縣熊本市中央區上通町 6-18
🕐 11:00~21:00，每月第 2 及第 4 個周二休息 (若遇公眾假期順延一天)
📞 096-325-1800

正宗豬骨湯底 熊本こむらさき 🕐 地圖 P.239

這家歷史悠久的拉麵店採用正宗豬骨湯底，味道特別香濃，且蛋味十足。拉麵含有熊本拉麵少不了的特色蒜味，而叉燒採用五花腩，極為美味。由 1954 年開業至今，一直是熊本縣最受歡迎的拉麵店之一。

▶店內供應多款拉麵，而鋪面以紅色為主色，相當搶眼。

Info
🏠 熊本縣熊本市中央區上通町 8-16
🚌 市電「11 通町筋站」下車步行約 5 分鐘
🕐 11:00～16:00，18:00～22:00，年末年始休息
📞 096-325-8972　💻 www.komurasaki.com

（圖文：黃穎宜）

古着與二手書 並木坂 🕐 地圖 P.239

並木坂就在上通北面，正式的名稱為上通並木坂。

並木坂設有行人專用區，配合兩旁的樹木與環境，還有古樸的老鋪、賣古着的服飾店及二手書店，讓人有一種放鬆的感覺。

▶別以為老鋪林立的街道就會顯得冷清，許多年輕人都會特意前來購買古着與二手書本。

Info
🏠 熊本縣熊本市中央區南坪井町、上林町
🚌 市電「11 通町筋站」下車步行約 5 分鐘

古着與食店 上乃裏通り 🕐 地圖 P.239

上乃裏通り是上通旁的一條小街，從日航熊本酒店開始，一直至北面熊本電鐵藤崎宮前站的 400 米通道。小街上除了有古着與食店外，還有舊式住宅建築融合在內。

▶古色古香的住宅加上由住宅改建而成的小店，便是上乃裏通り的特色之處。

Info
🏠 熊本縣熊本市中央區上通町 7 上乃裏通り
🚌 市電「11 通町筋站」下車步行約 3 分鐘

買手信不用愁 熊本縣物產館 地圖 P.239 MAPCODE 29 459 652

熊本出產的物產多不勝數，除了可在機場一次過購買外，還可以到市電花畑町站附近的熊本縣物產館。館內出售的熊本物產多達 2,500 種，不單是熊本市內的產品，就連熊本縣周邊城市的名物都可在此找到。來到這兒，可一次過買走特色手信。

◀貨品種類繁多的熊本縣物產館。

『くまモン』

▲近年日本最紅的吉祥物黑熊「くまモン」也坐陣在物產館內，為你介紹熊本最有人氣的產品。

▲店內的人氣 No.1 正是這款朱古力蛋糕，一盒八個 ¥680(HK\$52)。

▲熊本的球磨郡盛產燒酒，看這滿滿一櫃的燒酒就知道了！(未成年不可喝酒)

Info

🏠 熊本縣熊本市中央區櫻町 3-1 NTT 西日本櫻町ビル 1F

🚃 市電「9 花畑町站」下車步行約 5 分鐘

🕐 10:00~18:15，年末年始休息

📞 096-353-1168

🌐 www.kumamon-yokamon.com

熊本首選拉麵店 黑亭 地圖 P.239

湯底加入蒜調味是熊本拉麵的特色。黑亭拉麵的豬骨湯底根據熊本傳統經長時間烹調，並採用自家製的叉燒，選擇脂肪較少的肉，而且麵質較幼，是熊本縣的首選拉麵店。

▲玉子叉燒拉麵 ¥1,000(HK\$59)。

◀來黑亭吃出色的拉麵。

◀自家製叉燒拉麵 ¥1,100(HK\$65)。

Info

🏠 熊本縣熊本市西區二本木 2-1-23

🚃 市電「2 二本木口站」步行約 5 分鐘

🕐 10:30~20:30，每月逢第 3 個周四休息

📞 096-352-1648

🌐 www.kokutei.co.jp

(圖文：黃穎宜)

品嘗魚之鮮味 味の波止場 ⏱地圖 P.239

味の波止場已創業超過 30 年，店家以提供鮮魚及鄉土料理為主。料理長每天都會親自監督，從呼子及豐後水道一帶購入新鮮海產，為客人提供季節性的海鮮料理。

除了海產，店內亦提供熊本名物馬刺 (馬肉刺身)，看你敢不敢挑戰！

▲ 日本人愛把河豚鰭烤熟再放入清酒，魚香加上酒香，醇味撲鼻而來。

◀ 餐廳在不同季節設有當造燙牌，如冬天期間可品嘗到燒松茸的滋味，每客 ￥1,000(HK$65)。

▲ 店內大部分座位為和式設計。

▲ 愛蠔的朋友來嘗嘗美味的生蠔吧，兩個 ￥950(HK$72)。

Info

🏠 熊本縣熊本市中央區下通 1-5-26 第一 RIKI ビル 1F
🚃 電鐵「9 花畑町站」下車再步行約 3 分鐘
🕐 17:00～23:00
📞 096-322-9530　❗ 需於惠顧前一日 17:00 前預約

(攝影：Vivian)

▲ 來到日本，當然要捨命吃一次河豚！河豚套餐共 10 道菜，每客 ￥4,950(HK$291)。

九州最大樂園 格林主題樂園

グリーンランド遊園地 ⏱ 見北九州景點及 JR 鐵路大地圖　[MAPCODE] 69251211*57

格林主題樂園 (Greenland Amusement Park) 位於荒尾市，由 JR 熊本站附近開車前往約 1 小時 12 分鐘。它是九州最大規模的主題樂園，園內擁有超過 80 款機動遊戲，當中最矚目的是日本最大型的彩虹摩天輪！坐上摩天輪可遠眺西面的雲仙岳，天氣晴朗時更可一睹阿蘇火山的風采。園內有 10 款過山車，有些更是雨天也可乘坐！留意，在這兒玩機動遊戲需要「回数券」(每張 ￥120、HK$7)，而每項機動遊戲所需的回数券都不同。

Info

🏠 熊本縣荒尾市綠ケ丘
🚃 由 JR 熊本站乘至 JR 大牟田站，轉乘西鐵巴士於グリーンランド站下車，車程約 20 分鐘
西鉄巴士時間表
🕐 09:30～17:00(營業時間或隨季節變動，宜出發前先參閱官網)
📞 0968-66-1112
💲 一般 ￥2,000(HK$118)，小童至初中生及 65 歲或以上長者 ￥1,000(HK$59)；可加購快證入場，縮減玩遊戲的輪候時間，快證連門票 ￥3,800~6,000(HK$224~353)；另外，玩每項遊戲都需要購買「回数券」(每張 ￥120、HK$7)
🌐 www.greenland.co.jp/park
❗ 泊車：每天 ￥500(HK$38)

▲ 樂園全景。[圖片授權自日本國家旅遊局 (JNTO)]

(文字：IKiC)

正宗玉名拉麵 桃苑 地圖 P.257 MAPCODE 69 052 073*57

據説玉名拉麵是熊本拉麵的起源,而桃苑就是製作玉名拉麵的老字號,擁有超過 60 年歷史。這裏的裝潢純樸,經常看到店員與一眾熟客有説有笑,環境和氛圍都流露着懷舊的味道。顧客可以在店內吃到正宗的玉名拉麵。豚骨湯底醇厚,而麵條則採用較為軟身的直麵,掛湯之餘又能嘗到柔軟的口感,加上顧客可以根據自己的喜好,在拉麵添加炒過的蒜碎,濃濃的焦香令湯和配料更為香口,吃完會令人感到十分滿足!

▲桃苑。

◀店鋪是當地街坊的聚腳地。

◀大盛ラーメン,¥810 (HK\$48)。

Info

🏠 熊本縣玉名市繁根木 131-2
🚌 從 JR 玉名站步行約 16 分鐘或駕車約 6 分鐘
🕐 11:00~00:00;周二休息
📞 0968-72-2575

百年製醋專家 荒木直平商店 地圖 P.257 MAPCODE 69 052 057*01

荒木直平商店擁有 150 多年歷史,是縣內享負盛名的製醋專家,專門製作各種口味的飲用醋。店鋪提供的醋飲以各季當造的水果及農產品釀製而成,口味多元化,有柚子、蘋果、士多啤梨,甚至辣椒等,顧客甫進店就能見到一樽樽色彩繽紛的醋飲。

此外,親切的老闆娘還會即場把醋飲沖給顧客試味,顧客可以慢慢品嘗帶有果香味的香醇醋飲。

▲商店有種古民家大宅的氣派。

◀可以請老闆娘沖來試飲。

▲各種口味的醋飲。

◀商店還售賣各種雜貨。

Info

🏠 熊本縣玉名市高瀬 234
🚌 從 JR 玉名站步行約 19 分鐘或駕車約 7 分鐘
🕐 09:00~18:00;第 1 及第 3 個周日休息
📞 0968-72-2003

九州另一條眼鏡橋 高瀬眼鏡橋

⏱ 地圖 P.257　MAPCODE 69 022 775*14

説到眼鏡橋，大家可能會想起長崎市的著名景點 (P.300)，但其實玉名市內也有一條眼鏡橋。位於玉名市內的高瀬地區是農業集中地，1848 年，當地人為了運送農作物，便以阿蘇岩石於運河上興建了一條橋。由於橋的形狀與水的倒影結合仿如一副眼鏡，因而名為高瀬眼鏡橋。除了具有悠久的歷史意義外，橋的四周種了多種植物，是一片青蔥綠地，6 月時，橋下數百朵菖蒲花會盛開，屆時不少遊客會慕名而至，在這條古老大橋上賞花。

▶高瀬眼鏡橋。

Info

🏠 熊本縣玉名市秋丸 416
🚆 從 JR 玉名站步行約 17 分鐘
　 或駕車約 6 分鐘

炮製熊本熊文字燒 隠れ家もんじゃ

⏱ 地圖 P.257　MAPCODE 69 052 224*27

熊本熊俘虜了整個熊本縣，連玉名市也屬於他的勢力範圍之內。隠れ家もんじゃ是一家提供文字燒的小店，所謂文字燒，即是將炒熟了的材料混和高湯及麵糊的食物，口感比我們較常吃的大阪燒和廣島燒黏稠。店家不但提供明太子、梅子和泡菜等口味獨特的文字燒，還提供極受小孩和女生歡迎的熊本熊 DIY 文字燒，顧客可以在墨魚文字燒上繪畫出熊本熊的模樣，寓吃飯於娛樂！

👨‍👩‍👧 親子

▶客人可坐在坐墊上享用文字燒，極具氣氛。

▲店鋪的外型與普通民居沒甚麼分別。

▲店內張貼了客人製作的熊本熊文字燒照片。

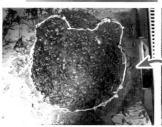

▲先用沙律醬畫出熊本熊的外型。

▲老闆娘會先炒熟文字燒的材料，然後把墨魚汁倒進材料中攪拌。

▲然後畫上眼耳口鼻。

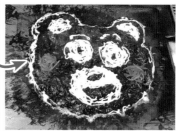

▲最後加上紅薑作為臉頰，熊本熊文字燒便大功告成 (￥900，HK$53)。

Info

🏠 熊本縣玉名市岩崎 38-1
🚆 從 JR 玉名站駕車約 7 分鐘
🕚 11:00~21:00；周一休息
📞 0968-73-9055
🔖 tabelog.com/kumamoto/
　 A4303/A430302/43005631/

邊賞櫻邊泡腳 立願寺公園

地圖 P.257

MAPCODE 69 082 155*52

　　玉名市是熊本縣內一個頗受歡迎的溫泉勝地，玉名溫泉的特點是泉水透明，弱鹼性的泉質具有改善風濕和神經痛的療效。立願寺公園是市內一個提供免費足湯的地方，很多人都會與朋友、情侶相約前往，一邊愉快地聊天，一邊泡腳。公園還種有數株櫻花樹，在櫻花盛開的季節，遊客可以賞着櫻泡腳，是放鬆身心的絕佳活動。

◄公園豎立了一雙石像。

▲公園內的足湯。

◄◄到處都煙霧瀰漫。

Info

🏠 熊本縣玉名市立願寺 572
🚗 從 JR 玉名站駕車約 9 分鐘

在櫻花樹下玩滑梯 蛇ケ谷公園

地圖 P.257　**MAPCODE** 69 111 040*81

　　想在熊本看櫻花？蛇ケ谷公園是一個不錯的賞櫻勝地。公園的面積很大，除了建有棒球場、網球場等設施，還種有多達 5,000 棵櫻花樹，賞櫻時節總會吸引無數遊客前來。此外，園內還有一條很長的滾輪滑梯，滑梯兩旁都種有櫻花樹，在櫻花時節玩滑梯，會仿如在櫻花隧道中穿梭，十分浪漫。若碰不上花期也不用失望，園內還有一個展望台，在展望台上可俯瞰整個玉名市的景色，同樣是不能錯過的景點。

◄公園入口已有多棵櫻花樹，可惜筆者到訪時尚未開花。

Info

🏠 熊本縣玉名市立願寺 1598-1
🚗 從 JR 玉名站駕車約 13 分鐘
📞 0968-72-5655

與世隔絕的美麗寺廟 蓮華院誕生寺奧之院 🕐 地圖 P.257

`MAPCODE 69 168 231*76` ❀賞梅

奧之院位於高山之上，擁有極美的景觀。院內有多個庭院，還有一大片梅林，不少人會趁着花期前來賞梅，院方每年會舉行盆梅展，讓醉心園藝的人能展出他們的作品。此外，奧之院還有五重的御堂、大菩薩像等宏偉建築，當中最著名的，莫過於重37.5噸、全世界最大的梵鐘飛龍の鐘，許多人都會專程來一睹它的風采。沿着參道一直走，最後會抵達院內的展望所，遊客不但可以在這裏俯瞰整個玉名市的景色，還能敲響緣結びの鐘許願，整個景觀和構圖皆十分浪漫！

▶院內的飛龍の鐘是世界最大的梵鐘。

▲奧之院的入口是一道刻有《心經》的門。

▲▶院內有一片大梅林。

▲適逢盆梅展，院內展覽了多棵剪裁美麗的梅樹盆景。

▶院內有一座大菩薩像。

▶五重の御堂。

▲展望所內的緣結びの鐘，是拍照打卡的勝地。

Info

🏠 熊本縣玉名市築地 1512-77
🚌 從 JR 玉名站駕車約 17 分鐘
🕐 09:00~17:00
💲 成人 ￥200(HK$14)，小童 ￥150(HK$11)
📞 0968-74-3533
🌐 www.okunoin-ren.jp

熊本市
玉名市
菊池市
阿蘇市
天草市、宇城市
人吉市

8.3

遠離煩囂的歷史重地
菊池市

菊池市位於熊本縣的北部，古時曾為世家大族菊池氏的根據地，是昔日九州的政治及文化中心。菊池市氣候溫和，水質優良，因此出產的士多啤梨巨型而甜美，備受各地人士歡迎，而菊池米亦為這裏的特產，有人更推選其為日本第一之米。菊池市擁有好山好水，菊池溪谷獲譽為日本名水百選，而菊池公園及神社則是賞櫻的好去處。此外，菊池溫泉亦有美人湯之稱，優美的環境加上富有療效的溫泉，是令人放鬆身心的好去處。

(本篇章圖文：Pak)

前往交通

 熊本駅前巴士站 　　約 1 小時 20 分鐘・￥950(HK$68) →　 菊池溫泉・市民広場前站

菊池市市內交通攻略

　　菊池市的景點與市中心有一定的距離，當中的菊池溪谷更無公共交通工具可以直達，因此自駕遊是較為適合的交通方法。可是，其實只要安排好時間和行程，乘搭在市內行走的**熊本電鐵巴士**和**九州產交巴士**，也能到達市內大部分的景點。

Info

熊本電鐵巴士
🔲 www.kumamotodentetsu.co.jp/bus
📞 096-343-3023

九州產交巴士
🔲 www.kyusanko.co.jp/sankobus
📞 096-325-0100

　　熊本電鐵巴士北1及北3號來往熊本市及菊池市，當中途經的大琳寺、中央通り及菊池溫泉・市民広場前站，都是菊池景點的所在地；而若想到小原地區吃藝術雪糕 (P.268)，則可以在菊池市中心乘搭九州產交巴士大津線，雖然班次較為疏落，但班次來回的時間是恰好能讓遊客品嘗到一杯雪糕的，因此只要編排好時間，遊覽菊池市並非自駕遊的專利。

菊池溪谷位置圖

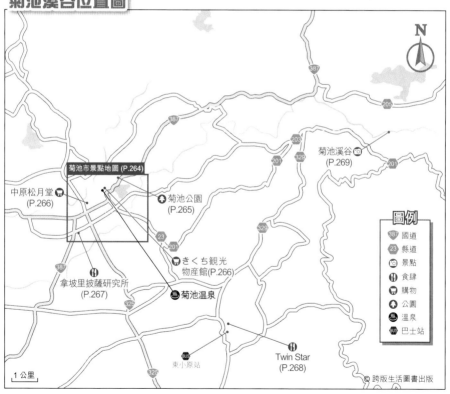

8.4

近看活火山
阿蘇市

阿蘇市位於熊本縣東北部,著名的阿蘇火山以及阿蘇九重國立公園也在這裏。阿蘇市也是熱門的泡湯好去處,有興趣的話,可參考 P.72~73 溫泉旅館的資料。

● 阿蘇市觀光協會:www.asocity-kanko.jp

熊本地震後前往阿蘇市交通

JR

自 2016 年 4 月熊本地震以後,「肥後大津站—阿蘇站」之間的 JR 路段重新開通,由 JR 博多站至阿蘇站車程約 2 小時 25 分鐘,車費為 ¥5,830(HK$343),而由 JR 熊本至阿蘇站車程約 1 小時 08 分鐘,車費為 ¥1,880(HK$111)。另外,地震時受重創的「南阿蘇鐵道」也於 2023 年 7 月全線再開,從立野到高森站都可通行,並可於立野站轉乘 JR 豐肥線。

巴士

在 JR 熊本站前乘「九州橫斷巴士」或「特急やまびこ號巴士」,在「阿蘇駅前站」下車。班次為:

- 九州橫斷巴士(必須預約):車程約 1 小時 40 分鐘,前往阿蘇站 07:33、08:03、12:13,阿蘇站往熊本 11:33、16:23、16:53;車費為 ¥1,530(HK$90)。
- 特急やまびこ號巴士:車程約 2 小時,前往阿蘇站 07:49、10:19、13:20、15:20、17:20,阿蘇往熊本 08:30、10:30、12:30、16:02、19:22;車費為 ¥1,530(HK$90)。

Info

九州橫斷巴士:www.kyusanko.co.jp/sankobus/kyushu_odan
特急やまびこ號巴士:www.kyusanko.co.jp/sankobus/toshikan/yamabiko

阿蘇市及周邊景點地圖

黑川溫泉景點地圖

黑川溫泉站

黑川どら焼き
家 どらどら
(P.280)

和風旅館
美里

風の舎案内所
(P.279)

湯峡の響
き 優彩
(P.72)

地藏堂
(P.279)

やまびこ
旅館

茶房 白玉っ子
(P.280)

いこい旅館
(P.280)

旅館ねがば

100 米

圖例

265 國道		食肆	
111 縣道		購物	
住宿		▲ 山	
景點		橋	
神社		巴士站	
旅遊中心		JR JR線車站	

南阿蘇鐵道車站

阿蘇山纜車站

••• 阿蘇山纜車線

JR豐肥本線

── 南阿蘇鐵道高森線

N

黑川溫泉
(P.278)

立山牧野

城山展望所
(P.278)

阿蘇市

阿蘇内牧溫泉
親和苑 (P.72)

阿蘇神社 (P.275)

内牧站

阿蘇站

いこいの
村站

宮地站

JR豐肥本線

波野站

御食事処坊
中亭 (P.275)

市ノ川站

赤水站

新阿蘇
大橋

敷鹿流瀑布
(P.278)

長陽
大橋

阿蘇Farm Land
(P.73)

阿蘇北登山道
(赤水線)

ASO Base
Backpackers

杵島岳
(P.273)

往生岳

栖尾岳

阿蘇山中岳
火口 (P.273)

高岳
(P.273)

根子岳
(P.273)

阿蘇火山
博物館 (P.274)

烏帽子岳
(P.273)

草千里 (P.274)

火口西站

騎馬體驗
(P.274)

中岳
(P.273)

南阿蘇鐵道
高森線

夜峰山

阿蘇山公園收
費道路

物產館自然庵(P.276)

水加工場はくすい(P.276)

長陽站

加勢站

阿蘇下田城
ふれあい溫泉站

阿蘇山ロープウェ
ー駅(阿蘇山西站)

阿蘇南登山道(吉田線)

白川水源
(P.276)

炭焼地雞の店
らくだ山
(P.277)

俵山交流館萌
の里(P.277)

南阿蘇水の生
まれる里白水
高原站

中松站

阿蘇
白川站

南阿蘇白川
水源站

見晴台站

高森站

2 公里

©跨版生活圖書出版

271

騎馬體驗 草千里 地圖 P.271 MAPCODE 256 456 710*67

位於阿蘇火山山頂附近的草千里平原是阿蘇地區另一觀光熱點，在此除了可飽覽一望無際的平原外，更可參加騎馬體驗，過程為 5 分鐘至 25 分鐘。在草原上騎馬，加上阿蘇火山作為背景，有種置身世外桃源的感覺呢！

◀馬兒整齊排列。

◀位於群山之間的草千里平原，到了秋天會被染成金黃色。

▲從草千里可遠眺高達 954 米的米塚山，這座山由阿蘇火山噴出的岩漿形成，春夏時一片綠油油，秋天則變成金黃色。

▲在大草原上騎馬漫步，很有變成俠客的感覺。

Info

- 熊本縣阿蘇市草千里ケ浜
- 從熊本市駕車約需 1 小時 30 分鐘；或在 JR 阿蘇站乘巴士「阿蘇火口線」，在草千里阿蘇火山博物館前站下車步行前往，班次見 P.272
- **騎馬體驗時間** 09:00~16:30，不同季節營業時間有所變更，12 月中旬至 2 月下旬休息
- 一人乘騎 ￥1,500(HK$114) 起，二人共乘 ￥2,500(HK$190) 起
- 阿蘇草千里乘馬クラブ 0967-34-1765

（攝影：詩人）

即時火山影像 阿蘇火山博物館 地圖 P.271 MAPCODE 256 456 770*85

阿蘇火山博物館於 1982 年開館，位於草千里平原一帶，為日本國內最大型的火山博物館。博物館共有三層，1 樓為食店與小賣店，2 樓展示了阿蘇火山與地質等資料及實物，還介紹了在阿蘇市內可找到的動植物，並設有巨大投影機連接火山口的鏡頭，為旅客提供火山即時的影像。3 樓則為映畫室，定時播放阿蘇市的自然與民族等影片。

◀在阿蘇火山博物館可以看到阿蘇山的即時動態。（攝影：詩人）

Info

- 熊本縣阿蘇市赤水 1930-1
- 在 JR 阿蘇站乘巴士「阿蘇火口線」，在草千里阿蘇火山博物館前站下車，班次見 P.272
- 09:00~17:00，每月第 4 個周二休息
- 一般 ￥860(HK$65)，小學生 ￥430(HK$36)，65 歲或以上 ￥690(HK$52)
- 0967-34-2111　www.asomuse.jp

日本三大樓門之一 阿蘇神社 地圖 P.271 MAPCODE 256 704 305*13

阿蘇神社於孝靈天皇 9 年創建，為肥後國一之宮兼舊官幣大社。神社的樓門為日本三大樓門之一，連同一之神殿、二之神殿、三之神殿、神幸門及還御門被指定為國家指定重要文化財。日本現時有 450 座阿蘇神社，而位於阿蘇市的阿蘇神社為總本社。

▲阿蘇神社為日本三大樓門之一，當然要在此留影囉！

Info
- 熊本縣阿蘇市一之宮町宮地 3083-1
- 從熊本市駕車約需 1 小時 30 分鐘，或由 JR 宮地站下車步行約 15 分鐘
- 0967-22-0064　asojinja.or.jp

（攝影：詩人）

舒適環境嘆特色小吃 御食事処坊中亭 地圖 P.271

位於 JR 阿蘇站旁的這家商店，除了出售阿蘇及熊本一帶的特色手信外，還有當地新鮮食材製成的特產及小吃。店內有寧靜舒適的食堂，讓客人可以好好坐下來品嘗美食或稍作休息。

▲可在這裏邊看電視邊品嘗美食。

▲圖為紅豆湯，若在冬季時再叫一份限定紅豆糯米餅 ￥320(HK$24)，那便十分滋味。

◀▲酥炸的肥後牛肉餅甘香鬆脆，僅售 ￥300(HK$23)。

▶來到九州，怎能不試試關東煮？

Info
- 熊本縣 JR 阿蘇站旁
- 從 JR 阿蘇站下車即達
- 0967-34-2566

（圖文：黃穎宜）

熊本市 玉名市 菊池市 阿蘇市 天草市、宇城市 人吉市

冠軍豆沙餅 黑川どら焼き家 どらどら ⏱ 地圖 P.271

「どら焼き」即銅鑼燒，而銅鑼燒就是多啦A夢最愛的豆沙餅。這店鋪的豆沙餅曾成為人氣通販網的銷售冠軍。豆沙餅的餡料使用北海道大納言最高級的紅豆「雅」製造，至今已售出超過 50 萬個。豆沙餅每個 ￥249(HK$19)，購買一個在黑川溫泉內邊逛邊吃，說不定會格外好吃！

◀ 已售出逾 50 萬 個 豆沙餅！

Info

🏠 熊本縣阿蘇郡南小國町大字滿願寺黑川 6612-2
🚌 在黑川溫泉巴士站下車再步行約 8 分鐘
🕐 09:00~18:00，不定休
📞 0967-44-1055
🌐 kurokawa-kaze.com

（攝影：詩人）

名湯秘湯百選 いこい旅館 ⏱ 地圖 P.271

日本的名湯秘湯百選之一的混浴露天風呂「龍之湯」跟女性專用露天風呂「美人湯」，都是此旅館的人氣所在。旅館設有立湯、桶湯等 14 種不同的風呂。晚餐提供特色鹽燒魚及肥後牛等地道料理。若想在黑川過一夜，不妨入住這間旅館。

▶ 旅館免費足湯旁有自助售賣的蘋果汁，方便住客邊享受足湯邊喝飲料解渴。

▲旅館內設有免費足湯，讓遊客紓緩旅途上疲勞。

▼溫泉蛋一隻 ￥50(HK$4)。

Info

🏠 熊本縣阿蘇郡南小國町黑川溫泉川端通り
🚌 在黑川溫泉巴士站步行約 3 分鐘
🕐 Check-in / out 時間：15:00 / 10:00
📞 0967-44-0552
💲 連早晚餐房價：
　 每人每晚約 ￥23,650(HK$1,391) 起
　 立湯：大人 ￥500(HK$38)，小童 ￥300
　　　 (HK$23)，使用時間為 08:30~21:00
　 風呂：40 分鐘 ￥800(HK$61)，使用時間
　　　 為 10:00~14:00
🌐 www.ikoi-ryokan.com

（圖文：黃穎宜）

QQ 湯圓 茶房 白玉っ子 ⏱ 地圖 P.271

這家風味甜品店，特色是提供多種口味的白玉湯圓，吃起來彈牙，口感十足，而且賣相討好。配上黃豆粉、小倉紅豆、芝麻、黑糖，味道更為豐富。夏天前來，更可一試透心涼的冰品。

▼湯圓 Set，每份 ￥1,050 (HK$80)。

Info

🏠 熊本縣阿蘇郡南小國町黑川溫泉川端通り
　 6600-2
🚌 在黑川溫泉巴士站下車步行約 5 分鐘
🕐 09:30~18:00(17:40 截單)
📞 0967-48-8228
🌐 www.siratamakko.com

（圖文：黃穎宜）

百多個島嶼群與世遺
天草市、宇城市

天草市位於熊本縣的西南面，由上島、下島兩個主要島嶼以及其餘 120 個大大小小的島嶼構成，被東海、有明海及八代海所包圍。雄偉的大自然景觀和漂亮的灣岸景色吸引無數觀光客前往尋秘。遊客可悠閒地乘搭觀光船，出海觀海豚及欣賞蔚藍海景。天草作為古時候對外貿易的重要據點，現時到處仍殘留濃厚的西方文化氣息。另外，宇城市方面會介紹世界遺產三角西港。

🔍 天草寶島觀光協會：www.t-island.jp

前往天草市交通

方法 **1.**
巴士班次

A. 從熊本市出發

1. 🚌 熊本交通中心 6 號乘車處# 或 🚌 JR 熊本站前 2 號乘車處 → 快速あまくさ號巴士・約 2 小時 30 分鐘・¥2,280(HK$134) → 🚌 本渡巴士中心 (本渡バスセンター)

由市電 9 花畑町站步行約 2 分鐘。

2. 🚃 JR 熊本站 → JR 三角線・約 50 分鐘 → 🚃 JR 三角站 → 步行 → ⛴ 三角港 → 天草寶島 LINE 渡輪 船程約 52 分鐘 → 下船後步行 約 15 分鐘 → 🚌 本渡巴士中心 (本渡バスセンター)

B. 從長崎市出發

建議由口之津港乘渡輪，船班較多、可載汽車，而抵達的碼頭鬼池港亦較近觀海豚的店家。苓北觀光汽船則船班較少，不提供載汽車服務。

1. ⛴ 口之津港* → 島鉄渡輪（島鉄フエリー）・約 30 分鐘 → ⛴ 鬼池港

*利用公共交通工具前往口之津港約需 3.5 小時或以上，由長崎自駕則約 1 小時 45 分鐘。這方法較適合自駕人士。

2. 🚃 JR 長崎站前 南口 → 乘搭前往北浦方向的巴士・約 27 分鐘 → ⛴ 茂木港 → 苓北觀光汽船・約 45 分鐘 → ⛴ 富岡港

口之津港 船班

茂木港 船班

（本頁圖文：沙發衝浪客）

海鮮 BBQ **天草海鮮蔵** 較適合 自駕

⏱ 見北九州景點及 JR 鐵路大地圖 [MAPCODE] 254 755 461*26

　　天草海鮮蔵 (Amakusa Kaisen-Kura) 除了提供餐食，還提供出海觀海豚的服務 (可預約)，並有各種優惠套票。天草四面環海，餐廳一年四季提供不同海產，例如鯛魚、海鰻、伊勢龍蝦、車海老等。特別推介天草鮑魚，鮑魚肉身厚實，鮮甜味美，令人一試難忘。餐廳設有戶外 BBQ 區，職員會熟練地為客人烤海鮮，並以英文介紹各種海鮮的名字和吃法。烤好後，只需灑上一點海鹽、酒或檸檬汁便非常好吃。

鮑魚海鮮燒烤套餐（あわび踊燒＆まんこら燒セット）¥3,300(HK\$194)，套餐材料按季節而定。

▶燒烤套餐有蠑螺、鮑魚、蝦、帶子、魷魚等，相當豐富。

▼てんこ盛り海鮮丼（¥1,650、HK\$97），包含六至七款海鮮刺身。

▲中間會流出海膽汁的炸海膽可樂餅（ウニコロッケ），一個 ¥330（HK\$19）。

Info

🏠 熊本縣天草市五和町鬼池 4733-1
🚌 從本渡巴士中心乘搭前往通詞島的巴士，於松原 (天草) 站下車，步行約 5 分鐘，班次很少
🕐 商店 09:00~18:00
　　餐廳 11:30~16:00
　　BBQ 場 10:00~17:00
📞 0969-52-7707
🌐 kaisenkura.com
🅿 泊車：免費

(圖文：沙發衝浪客)

從四方八面出沒的野生海豚 **出海賞海豚** 較適合 自駕

⏱ 見北九州景點及 JR 鐵路大地圖 [MAPCODE] 上船碼頭：254 750 119*73

　　天草海峽的海域屬海流交匯處，海洋生物豐富，引來不少野生海豚在此棲息，令這一帶成為著名的觀海豚勝地。一年四季都可以出海賞海豚，當地人更形容看到海豚的機率高達 99.9%，不會讓你撲空而回。天草海鮮蔵是其中一家舉辦賞海豚活動的店家。開船不久，便能看到海豚躍出水面、互相追逐，與觀光船並排同行，畫面十分有趣。旅客可參加天草海鮮蔵的觀賞團，船程需時約 1 小時，基本上每天都會開團，但會因為海面情況而臨時取消，建議出發前先確認是否成團。

參加辦法：可透過天草海鮮蔵的官網預約，或透過天草海豚資訊中心的加盟店 (其他提供出海賞海豚活動的公司) 預約。

▲出海賞海豚。

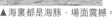

▲海豚時而在船頭出沒，時而在船兩側突然出現。

▲海裏都是海豚，場面震撼。

Tips 海鮮蔵與乘船處有一定距離，宜自行駕車前往乘船處。

Info

　由天草海鮮蔵提供的賞海豚活動
🏠 上船碼頭：熊本縣天草市五和町二江 4689-1
🚌 自駕 (由松島開車約 1 小時，由鬼池港開車約 5 分鐘，由富岡港約 15 分鐘) 或在天草海鮮蔵乘計程車或自駕前往約 4 分鐘
🕐 10:00、11:30、13:00、14:30、16:00
💲 初中生或以上 ¥3,000(HK\$176)，小學生 ¥2,000(HK\$118)，2 歲或以上 ¥1,000 (HK\$59)
🌐 kaisenkura.com/iruka

(圖文：沙發衝浪客)

世界遺產 三角西港 🕐 地圖 P.283 MAPCODE® 677 129 298*55

　　三角西港位於天草市以東的宇城市，在明治時代由荷蘭設計師與天草的石工合作，以當時最新的技術建設，為明治時期三大築港之一。三大築港只有三角西港能完整地保留至今，當時的建築物與堤壩結構以至水道都保存良好，在 2015 年三角西港整個地區被列為世界遺產。現時三角西港留下的重要建築物，包括展示了三角西港歷史資料的龍驤館，還有於 1993 年復原的浦島屋，一代文豪小泉八雲曾入住，並以此為題材寫下著名小説《夏日之夢》。

▲曾為日本其中一個重要港口的三角西港。

▶和蘭館。

◀龍驤館內展出許多有關港口的資料。

◀圖為三角西港的觀光案內所，同時是土產專賣店。

◀浦島屋是小泉八雲名作的創作舞台。

▶裏面的和室裝潢保留了舊日的風貌。

三角西港景點地圖

- 舊高田回漕店 (P.283)
- 觀光案內所 (P.283)
- 和蘭館 (P.283)
- 龍驤館 (P.283)
- 浦島屋 (P.283)
- 三角西港前站

圖例
🅘 景點
➊ 旅遊中心
🚌 巴士站

50 米
©跨版生活圖書出版

◀小賣店售賣港町出產的醬油，每瓶 ¥435(HK$33)。

Info
- 🏠 熊本縣宇城市三角町三角浦
- 🚌 從 JR 三角站（由熊本站乘 JR 約 1 小時）對面的三角產交站，乘搭シャレトル便巴士（さんばーる方向）至三角西港前站下車即達，車程約 10 分鐘
  - 巴士班次
- 💲 龍驤館：成人 ¥200(HK$15)，初中生及小學生 ¥100(HK$7)
- 🔗 ukitrip.city.uki.kumamoto.jp/sashiyori/785/

8.6

九州小京都
人吉市

　　人吉市有九州小京都的稱號，過往為來往熊本、宮崎與鹿兒島之間的交通重地，亦是旅客稍作停留歇息的地方。人吉市自有人居住來已有超過 700 年歷史，加上擁有熊本縣唯一國寶青井阿蘇神社及日本三大急流之一的球磨川，讓人吉近年成為旅遊熱門地區之一。另外，人吉市的溫泉亦相當有名，當中提供泡湯的設施接近 30 處，大部分更為公眾浴場。

前往交通

　　2020 年 7 月受大暴雨影響致八代站 (熊本縣八代市) 至吉松站 (鹿児島縣湧水町) 之間肥薩線部分鐵路損毀，於 2022 年 3 月暫停列車行駛。日本國土交通省和熊本縣共同成立「JR 肥薩線検討会議」正研究鐵路復原方案。以下為由熊本站至人吉站的替代方法。(詳細資訊可到九州産交グループポータルサイト查閱，網站：www.kyusanko.co.jp)

- 乘巴士由 JR 熊本站前到人吉 IC(車費約 ￥1,430～￥1,500(HK$84～HK$88)
  班次：06:38、07:38、08:28、09:48、12:18、14:08、14:58、15:38、17:18、18:28
- 由博多巴士總站途經八代 IC 到達人吉 IC(車費約 ￥1,430～￥1,500(HK$84～HK$88)
  班次：05:45、07:35、09:35、11:35、13:35、15:35、19:33
- 由人吉 IC 到人吉站前可乘坐「産交バス・人吉インター線」(車費為 ￥220(HK$13)
  班次：08:07、08:47、10:20、11:05、12:00、12:55、14:05、15:00、16:15、17:00、17:45

市內交通

　　人吉市內巴士不多而且班次疏落，遊覽市內大多依靠步行、租借單車或自駕。

Info

租借單車		
店家	人吉市觀光案內所 (地圖見 P.285)	ゲストハウスくまたび
地址	人吉市中青井町 326-1 JR 人吉站內	人吉市中青井町 265 番地 JR 人吉站東側
時間	09:00~17:00	09:30~17:00
收費	電動單車 2 小時內 ￥500 (HK$38)，超過 4 小時 ￥1,500 (HK$114)，憑 JR 車票可享折扣優惠	每日 ￥500(HK$38)
電話	0966-22-2411	0966-23-5011

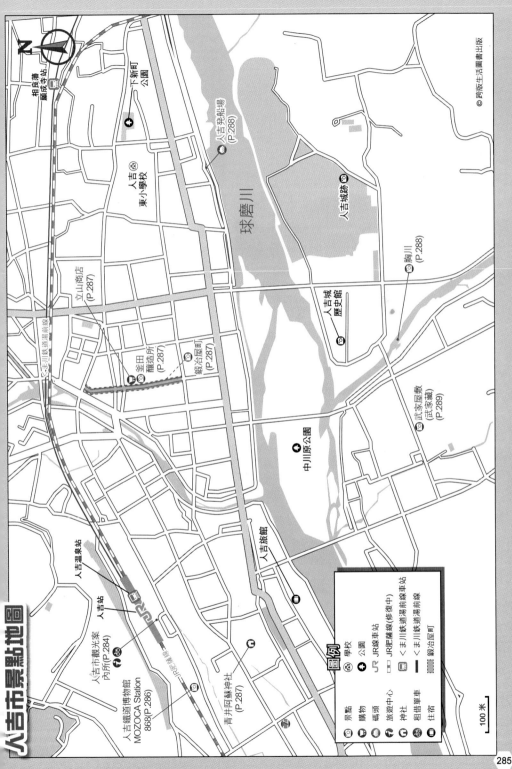

相良藩
廟成寺站

下新町

下新町
公園

人吉發船場
(P.288)

人吉
東小學校

球磨川

人吉城跡

胸川
(P.288)

立山商店
(P.287)

人吉城
歷史館

釜田
釀造所
(P.287)

鍛冶屋町
(P.287)

武家屋敷
(武家藏)
(P.289)

中川原公園

人吉旅館

人吉溫泉站

人吉站

人吉市觀光案
內所(P.284)

人吉鐵道博物館
MOZOCA Station
868(P.286)

青井阿蘇神社
(P.287)

©跨版生活圖書出版

圖例

🄯	學校	🄯	公園
🄰	JR線車站		
🄱	JR肥薩線(修復中)		
🄲	くま川鐵道湯前線車站		
━	くま川鐵道湯前線		
▨	鍛冶屋町		

景點	購物	碼頭	旅遊中心
神社	租借單車	住宿	

100 米

選購鐵道精品 人吉鐵道博物館 MOZOCA Station 868

人吉鉄道ミュージアム MOZOCA ステーション 868　🕐 地圖 P.285　MAPCODE 195 765 313*36

地圖 P.285

　　人吉鐵道博物館共有兩層，下層為肥薩線區域，展示了與肥薩線鐵路相關的用品與影像，還有以阿蘇 Boy 號主角小黑為題的兒童玩樂區。上層為圖書角，在屋頂可遠眺人吉站一帶的景色。館內設有一條小火車路線，紅色的迷你火車逢每小時的 20 分與 50 分運行，接載乘客從博物館出發，至 JR 人吉站下車，吸引不少人體驗。

▲離 JR 人吉站不遠的鐵道博物館。

▲舊日有關鐵道職員的裝備與用品。

▲館內展出不少與肥薩線相關的鐵路物品。

▲不少人吉市的傳統工藝店都在此出售與鐵路相關的精品。

▲連和歌山線的小玉也來湊熱鬧。

▲迷你火車非常可愛，座位是露天的。

▶館內設有兒童遊玩區。

▶小朋友可租借不同火車制服拍照留念，每 15 分鐘 ￥200(HK$15)。

▲畫上人吉市風景的小型地圖，每本 ￥500(HK$38)。

▲上層收藏不少與鐵路相關的繪本。

Info

🏠 熊本縣人吉市中青井町 343 番地 14
🚶 從 JR 人吉站步行約 3 分鐘
🕐 09:00~17:00，逢週三（若當日為假期則順延一天）及 12 月 30 日至 1 月 2 日休館
💲 乘搭迷你火車每次 ￥200 (HK$14)
📞 0966-48-4200
🌐 www.city.hitoyoshi.lg.jp/q/list/243.html

博物館 Facebook

人吉小京都 鍛冶屋町 🕐 地圖 P.285

　　鍛冶屋町有人吉小京都之稱，而「鍛冶屋」是鐵匠的意思。昔日這條街道上曾有多達 60 家製作鐵品為主的店鋪，至今只剩下兩間鍛冶屋，不過街上有釀製醬油的釜田釀造所與茶葉店立山商店等，讓街道洋溢江戶時代的氣氛。當中釀製醬油的**釜田釀造所**開放工廠予遊客免費參觀，遊客可免費品嘗不同的醬油與醬菜，為町內其中一間人氣商店。而**立山商店**則自明治 10 年創業，至今已有超過130 年歷史，店家的田舍番茶與人吉球磨茶均為人氣商品，讓人一試難忘。

▲鍛冶屋町內展出昔日製造的鐵器。

◀自由參觀釀造所的工場，透過玻璃窗可看到正在發酵的醬油。

▶各種醬油與醬菜均提供免費試吃。

▲以出產醬油為主的釜田釀造所。

▶嘗到喜歡的醬油與醬菜口味，不妨立即購買！

Info

🏠 鍛冶屋町
🏠 熊本縣人吉市鍛冶屋町
🚶 從 JR 人吉站步行約 10 分鐘

釜田釀造所
🏠 鍛冶屋町 45　🕐 09:00~16:00
📞 0966-22-3164
🖥 www.marukama.co.jp

立山商店
🏠 鍛冶屋町 43　🕐 09:00~18:00
📞 0966-22-2566
🖥 www.tateyamasyoten.com

日本最南的國寶 青井阿蘇神社 🕐 地圖 P.285　[MAPCODE]® 195 765 168*43

　　青井阿蘇神社於 806 年創建，現存的本殿、廊、幣殿、拜殿與樓門於 1610~1613 年間建成，現時被列為國寶，亦是日本最南端的國寶。當中樓門以茅草建成，為現時日本唯一以茅草搭建的國寶，樑柱則採桃山時代的華麗建築風格，欄間更刻上二十四孝故事。每年青井阿蘇神社都會舉行三大祭典：3 月中於神社境內的稻荷神社舉行初午祭、7 月底至 8 月中的夏越祭及 10 月初的おくんち祭，讓民眾祈求五穀豐收與子孫繁榮富庶。

▲樓門以茅草搭建而成，散發與別不同的古樸味。

▲每年 3 月，神社境內的稻荷神社都會舉行初午祭。

▲本殿同被列為國寶。

▶神社獨有的繪馬。

Info

🏠 熊本縣人吉市上青井町 118
🚶 從 JR 人吉站步行約 10 分鐘
🕐 約 08:30~17:00
📞 0966-22-2274
🖥 www.aoisan.jp

熊本市　玉名市　菊池市　阿蘇市　天草市、宇城市　人吉市

玩刺激急流！球磨川急流　⏱ 地圖 P.285　MAPCODE® 人吉発船場：195767278

球磨川急流是日本三大急流之一，在這裏可以體驗刺激的急流之旅，過程為 90 分鐘。夏季時段，分別有清流及急流體驗可以選擇，假如害怕急流體驗過於驚險刺激，只想欣賞景觀的話，可以選擇清流體驗。

冬天時，另有橡皮艇 (こたつ船) 體驗。

Info

🏠 熊本縣人吉市下新町 333-1
🚌 從 JR 人吉站步行約 20 分鐘往人吉発船場
💲 收費及登船地點：

	收費	上船地點	下船地點
清流	成人 ￥3,000(HK$176) 小學生 ￥1,600(HK$94) 3 歲至小學生以下 ￥1,000(HK$73) 3 歲以下免費	人吉発船場 (由 JR 人吉站步行約 20 分鐘)	溫泉町着船場
急流	一人 ￥7,700(HK$453)	一勝地発船場	鐮瀬着船場 (返回 JR 球泉洞站步行約 20 分鐘)
橡皮艇	租借每艘 (可坐 12 人)￥32,400(HK$2,400)	人吉発船場 (由 JR 人吉站步行約 20 分鐘)	溫泉町着船場

📞 0966-22-5555
🌐 www.kumagawa.co.jp

▲ 玩清流體驗的話，便在圖中的人吉発船場上船。

活動時間表		
	4 月、10 月	**5 月至 9 月**
急流	12:00	10:00、13:30
	3 月至 10 月	**11 月**
清流	9:00、10:00、11:00、12:00、13:00、14:00、15:00、16:00	10:00、11:00、12:00、13:00、14:00

(圖文：黃穎宜)

觀賞慢慢流淌的河水 胸川　⏱ 地圖 P.285　MAPCODE® 195 707 485*66

胸川為日本三大急流之一的球磨川其中一條支流，穿過人吉城跡與城下町一帶。相對球磨川，胸川水流較慢，遊客可欣賞細水長流的河川，是市內其中一個觀光點。

Tips

人吉與《夏目友人帳》

在 JR 人吉站的觀光案內所甚至整個人吉市，都不難發現一隻肥嘟嘟的橙白色貓咪，牠是動漫《夏目友人帳》中的主角之一貓咪老師！《夏目友人帳》講述少年夏目貴志擁有特殊靈力，憑祖母留下的友人帳與各式妖怪相遇，故事走溫情風，並以人吉市為故事舞台，吸引不少粉絲前來朝聖！

Info

🏠 熊本縣人吉市麓町
🚌 從 JR 人吉站步行約 14 分鐘

▲ 風光怡人的胸川。

武士之家 武家屋敷（武家藏） 🕐 地圖 P.285 MAPCODE 195 736 551*26

武家藏為相良藩屬下武士新宮家的故居遺址，西南戰爭期間，有維新三傑稱號之一的西鄉隆盛於此逗留長達一個月，後遭幕府軍襲擊以致整個故居遭受燒毀。現時武家藏的建築物於明治12年，由新宮家從球磨郡移居此地。屋敷正面的大門是堀合門，為人吉城於廢藩時唯一遺留下來的建築物。屋內重現了當時武士之家的裝潢與結構，庭園則於江戶末期建成，曾見於人吉花火大會的宣傳海報上。

▲武家藏旁設有一家小小的茶座，內裏掛滿《夏目友人帳》的複製原畫。

▲走進武家藏發掘歷史。

▲人吉花火大會多年來均以動畫《夏目友人帳》作為宣傳海報的主角，有一年的海報更以武家藏的庭園作為背景。

▶人吉城最後留下的堀合門。

▶武士家中還設有切腹之間，讓自己切腹時用，做武士真不容易啊！

▲武家藏為武士之家，古代武士時刻都要提防被敵人襲擊，因此家中設有秘道，讓武士通過秘道往2樓逃走。

▲古代的民家也有庭園。

Info
🏠 熊本縣人吉市土手町35
🚉 從JR人吉站步行約15分鐘
🕐 09:00~17:00，逢周二休息
💲 成人￥300(HK$23)，小童￥100(HK$7)
📞 0966-22-5493

散發歷史感 大畑站 🕐 見北九州景點及JR鐵路大地圖 MAPCODE 195 589 354

大畑站是日本唯一一個可同時觀看折返式及迂迴線這種特殊鐵路景觀的車站。由於大畑站一帶山勢險要，途經的列車需以折返式或迂迴線的方法上山，在列車以折返式行走時，其他列車必須先停靠在大畑站等候，而車站至今仍保持舊有的裝潢，極具歷史風情。

▶充滿歷史風情的大畑站。

Info
🏠 熊本縣人吉市大野町
🚉 乘搭JR伊三郎號或新平號列車會途經此站

Part 9
長崎縣

長崎縣 (Nagasaki) 位於九州西北部，是日本重要港口之一。早於 1570 年，長崎已與外國保持商貿往來，令長崎大量吸收西方文化，特別是縣內的長崎市，建有許多歐陸風格的建築。

由各縣前往長崎 (以 JR 長崎站為終點站) 的交通

出發地	JR 車程 / 車費	高速巴士車程 / 車費
福岡 (博多站)	1 小時 32 分鐘 / ¥5,520(HK$325)	2 小時 30 分鐘 / ¥2,900(HK$171)
佐賀	54 分鐘 / ¥4,100(HK$241)	——
熊本	4 小時 56 分鐘 / ¥8,310(HK$489)	3 小時 55 分鐘 / ¥4,200(HK$247)
宮崎	4 小時 56 分鐘 / ¥17,580(HK$1,034)	5 小時 32 分鐘 / ¥6,810(HK$401)
大分	3 小時 40 分鐘 / ¥11,350(HK$668)	3 小時 52 分鐘 / ¥4,720(HK$278)

註：不同時間開出的 JR 班次車程及車費不一，上表摘自較快班次的資訊。

實用！
在 Facebook 輸入「長崎新玩」
(www.facebook.com/Nagasaki.tw)

G.1

世界三大夜景之一
長崎市

長崎市位於九州西北部，是長崎縣縣廳所在地，也是國家指定的中核市（核心城市）。江戶時代日本實行鎖國（海禁）政策，長崎市是唯一對外開放的港口，與外國商貿往來頻繁，因而市內建有許多西歐風格的建築，還設有不少天主教堂，令長崎呈現和洋並集的特色。於第二次世界大戰時，長崎市亦是繼廣島市後第二個被核彈攻擊之城市。到了今天，長崎市熱鬧受歡迎，在「2015 年夜景高峰會」中，長崎的夜景更是日本第一名。

長崎市：www.city.nagasaki.lg.jp/kanko

前往交通

JR 博多站

1 小時 37 分鐘 • ¥5,520(HK$325)

JR 長崎站

註：電車長崎站就在 JR 長崎站對面，一出站口走上行人天橋即達。

291

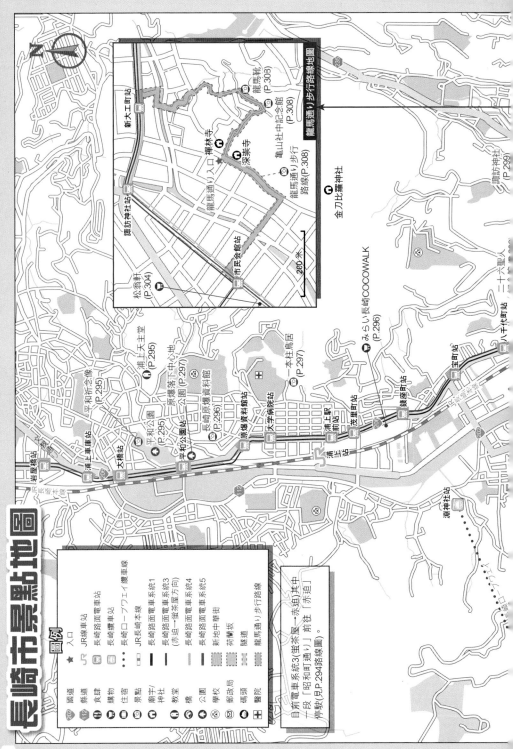

長崎市景點地圖

圖例

入口

JR JR線車站

長崎路面電車站

長崎纜車站

長崎羅伯威纜車線

JR JR長崎本線

長崎路面電車系統1

長崎路面電車系統3
（赤迫←→蛍茶屋方向）

長崎路面電車系統4

長崎路面電車系統5

新中華街

荷蘭坂

隧道

龍馬通り步行路線

國道

縣廳

食肆

購物

住宿

景點

廟宇/神社

教堂

橋

公園

學校

郵政局

碼頭

醫院

目前電車系統3（蛍茶屋→赤迫）其中
一段「昭和町通り」前往「赤迫」
停駛（見P.294路線圖）。

N

新大工町站

龍馬靴
(P.308)

龍馬通り步行路線地圖

禪林寺

亀山社中記念館
(P.308)

深崇寺

諏訪神社站

龍馬通り入口

龍馬通り(P.308)
路線入口

龍馬通り步行
路線入口

金刀比羅神社

市民会館站

諏訪神社站
(P.291)

200 米

松翁軒
(P.304)

調訪神社

平和祈念像
(P.295)

浦上天主堂
(P.295)

原爆落下中心地

一本柱鳥居
(P.297)

みらい長崎COCOWALK
(P.296)

浦上車站

平和公園站

平和公園
(P.295)

長崎原爆資料館
(P.296)

原爆資料館站

大学病院站

浦上駅
前站

茂里町站

銭座町站

宝町站

二十六聖人

八千代町站

淵神社站

JR

292

新中川町站

諏訪神社 (P.299)

新大工町站

月見茶屋 (P.298)

諏訪神社 前站

岩永梅寿軒 (P.301)

ニューヨーク堂 (P.304)

眼鏡橋 (P.300)

吉宗茶碗蒸 (P.303)

思案橋拉麺 (P.310)

梅月堂 (總店) (P.303)

ツル茶ん (P.311)

崇福寺 (P.301)

LIMOGES TAKEYA (P.301)

思案橋站

崇福寺站

福砂屋

長崎公園 (P.300)

サンド・パート

ミンゴス教会 (P.300)

市民会館站

浜町アーケード站

観光・通り站

Hotel Dormy Inn Nagasaki (P.74)

新地中華街 (P.305)

EIGHT FLAG (P.306)

荷蘭坂 (P.308)

桜町站

文明堂総本店 (P.309)

出島

西浜町站

新地中華街站

東山手洋風 住宅群 (P.308)

Hotel WingPort Nagasaki (P.74)

二十六聖人 記念館 (P.298)

長崎駅 前站

五島町站

八千代町站

長崎 站

大波止站

出島町站

長崎県美術館 (P.309)

メディカル センター站

大浦海岸 通り站

大浦天主 堂站

石橋站

孔子廟・中國歴代 博物館 (P.309)

荷蘭物産館 (P.303)

JR 長崎站

長崎Amu Plaza (P.297)

APA Hotel Nagasaki-Ekimae (P.74)

長崎出島碼頭 (P.302)

長崎英国領事館 (P.306)

Nagasaki Hotel Monterey (P.75)

旧香港上海銀行 長崎支店記念館 (P.305)

哥拉巴公園 (P.306)

大浦天主堂 (P.305)

長崎タ―ミナルビル (P.313)

往事態長島

海鮮市場 (P.302)

長崎港

長崎巷

長崎みなと 会館

長崎港

ガーデンテラス長 崎ホテル＆リゾート

稲佐山站

淵神社站

稲佐山夜景 (P.312)

長崎港

500 米

© 長崎市主題圖書出版

293

長崎市市內交通攻略：長崎路面電車路線 (簡稱電車)

　　遊覽長崎市除了自駕外，市內共提供四條路線的路面電車 (電氣軌道)。路面電車全部在地面行駛，旅客只需於列車後方上車，按鈴示意下車，並於下車時付款或出示一日乘車券便可，過程十分簡單，有點像在香港坐叮叮 (電車)。車站除了全部皆為漢字外，亦會以一個獨立號碼代表，而且大部分景點都在車站一帶，因此許多旅客都會乘搭路面電車來遊覽長崎。

電車系統路線　　總站

Tips

路線系統 3 部分路段停駛

　　路線系統 3「昭和町通り」前往「赤迫」一段目前停駛。出發往長崎市前，可至電車官網查看路線 3 是否已全面開通。

Info

🕐 06:10~23:28，班次約 5~12 分鐘一班，尚算頻密

💲 成人每程 ￥140(HK$9)，小童每程 ￥70 (HK$5)；另可購買一日車票，當天使用次數不限，一般 ￥600(HK$38)，小學生 ￥300(HK$19)

🌐 www.naga-den.com

▲電車車頭會清楚列明電車系統號碼與總站。

長崎路面電車路線圖

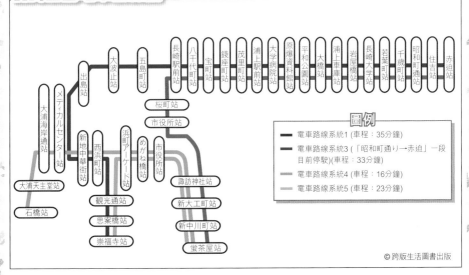

圖例

▬ 電車路線系統1 (車程：35分鐘)

▬ 電車路線系統3 (「昭和町通り→赤迫」一段目前停駛)(車程：33分鐘)

▬ 電車路線系統4 (車程：16分鐘)

▬ 電車路線系統5 (車程：23分鐘)

© 跨版生活圖書出版

祈求和平 平和公園 ⏱ 地圖 P.292　MAPCODE 262 088 565

1945 年 8 月 9 日早上 11 點 02 分，美國於長崎上空投下原子彈。原子彈於浦上區上空爆炸，事件為長崎市帶來嚴重破壞。為了悼念在原爆中遇害的人與祈求和平，日本於 1950 年興建了平和公園，希望世人能從歷史中汲取教訓，努力維護世界和平與安定。

◀ 平和公園內豎立了高達 9.7 米的平和祈念像，訴說着長崎人民祈求和平的心願。

▶ 公園內還有舊長崎刑務所支所的遺跡，當年原子彈爆發時，刑務所內共 134 名職員與囚犯即時死亡，刑務所亦大受破壞，現時只剩下頹垣敗瓦，叫人深深感受到戰爭的可怕。

Info
🏠 長崎縣長崎市松山町
🚃 電車平和公園站下車再步行約 3 分鐘

▲ 通往雕像兩旁的噴水池為平和之泉。由於當時受原爆傷害的人們不斷哀號需要水來減輕痛苦，故公園內設有不少水池，藉此希望死難者能得到安息。

法式雙塔建築 浦上天主堂 ⏱ 地圖 P.292　MAPCODE 262 089 644

浦上天主堂建於大正三年 (1914 年)，為羅馬式的天主教教堂，正面的雙塔採用法國式的雙塔建築，而雙塔同時是鐘樓，在崇拜時會響起響亮的鐘聲。天主堂於 1945 年原爆時被嚴重破壞，現時的教堂於 1959 年重新建造，整座教堂亦參照了當年的設計，完完整整地重現在長崎市內。

▶ 西式的十字架下，寫上代表日本的漢字，表達了和洋共處之情。

Info
🏠 長崎縣長崎市本尾町 1-79
🚃 電車平和公園站下車再步行約 10 分鐘
🕐 09:00~17:00，逢周一休息
📞 095-844-1777
🌐 www1.odn.ne.jp/uracathe

▲ 紅磚砌成的浦上天主堂，在崇拜時發出響亮的鐘聲。

歷史浩劫 長崎原爆資料館 地圖 P.292 MAPCODE 262 089 270

原爆資料館於 1996 年開館，共有三層，展示了許多原子彈爆炸 (即原爆) 後遺留下來的物品，還有浩劫後的歷史圖片與片段。

館內不時舉辦原爆有關的展覽，讓人們不忘戰爭的禍害與教訓。

▲長崎原爆資料館建於距和平公園不遠的小山丘上。

▲當年受難民眾的遺物及照片。

▲展板展示了原爆所禍及的範圍，還有浩劫後的照片。

▲資料館內隨處可見的紙鶴藝術品，可見人們內心都祈求世界能夠永遠和平。

▲參觀者可觸摸當中一些展品，如圖中被原子彈炸至變形的汽水瓶。

◀一進入館中，便會看到原爆中被破壞的一刻，時鐘正停到原爆發生的一刻，令人十分震撼。

◀距原爆中心地約 800 米的舊制瓊浦初中的供水塔，亦被炸至嚴重變形。

Info
🏠 長崎縣長崎市平野町 7-8
🚃 電車原爆資料館站下車再步行約 4 分鐘
🕐 08:30～17:30 (5 月至 8 月 18:30 閉館，8 月 7 日至 9 日 20:00 閉館)，12 月 29 日至 31 日休館
📞 095-844-1231
💲 成人 ￥200(HK$15)，中、小學生 ￥100(HK$7)
🌐 nagasakipeace.jp/japanese.html

超大型百貨公司 みらい長崎 COCOWALK 地圖 P.292

MAPCODE 262 059 090

COCOWALK 是長崎市內一座大型百貨公司，集吃喝玩樂於一身，基本上可以在這裏耗上半天。這裏樓高 6 層，除了有各大品牌時裝店外，還有美食廣場、著名的蔦屋書店和戲院，而最矚目的，是商場建有一個離地 70 米的摩天輪，據說摩天輪行走一圈需要足足 10 分鐘的時間，吸引了很多人慕名而來。

▲商場頂樓的摩天輪十分矚目。
▶商場內有超級市場。

◀▼不同的服飾店。

◀美食廣場。
◀還有著名的蔦屋書店。

Info
🏠 長崎縣長崎市茂里町 1-55
🚃 長崎電鐵茂里町站下車步行約 2 分鐘
🕐 10:00～20:00(商店營業時間不一)
💲 摩天輪成人 ￥500(HK$36)，小學生或以下 ￥300(HK$21)
📞 095-848-5509　🌐 cocowalk.jp

(圖文：Pak)

上空大爆炸 原爆落下中心地公園 地圖 P.292 MAPCODE 262 088 385

當年長崎遭受原子彈的襲擊，原子彈就是在這個公園 500 米上空爆炸。公園內豎立了記念碑，刻上逾七萬名死難者的姓名以表悼念之情。

► 原爆落下中心碑上刻滿死難者的姓名，代表後世對他們的懷念。

Info
🏠 長崎縣長崎市松山町
🚋 電車平和公園站下車再步行約 3 分鐘即達
🕐 24 小時開放

屹立不倒 一本柱鳥居 地圖 P.292 MAPCODE 262 059 615

距原爆落下中心地公園 900 米的小山上，豎立了一支只剩一半的灰色鳥居。原來當年原爆後，山王神社其中一半的鳥居依然屹立不倒，不過後來因交通意外而被撞毀，現在大家所見的為在 1950 年重建的。先前被炸飛的鳥居現安放在一本柱鳥居的不遠處，靜靜見證着歷史的流逝。

► 鳥居現在成為重要的歷史遺物。

Info
🏠 長崎縣長崎市坂本 2-6-56
🚋 電車大學病院站下車再步行約 5 分鐘
🕐 24 小時開放
📞 095-844-1415

▲ 當年原爆後，鳥居依然屹立不倒，是不是真的有神明在保佑呢？

大型購物站 長崎 Amu Plaza 地圖 P.293 MAPCODE 443 884 713

アミュプラザ長崎

長崎 Amu Plaza 與 JR 長崎站直結，為長崎市內最大型的購物中心之一。一些日本著名的品牌如無印良品、Afternoon Tea、Urban Research 等都有在此設置分店。

另外，地下的西友超級市場更營業至凌晨 12 點，內裏出售的食品與飲料都比便利店便宜。

Info
🏠 長崎縣長崎市尾上町 1-1
🚋 JR 長崎站下車直達
🕐 1F 至 4F 為 10:00~20:00 (1F 長崎土產街 08:30~20:00、1F 西友超級市場 07:00~24:00)、5F(食店)11:00~22:30
📞 095-808-2001
🌐 www.amu-n.co.jp

► 幾乎每個大型的 JR 車站都會連結購物中心，長崎的 JR 站也不例外。

殉教教徒 **二十六聖人記念館** 地圖 P.292、293 MAPCODE 262 029 146*30

公元 1597 年，日本封建領主豐臣秀吉下令處決 26 名天主教徒，這件事後來傳遍歐洲，而這 26 名教徒被追封為聖人。事件過去約 100 年後，西坂教會於 26 名聖人的殉教地興建了記念館，以記念他們對教會的忠誠。

Info

🏠 長崎縣長崎市西坂町 7-8
🚃 電車長崎駅前站下車步行約 5 分鐘
🕐 09:00~17:00，12 月 31 日至 1 月 2 日休館
📞 095-822-6000
💲 成人 ￥500(HK$38)，中學生 ￥300 (HK$23)，小童 ￥150(HK$11)
🌐 www.26martyrs.com

▲記念堂後為二十六聖人記念聖堂，又稱為西坂教會。

▲記念館外設有 26 個雕像，以紀念這 26 位殉教的聖人。

人氣牡丹餅 **月見茶屋** 地圖 P.293 必吃 🍴

月見茶屋在諏訪神社 (P.299) 旁，是人氣甜品店，店內最受歡迎的是被稱為「牡丹餅」的甜品。所謂牡丹餅就是把稻米與糯米混和在一起，再加入砂糖與紅豆。牡丹餅不太甜、口感煙韌，是一款美味的小吃。除了牡丹餅外，這裏的烏冬亦非常有名。

Info

🏠 長崎縣長崎市上西山町 19-1
🚃 電車諏訪神社站下車步行約 6 分鐘
🕐 10:00~16:00，周六、日及公眾假期 09:00~17:00，每月 1 日 07:30~17:00，逢周三休息
📞 095-822-6378

▲月見茶屋位於諏訪神社與長崎公園 (P.300) 之間。

▲店內。

安倍川餅

牡丹餅

◀店內名物諏訪牡丹餅，除了牡丹餅，還有鋪滿黃豆粉的安倍川餅，套餐還會免費奉上綠茶一杯。全個套餐 ￥580(HK$34)。

Tips 根據日本習俗，吃牡丹餅有讓小孩快高長大之意，而旅客吃過的話或者會回復體力？店內的名物諏訪牡丹餅，日文為：「お諏訪ぼた餅」。

洗洗手去邪氣 諏訪神社

地圖 P.292、293　MAPCODE 44 301 122

諏訪神社建於明治元年 (1868年)，為長崎市內最有名氣的神社之一，亦有鎮西大社的稱號。神社內設有三社，分別為除厄的諏訪大神、締結良緣的森崎大神與保佑海上安全及漁獲豐收的住吉大神。每年秋天的 10 月 7 日至 9 日，諏訪神社都會舉辦秋大祭，此項祭典亦為日本三大秋祭之一，目的主要是感謝神明賜予豐收，這項盛事已成為國家重要無形民俗文化財。

長崎市

佐世保市、西海市

大村市、千綿市

雲仙市

◀ 沿著長長的樓梯登上表參道，便是長崎著名的諏訪神社。

▲ 這個神馬像為平和祈念像作者北村西望於 102 歲時的作品。

▲ 諏訪神社的護身符有多款卡通人物造型，每個 ¥800(HK$61) 起。

▲ 神社的拜殿於明治 2 年擴建，並以傳統建築方式於昭和 58 年再度擴建，相當有氣勢。

Tips

在秋祭期間，會有花車巡遊、舞龍表演、奉納舞等等，場面熱鬧！

日本人稱神社內作洗手的地方為「手水舍」，內的神水由神明伊邪那岐潔淨過，因此擁有神秘力量，據說諏訪神社身上的邪氣！若你覺得最近諸事不順，不妨在此洗洗手，能夠潔淨

Info

🏠 長崎縣長崎市上西山町 18-15

🚋 電車諏訪神社站下車步行約 5 分鐘

📞 095-824-0445

🌐 www.osuwasan.jp

▲ 玉國稻荷神社亦位於諏訪神社內，以祈求商貿繁盛及漁業豐收為主。

最古老而寧靜愜意 長崎公園

地圖 P.293 　MAPCODE 44 301 060

親子

長崎公園為市內最古老的公園，建於明治六年 (1873 年)，位於諏訪神社旁。公園內種滿樹木亦放了很多與長崎相關的紀念碑，並有一個小型的動物園，供小朋友親親動物。

大恬靜有面積長崎公園面積有一種說的說，很多數感覺。當地人出入的寧靜氣氛公園人去的公園的當中過恬靜感覺。都很喜歡或國內的遊客或國外的遊客

Info

🏠 長崎縣長崎市上西山町 19-8
🚌 電車諏訪神社站下車步行約 6 分鐘
📞 095-823-6080
🌐 www.nagasaki-kouen.com

中島川石橋群 眼鏡橋

地圖 P.293 　MAPCODE 44 270 267

長崎從開港至鎖國期間，市內連接兩岸，這些石橋所在地統稱為「中島川石橋群」，都有應用水道作運輸之用，因此興建了不少石橋，當中最有名的便是建於 1634 年的眼鏡橋。

不過，石橋群受 1982 年的水災影響，不少石橋受到毀壞，幸好能找回三條石橋的石頭，讓政府得以重新修復古橋，並把它們重現於人們眼前。

◀ 眼鏡橋屬中島川石橋群剩下的三條石橋其中之一條。

Info

🏠 長崎縣長崎市魚之町一帶
🚌 電車市民會館站下車步行約 5 分鐘

江戶遺跡 サント・ドミンゴ教会

地圖 P.293 　MAPCODE 44 270 683

慶應 14 年 (1609 年) 道明會的神父於長崎市宣教，並設立教會，但 5 年後幕府的禁教令，教會因而受到破壞。破壞後的教堂遺跡一直留存至今，在 2004 年興建櫻町小學時才被發現。由於這是江戶時代初期的教會遺跡，可說是相當珍貴的歷史資料，教會遺跡正申請成為世界遺產，並已被列入考慮名單之中。

◀ 教會遺跡現時位於櫻町小學內，遊客可從圖中的特別入口內進參觀。

Info

🏠 長崎縣長崎市勝山町 30-1
🚌 電車桜町站下車步行約 8 分鐘
🕘 09:00~17:00，逢周一及 12 月 29 日至 1 月 3 日休館
📞 095-829-4340

傳統蛋糕名牌 岩永梅寿軒 ⏱ 地圖 P.293

到長崎旅行，蛋糕是必買手信。岩永梅寿軒是長崎數一數二的蛋糕品牌，這裏的傳統風味絕不能錯過。店鋪還會在節日推出限定食品，如鯉菓子、「桃求肥」等，相當可愛。

Info

🏠 長崎縣長崎市諏訪町 7-1
🚃 電車めがね橋站下車再步行約 4 分鐘
🕐 10:00~19:00，逢周二休息
📞 095-822-0977
🌐 www.baijyuken.com
f www.facebook.com/Baijyuken

（圖文：黃穎宜）

▲店鋪的裝潢甚具傳統風味。

▲岩永梅寿軒蛋糕（大）￥1,782 (HK$105)，蛋糕（小）￥1,426(HK$84)。

國寶中式寺廟 崇福寺 ⏱ 地圖 P.293 MAPCODE 44 241 609

長崎曾與中國有過緊密的商貿關係，崇福寺便是由當時福建省出身的華僑集資興建，寺內的大雄寶殿於 1646 年建成，是日本國內最古老的中式寺廟，現已成為日本的國寶之一。

▶第一峰門為日本國家級的國寶。

▲崇福寺的三門（樓門）被列為國家指定重要文化財。

▶由於廟宇為中國式廟宇，供奉的除了媽祖外，還有我們熟悉的關帝。

殿，為崇福寺內最重要的史跡。已有近 500 年歷史的大雄寶

Info

🏠 長崎縣長崎市鍛冶屋町 7-5
🚃 電車崇福寺站卜車步行約 3 分鐘
🕐 08:00~17:00
📞 095-823-2645
💲 成人 ￥300(HK$23)
高中生以下免費

自家製馬卡龍 LIMOGES TAKEYA リモージュ・タケヤ ⏱ 地圖 P.293

店鋪以售賣各式蛋糕餅食為主，還售賣自家製的 macaroon。店內各式糕點賣相精緻，味道不錯。

▶ LIMOGES TAKEYA。

Info

🏠 長崎縣長崎市銅座町 16-1
🚃 路面電車觀光通り站下車走約 1 分鐘
🕐 周一至四 11:00~21:00，周五、六 11:00~22:00，逢周日休息
📞 095-822-0346
💲 人均消費：￥1,000(HK$76)
🌐 www.l-takeya.jp

（圖文：黃穎宜）

◀店內售賣各款賣相精緻的糕點，最適合喜歡甜點的女士前往。

購物與美食 長崎出島碼頭 長崎出島ワーフ

地圖 P.293　MAPCODE 443 854 802

沿海而建的長崎出島碼頭不是碼頭，而是樓高兩層、集購物與美食於一身的商場。從碼頭可眺望長崎港的景色，商場亦有許多開放式食店，讓遊客一邊享受美食，一邊欣賞海邊的景色。

◀沿海而建的出島碼頭，帶有點點歐陸風味。

Info

🏠 長崎縣長崎市出島 1-1-109
🚃 電車出島站下車步行約 2 分鐘
📞 095-828-3939
🌐 dejimawharf.com

長崎出島碼頭內 推介美食

品嘗最新鮮海產 海鮮市場長崎港

地圖 P.293

長崎市較為西化的特質，令市內只有很少壽司和魚生專門店，長崎港便是較為稀有的海鮮丼餐廳，在市內開有 3 間分店。位於出島的分店鄰近長崎港，顧客可以選擇室外的座位，一邊欣賞海景，一邊用餐。店家提供的海鮮丼種類十分多，當中更包括較為少見的海葡萄。海鮮丼的用料上乘，吃得出每種海產都十分新鮮。此外，店內還有幾個大水缸，顧客可以即席撈取海產，請店員製作。

▲長崎港。(攝影：黃穎宜)

▲海鮮市場長崎港。

海膽帶子丼，¥1,990(HK$143)。

▶豐富的刺身盛「竹」，當中包括五款刺身，售¥4,169(HK$245)。(攝影：黃穎宜)

◀店內的環境很有漁民家的風味。

◀水缸內的海產都是可以即席撈的。

Info

🏠 長崎縣長崎市出島町 1-1 出島ワーフ
🚃 電車出島站下車，步行約 2 分鐘
🕐 約 11:00~22:00　📞 095-811-1677
🌐 nagasakikou.com

(圖文：Pak)

擁有 150 年歷史的茶碗蒸始祖 **吉宗茶碗蒸** ⏱ 地圖 P.293 必吃 🍴

招牌已經老舊。

吉宗的歷史悠久得

　　吉宗是一間開業近 150 年的老店，門外的招牌、裝潢都充滿着歷史氣息，店內還有榻榻米、座墊和圍爐等極具古日本風味的設備，裏裏外外都表現了其悠久的歷史淵源。吉宗製作的茶碗蒸享負盛名，很多人甚至稱其為全世界最好吃的茶碗蒸，因此顧客一直都源源不絕。茶碗蒸的份量頗大，有蝦、魚板和冬菇等材料，十分豐富，而蛋香混合各種材料的香味，味道香濃之餘，還擁有入口即溶的口感，完全感受到店家烹調的方式極具水準。

Info
- 🏠 長崎縣長崎市浜町 8-9
- 🚃 電車觀光通り站下車步行約 2 分鐘
- 🕐 11:00~16:00，17:00~21:00，每月第 2 個週二、1 月 1 日休息
- 📞 095-821-0001
- 🌐 yossou.co.jp

▲ 御一人前套餐，￥1,485(HK$87)。

◀ 獲譽為世界上最好吃的茶碗蒸。

(圖文：Pak)

洋菓子老鋪 **梅月堂（總店）** ⏱ 地圖 P.293 必買

　　梅月堂為長崎洋菓子的老鋪，自昭和 30 年代 (1955 年) 開始出售洋式菓子，深受大眾歡迎。現時在長崎市有超過 10 間分店，當中總店 2 樓更設有 café，讓顧客可在店內慢慢享受美味的甜點套餐。

Info
- 🏠 長崎縣長崎市浜町 7-3
- 🚃 電車觀光通り站下車再步行約 1 分鐘
- 🕐 10:00~19:00　📞 095-825-3228
- 🌐 www.baigetsudo.com

▶ 梅月堂總店位於觀光通商店街的大丸百貨地下，外觀依舊保留昔日的模樣。

掃盡長崎經典手信 **荷蘭物產館** ⏱ 地圖 P.293 【MAPCODE】443 824 711*00

　　遊覽完荷蘭坂 (P.308) 和大浦天主堂 (P.305)，便是時候尋覓手信，位於附近的荷蘭物產館就提供了各種長崎縣內，以至九州的特色手信和名物，除了長崎蛋糕外，還有中華麵條、九州限定的零食，以及工藝品和飾物，保證各位遊客都能找到心頭好。

▲ 物產館。

Info
- 🏠 長崎縣長崎市相生町 9-8
- 🚃 電車大浦天主堂站下車步行約 4 分鐘
- 🕐 09:00~17:30(7 至 8 月，1 至 3 月營業時間為 09:00~17:30)
- 📞 095-820-5511
- 🌐 www.n-izumiya.com/shop/bussan.html

▲ 全館都疊滿一盒盒長崎手信。

▶ 館內的空間頗大。

(圖文：Pak)

國家重要文化財 旧長崎英国領事館 ⏱地圖 P.293 [MAPCODE] 443 854 205*01

旧長崎英国領事館 (舊英國領事館) 於 1908 年落成，原為英國駐長崎領事館，二次大戰後，日本政府將之改建為兒童科學館，至 1990 年成為國家重要文化財。領事館曾被改建為野口彌太郎記念美術館。**現因進行修葺工程而暫時不准入內參觀。**

◀ 領事館屬明治時代後期的建築。

Info
🏠 長崎縣長崎市大浦町 1-37
🚊 電車大浦海岸通り站下車步行約 2 分鐘

復古味十足紅茶專門店 EIGHT FLAG ⏱地圖 P.293

エイトフラッグ

　　由於長崎深受西方外來文化影響，因此市內有不少西式紅茶專門店，讓人可以悠閒地喝一杯好茶。EIGHT FLAG 予人的感覺偏英倫風，店內有許多昔日的擺設，例如舊式指南針、帆船、燈飾、牆飾等。餐牌上有多款紅茶，並可以典雅的茶具泡出一壺好茶。除了茶，店家還供應窩夫。不過，店內空間不大，座位與座位之間有點狹窄。

◀茶壺、茶杯、茶隔的設計都非常精美優雅。

◀復古味十足。店內走懷舊風，

▲提供沙漏，讓人準確把握泡茶時間。

Info
🏠 長崎縣長崎市大浦町 5-45
🚊 電車大浦海岸通り站下車步行約 3 分鐘
🕐 14:00~19:00，周一不定期休息
📞 095-827-8222

(圖文：沙發衝浪客)

異國風情街 哥拉巴公園 グラバー園 ⏱地圖 P.293 [MAPCODE] 443824470

　　哥拉巴公園指南山手一帶的歐式建築物，這些房屋都是 18 世紀外國人在長崎居住的見證。

　　南山手區主要為住宅區，連同長崎獨特的坂道，加上鄰近大浦海岸，形成一條濃厚異國風情的街道。日本政府於昭和 49 年 (1974 年) 整合了南山手區的建築物，並統稱為哥拉巴公園。

▲ 從大浦天主堂 (P.305) 可直接通往哥拉巴公園。

▶ 從三菱第二船塢宿舍舊址的陽台，可遠眺長崎港與稻佐山。

▶ 自由亭餐廳於江戶時代已開業,更號稱為西洋料理的發祥地。餐廳的名物為達其咖啡(ダツチ珈琲),經 24 小時一點一滴蒸餾而成,每杯 ￥600(HK$45)。

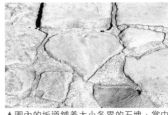

▶ 園內的坂道鋪着大小各異的石塊,當中還藏有心形的石磚,據説踏中心形石便能讓戀愛成功。

▲ 三菱第二船塢宿舍舊址為船員提供住處,建築物建於明治 29 年。

▶ 園內最為人所知的是建於 1863 年、蘇格蘭人湯馬斯布萊克 • 哥拉巴的寓所,現為日本最古老的木造西式建築,亦是國際級重要文化遺產。

◀ 遊客可到懷舊照相館(即長崎地方法院長官宿舍舊址)租借懷舊風情的洋裝,更可穿着洋裝在公園漫步。30 分鐘 ￥2,000(HK$118)。

◀ 宮日節(即秋祭)的祭典用品,全部都製作得豪華精細。

◀ 林格故居建於明治初期,迴廊的地面使用從海參崴運來的黑花崗石,為國際級重要文化遺產。

Info

哥拉巴公園
🏠 長崎縣長崎市南山手町 8-1
🚌 電車大浦天主堂站下車步行約 5 分鐘
🕐 08:00~18:00(另有夜間開園時間,詳見官網)
📞 095-822-8223
💲 一般 ￥620(HK$46),高中生 ￥310(HK$23)、初中生、小學生 ￥180(HK$14)
🌐 www.glover-garden.jp

▲ 長崎傳統藝術館,館內展覽了長崎在秋祭表演時用的舞龍與傘鉾。

鎖國唯一港口 出島 🕐 地圖 P.293

　　江戶時代，日本一度進行鎖國 (海禁) 政策，當時全國只剩下長崎的出島開放予西方國家進行貿易。出島為人工島嶼，由德川家光下令建造，當時外國人只能在出島上逗留，日本人亦只限工作人員才可內進，人工島只靠一條橋連接長崎市。當時島嶼的面積約為 1 萬 3 千多平方公尺，島上建有住宅、倉庫、浴室與菜園等設施，以供應外國人的日常生活。

▲ 雖然出島供外國人居住，但內裏的建築全是日式建築。

　　隨着日本逐漸開放，出島現被填平並成為長崎市的一部分。1996 年，長崎市政府斥資 ￥170 億重建出島，至 2010 年已回復大部分出島當年的面貌，並開放予遊客參觀。

◀ 的裝潢。建築物內重現當時

◀ 由迷你出島模型可得知當時的人工島呈扇形。

不妨替他們拍照。員穿着古代衣服，出島內的工作人

具，外國人還是使用西方家在日式房屋內，一些外國人還是使用西方家具，西日對比很有趣。

🏠 長崎縣長崎市出島町 6-1
🚃 電車出島站下車步行約 1 分鐘即達
🕐 08:00～21:00
📞 095-829-1194
💰 ￥520(HK$39)、高中生 ￥200(HK$15)、初中生、小學生 ￥100(HK$7)
🌐 nagasakidejima.jp

福山雅治最愛 思案橋拉麵 　思案橋ラーメン 🕐 地圖 P.293 必吃

　　長崎的著名美食除了卡斯提拉蛋糕外，還有雜錦麵，而在芸芸眾多雜錦麵店當中，以思案橋拉麵的人氣最高，只因這家麵店是福山雅治的最愛！福山雅治的故鄉正是長崎，回鄉時也經常光顧這家麵店。事實上除了福山雅治，其他日本明星都喜歡來這店吃拉麵，在麵店的牆上可看見日本著名明星的簽名。來這兒吃拉麵，説不定有幸碰到夢中偶像呢！

▲ 思案橋拉麵面對電車路，從車站下車後很容易便能找到。

光顧過。森山直太朗等明星也與佐藤健、三浦春馬、除了福山雅治，

◀ 趁麵條還未端來前，先欣賞一下牆上福山雅治的親筆簽名吧！

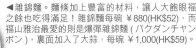
◀ 雜錦麵。麵條加上豐富的材料，讓人大飽眼福之餘也吃得滿足！雜錦麵每碗 ￥880(HK$52)，而福山雅治最愛的則是爆彈雜錦麵 (バクダンチャンポン)，裏面加入了大蒜，每碗 ￥1,000(HK$59)。

Tips

日文翻譯
雜錦麵：ちゃんぽん
爆彈雜錦麵：バクダンチャンポン

🏠 長崎縣長崎市浜町 6-17
🚃 電車思案橋站下車步行約 2 分鐘
🕐 11:30～04:00，不定期休息
📞 095-823-1344

與土耳其料理無關的土耳其飯 ツル茶ん ⏱ 地圖 P.293

在思考午餐吃甚麼的時候，你會否煩惱應該吃中餐還是西餐？ツル茶ん提供的土耳其飯就能解決你的煩惱。ツル茶ん是長崎市內比較早期開業的西餐館，館內的裝潢充滿異國情調和時代感，而所謂土耳其飯，就是將飯和番茄意粉一起上桌，並配上咖喱豬排或炸蝦等配菜，據聞這道料理東西合璧的特質與地處歐亞交界的土耳其相似，因而得名。除了土耳其飯外，餐館製作的雞蛋奶昔也十分有名，濃郁的雞蛋味加上柔滑的口感，是市內不能錯過的美味甜品！

▶店內也瀰漫着古老氛圍，牆身貼了不少名人的簽名卡。

▲餐廳是一座具有相當歷史的建築。

▶昔懷かしトルコライス (土耳其飯)，¥1,480(HK\$87)。

▲元祖長崎風ミルクセーキ (雞蛋奶昔)，¥720 (HK\$42)；跟 餐 價 ¥380 (HK\$22)，份量會較少。

Info
🏠 長崎縣長崎市油屋町 2-47
🚌 電車思案橋站下車步行約 2 分鐘
🕐 10:00~21:00
📞 095-824-2679

(圖文：Pak)

創業近 400 年的長崎蛋糕名店 福砂屋 ⏱ 地圖 P.293

談及長崎的名物，不得不提長崎蛋糕，而談及長崎蛋糕，就不得不提名店福砂屋。福砂屋創業於 1624 年，一直以來都堅持遵循古法製作長崎蛋糕，因此每件蛋糕都充滿古早味，質感綿密，而且甜度適中，蛋糕底部的砂糖粒粒分明。遊客若想買最傳統的長崎蛋糕作手信，可考慮這間老字號，其出品以「特製五三燒」最廣受好評。

▶只需看店鋪的外觀，就知道它具有悠久的歷史。

Info
🏠 長崎縣長崎市船大工町 3-1
🚌 電車思案橋站下車步行約 2 分鐘
🕐 09:00~17:00　📞 095-821-2938
🌐 www.fukusaya.co.jp

(圖文：Pak)

▲島上會有導遊在景點當值，為參觀者講解軍艦島的歷史。

▲以前島上的存煤傳送帶及煤礦工地。

▲軍艦島之旅的門票。

可以參觀過軍艦島後，可以得到一張「軍艦島上陸證明書」。

▲在船上免費派發的 Postcard。

▲遊客便是在這個碼頭上船往軍艦島。

▲軍艦島碼頭。

▼島的外形像艘軍艦，所以取名為軍艦島。

Tips

往軍艦島可以在官網預約，先按頁面右上角的「ご予約・お申し亥込み」→然後在頁面左邊選擇日期→再按「軍艦島」→如當天提供登島服務，便會顯示預約頁面，在表格內按「予約」，再根據頁面指示填妥資料。另外，在網上預約，可享折扣。建議出發前2個月預約。

Info

軍艦島

🏠 長崎縣長崎市高島町

🚌 電車大波止站下車，步行約3分鐘到達碼頭「長崎港ターミナルビル」參加「軍艦島周遊上陸コース」觀光船之旅，前往軍艦島，收費及船程見下表：

時間	收費	班次
2小時30分鐘 (由長崎港出發到軍艦島的船程約40分鐘；有1小時在島上觀光)	成人￥4,200(HK$318)，小學生￥2,100(HK$159)，包括船票及島上觀光費用；官網預約或有優惠	碼頭開出： 09:00、13:00

📅 軍艦島於12月14日至1月25日不開放登島

📞 095-827-2470

🌐 www.gunkan-jima.net

(圖文：黃穎宜)

9.7

大解放！玩盡樂園
佐世保市、西海市

佐世保市位於長崎縣以北，以造船及國防工業聞名，現時市內駐有美軍基地，因此引來許多美式餐廳在此開業。不過佐世保市最吸引人之處，是九州最大的主題公園豪斯登堡位於此地！另外，屬西海國立公園一部分的九十九島及九十九島水族館全部在佐世保市。來到佐世保市，可以玩個盡興！

西海市位於佐世保市的南邊，東向大村灣，西面則有五島灘、角力灘，市內有很多值得一去的自然風光。此外，西海市有一個必訪的親子景點 Bio Park，距離豪斯登堡只需半小時車程，遊客可在豪斯登堡的 Hotel Lorelei 乘搭免費接駁巴士前往(詳見 P.324)，十分方便。

● 佐世保觀光情報：www.sasebo99.com

前往交通

1. JR 博多站 ——→ 1 小時 53 分鐘 ● ¥3,970(HK$234) ——→ JR 佐世保站

2. JR 長崎站 ——→ 1 小時 52 分鐘 ● ¥1,650(HK$125) ——→ JR 佐世保站

させぼ五番街 必食推介

在佐世保才吃得到的漢堡包 Hikari Burger 地圖 P.316 限定

ハンバーガーショップ ヒカリ

位於 JR 佐世保站附近的 Hikari Burger 為當地評價非常高的漢堡包店，全日本的兩間店均設於佐世保市內。當中的させぼ五番街店比較近 JR 站，於用餐繁忙時段，店外都有滿滿的排隊人潮。店內只有 15 個座位，可考慮買外賣於碼頭旁用餐。人氣食物為 Special Burger(スペシャルバーガー)(￥720、HK$42)，漢堡包內有漢堡、菜、芝士、煙肉、蛋等配料，

▲ Hikari Burger。

如遇上排隊人潮，便需要拿號碼牌，耐心等候店員呼喚自己的號碼。

24

◄Egg Burger(エッグバーガー)一個 ￥540(HK$32)。

Info

させぼ五番街店

🏠 長崎縣佐世保市新港町 3-1
🚃 從 JR 佐世保站，於接近佐世保觀光情報中心 (佐世保觀光情報センター) 的出口過馬路後，轉右靠着巷口直走約 2 分鐘即達
🕐 10:00~21:00，年末年始休息
📞 0956-22-0321
🖱 hikari-burger.com

(圖文：沙發衝浪客)

鮮味十足貝白湯拉麵 らーめん砦 地圖 P.316 人氣

來到佐世保，不一定只吃佐世保漢堡，因為市內還有一間別樹一格的拉麵店。らーめん砦提供的拉麵湯底以蜆、蠔、蜊子和扇貝等貝殼類海鮮，以及黃豆熬製而成，味道

鮮甜而濃郁。配料方面，除了常見的豚肉外，顧客還能選擇蟹、蝦等海鮮。蟹拉麵名為「吟釀」，配有半隻蟹，雖然蟹肉不算多，但鮮味十足，配合同樣鮮甜的貝白湯底，能讓人品嘗到不一樣的滋味海鮮餐。

▲「吟釀」，￥980(HK$70)。

▶小小的一間店，午飯時段便會聚集一群顧客。

Info

🏠 長崎縣佐世保市万津町 7-11
🚃 JR 佐世保站下車步行約 10 分鐘
🕐 11:30~15:00，17:00~20:30
📞 080-5266-9974
🖱 kaipaitan.com

(圖文：Pak)

當地人的廚房 戶尾市場 地圖 P.316 MAPCODE 307 582 816*27

早於大正時期開始，戶尾市場便已被視為佐世保人的廚房，人們可以在這裏買到新鮮的食材、加工食品、日用品和服裝，因此這裏可説是一條包羅萬有的街道。特別的是，這條市場街是由防空洞改建而成的，不少店鋪裏頭的空間都是圓拱形的，仿似一條隧道。自 2012 年發生大火後，雖然市場不及以前熱鬧，但仍然受到不少人支持，大家不妨來這裏感受一下當地人的生活，也感受一下這裏獨有的昭和時代氣息。

▲戶尾市場。

▲市場內售賣各種海產和乾貨。

Info

🏠 長崎縣佐世保市戶尾町至松川町
🚃 JR 佐世保站下車步行約 5 分鐘
🕐 08:00~18:00(部分商店營業時間不一)；周日休息

(圖文：Pak)

購物覓食集中地 **四ケ町商店街** ⏱ 地圖 P.316

要數佐世保市內最熱鬧的區域，非四ケ町商店街莫屬。這條橫跨下京、上京、本島和島瀨 4 町的街道同時融合了懷舊和時尚的風格，開有很多不同類型的店鋪，例如富有特色的小吃店、雜貨店和電器店等，一些酷似超市的食材店更是長期擠滿顧客。想感受地道的風情和熱鬧氣氛的話，就一定要來這條商店街。

▶ 四ケ町商店街是市內最繁榮的街道。

Info
🏠 長崎縣佐世保市下京町至島瀨町
🚃 JR 佐世保站下車步行約 8 分鐘
🕐 商店營業時間不一
📞 0956-24-4411
🌐 yonkacho.com

地圖 P.316

四ケ町商店街 **美食精選**

人氣紅豆餅 **一休回轉燒** ⏱ 地圖 P.316 人氣

一休是商店街內的人氣店鋪，總會有一群顧客在店外等待回轉燒出爐。所謂回轉燒，即香港和台灣人口中的紅豆餅、車輪餅。一休出品的回轉燒有紅豆和白豆兩種口味，皆標榜採用最上乘的材料製作，因此表皮鬆軟而充滿奶油香，而且裏面的豆蓉甜度十足，並會夾雜着完整的豆，令口感更為豐富，難怪很多顧客都會一次過購買一打。

Info
🏠 長崎縣佐世保市下京町 7-15
🚃 JR 佐世保站下車步行約 10 分鐘
🕐 10:00~21:00
📞 0956-23-3319

▲ 店鋪外經常聚集很多顧客。

▲ 紅豆口味的回轉燒，￥85(HK$6)。

超足料泡芙 **岩石屋** ⏱ 地圖 P.316

岩石屋之所以名為岩石屋，是因為其出品的泡芙外皮經過特製，跟岩石極為相像，而剛咬下去的口感則比較像是曲奇般鬆脆，然後繼續品嘗，才會嘗到柔軟的質感，再配上滿滿而滑溜的忌廉內餡，就成為了嗜甜者不能錯過的美食。泡芙的內餡可選擇吉士醬和季節限定的忌廉，例如春季時，限定忌廉便是櫻花口味。

Info
🏠 長崎縣佐世保市上京町 6-19
🚃 JR 佐世保站下車步行約 10 分鐘
🕐 11:00~19:00
📞 0956-24-6781
🌐 ganseki-ya.com

▲ 岩石屋的招牌也有岩石的質感。

▲ 吉士醬味的泡芙 ￥230(HK$14)。

右側直排：長崎市　佐世保市、西海市　大村市、千綿市　雲仙市

▼若你想模仿歐洲古代貴族的話，租一輛馬車叫途人羨慕一下吧！

▼豪斯登堡的招牌當然就是來自荷蘭的風車與鬱金香花圃。

▼不用等到萬聖節才能玩鬼屋！豪斯登堡內有不少鬼屋，至於選擇和式或洋式就要看你的膽量有多大了！

▼園區內所有店鋪與遊樂設施均設於歐陸式的建築物內，走在街上就像置身歐洲一樣。

充滿歐洲風情的樂園

▼花圃上也鋪滿藍色的燈，十分浪漫！

◀豪斯登堡不定期舉辦特別活動，例如每年的11月至3月會有光之王國特別活動，整個園區會掛上五光十色的燈泡，猶如置身在光之王國內！

Chocolate House

▲ Chocolate House 內販售各種與朱古力相關的產品，一進入店內便聞到香噴噴的朱古力香味。

▲ Chocolate House 的一角為餐廳，遊客可在這裏享受一杯香濃的熱朱古力，售價為 ¥500(HK$38)。

▲除了朱古力，芝士亦是歐洲的名物。豪斯登堡內有家專賣芝士的 Cheese Waag，當中最熱賣的為這款芝士蛋糕，¥1,260(HK$96)。

嘗美食

▲餐廳內提供芝士火鍋，香濃的芝士加上肉腸及麵包，確實非常美味！每位 ¥2,000(HK$152)，最低消費為兩位起。

▲佐世保名物檸檬牛排，略酸的檸檬加上牛排，讓人胃口大開，每份 ¥1,750(HK$103)。

▶以提供西餐為主的 De Rode Leeuw，位於尤德萊區世界美食餐廳街地下。另外，若同行朋友當天生日的話，可先聯絡餐廳職員，職員會為你高歌一曲生日歌。

看3D電影

▶ I-4 Dome Theater 是個 360 度影院，播放令人感到無限壓迫感的 3D 電影。電影長度約 20 分鐘，憑指定收費設施一日券可免費使用，或以普通門券另加 ¥600(HK$45)。

買精品

▶ 就是這朵可愛的小鬱金香啦！

◀ 豪斯登堡的吉祥物

▶ 園內的 Miffy 專門店，出售豪斯登堡限定的商品。

Info

豪斯登堡

🏠 長崎縣佐世保市ハウステンボス町 1-1

🚃 JR 豪斯登堡站 (ハウステンボス站) 步行約 4 分鐘

🕐 09:00～21:00，周六、日及公眾假期會延長開放，詳細開放時間可參考官網

📞 0570-064-110

💲
入場券連 40 項設施一日券	成人 ¥7,000(HK$518)
	中學生 ¥6,000(HK$444)
	小童 ¥4,600(HK$349)
	長者 ¥5,000(HK$294)
入住豪斯登堡指定酒店優惠門券	兩日入場券連 40 項設施：
	成人 ¥11,000(HK$815)
	中學生 ¥9,500(HK$559)
	小童 ¥7,300(HK$429)
	長者 ¥7,900(HK$465)

註：以上門票部分日子不適用，詳見官網中文版。

🔗 www.huistenbosch.co.jp

豪斯登堡園內 酒店推介

來自未來的機械人酒店？ 変なホテル 🗺 地圖 P.316

　　豪斯登堡內的変なホテル (即「奇怪酒店」)，是一家全智能自助式酒店。酒店處處充滿驚喜，如在櫃枱會看到兩個機械人和一隻機械恐龍，正等着為你服務！來到房門，不需使用門卡，因 Check-in 時機械人已掃描了住客面孔，住客只需在房門外再掃描一次便可進房。此外，每間房間的床頭也有一個花形機械人，為住客提供 Morning Call 及天氣預報。要注意，雖然酒店有兩層高，但並沒有升降機。雙人房每晚 約 ¥15,400~25,600 (HK$906~1,506)。

©HUISTEN BOSCH
▲ 変なホテル全部服務不靠人手，而是由機械人代勞。

▶ 酒店內的 Café 雖然只有一個自動販賣機提供小吃和飲品，但環境相當漂亮。

▶ 標準雙人房，每晚約 ¥15,400(HK$906) 起。

©HUISTEN BOSCH
▲ 提供 Morning Call 及天氣預報的機械人。

▲ 掃描一下樣子，就可進入房間了！

©HUISTEN BOSCH

▶ 有機械員分，恐龍先生和迷你小姐，別機械人先生和迷你小姐，別有機械員工分，櫃枱...

©HUISTEN BOSCH
▲ 恐龍先生雖然外表有點嚇人，但很有禮貌。

Info

🕐 Check-in / out：15:00 / 11:00

📞 0570-064-110(09:00～19:00)

🔗 www.h-n-h.jp

(文字：嚴潔盈)

親親可愛小動物 長崎 Bio Park

見北九州景點及 JR 鐵路大地圖　MAPCODE® 262 859 157*12　 親子

　　Bio Park 的意思是生物公園，其理念與一般動物園截然不同，園方不會以窄小的牢籠困着動物，而且大部分園區都會開放予參觀者進入，遊客可盡情觸摸和餵飼動物，藉此學習與動物共存的道理。例如在最受歡迎的水豚區，遊客不但可親手觸摸水豚，還可以買草餵飼牠們，冬天時還能站在牠們旁邊看牠們浸溫泉；在遊園的路上，還能見到赤鼻熊、黑狐猴和紅鶴等動物自由走動，遊客亦可隨時購買飼料餵飼牠們。此外，Bio Park 出入口旁還有一座名為 PAW 的建築物，裏面有各種可愛小動物，例如倉鼠、貓、狗和小兔等，遊客亦可以進內親手觸摸和抱抱牠們，能帶給小朋友歡樂和珍貴的體驗。

▲ Bio Park 門外有兩隻鸚鵡。

◀遊客可在園內隨處可見的扭蛋機購買飼料，餵飼動物。

▲看到赤鼻熊爬過樹枝，可以舉高手餵牠們。

▲ Bio Park 門口旁邊的 Pet Animal World(PAW)。

▲遊客可在 PAW 內觸摸小動物。

▲水豚是 Bio Park 的明星。

▲冬季限定的看水豚浸溫泉。

▶園內的紀念品店有很多水豚的精品。

◀袋鼠區也是很受歡迎的區域。

▲美洲駝。

Info

🏠 長崎縣西海市西彼町中山鄉 2291-1

🚌 從長崎駅前巴士站乘前往大串的長崎巴士，於バイオパーク站下車即達；或從豪斯登堡的 Hotel Lorelei 乘 Bio Park 提供的免費接駁巴士 (班次為去程 09:45、12:45、14:45，回程 11:45、13:45、16:45，必須先在官網預約)

🕙 10:00~17:00

💲 成人 ￥1,900 (HK$112)，中學生 ￥1,300 (HK$76)，小學生或以下 ￥900 (HK$53)；Bio Park+PAW 入場費成人 ￥2,300(HK$135)，中學生 ￥1,700(HK$100)，小學生或以下 ￥1,300(HK$76)

📞 0959-27-1090

🌐 www.biopark.co.jp

（圖文：Pak）

詩情畫意的荷蘭小鎮 長崎オランダ村 親子

見北九州景點及 JR 鐵路大地圖　MAPCODE 262 856 847*73

想前往豪斯登堡，卻又覺得入場費太貴？那不妨去位於西海市的長崎オランダ村。這裏是一個迷你的荷蘭小鎮，建築物都以紅磚建成，瀰漫着歐陸的古典風格，從甚麼角度拍攝都能拍出美麗的風景照。小鎮內有 20 多座設施，包括餐廳、兒童遊樂設施、藥妝店和商店等，遊客還可以在夏天參加釣魚等戶外活動，是不錯的消閒勝地。(**目前維修休業。**)

▲還有供小孩玩樂的設施。

▲村內有一間售賣玩具的店鋪。

▲村內有一座大風車。

Info

🏠 長崎縣西海市西彼町喰場鄉 1683-4
🚌 從長崎駅前巴士站乘前往大串的長崎巴士，於長崎オランダ村站下車即達
🕙 10:00~18:00；周三休息
📞 0959-27-0209
🌐 nagasakiorandamura.wixsite.com/my-site

▲裏面的建築都洋溢着荷蘭風情。

▶建在海港上的建築充滿詩情畫意。

(圖文：Pak)

長崎オランダ村的 盛宴

洋溢古典氣息 西海キッチン tsumoto

來到荷蘭小鎮，當然要飽嘗一頓西式的盛宴。這間餐廳與鎮上其他小屋一樣，都是以紅磚砌成的，而內部的裝潢則以木材為主，配合店員的親切服務，使這裏洋溢着溫暖舒適的氣氛。餐廳的廚師曾在東京、大阪等地學藝，主要以西式烹調手法製作牛排、豚肉等菜式。由於用料品質優良，廚師又能適當地控制火候，因此餐廳提供的肉類都鮮嫩多汁，具有相當的水準。

◀▲餐廳的裝潢和設計恰似一間歐陸房子。

▶老闆見天氣冷，便貼心地為筆者沖了一壺熱茶。

▶牛排套餐（￥1,490，HK$107），牛排的份量很多。

Info

🕙 11:30~15:00，逢周三休息
📞 0959-27-1394

(圖文：Pak)

坐擁大村灣景色
大村市、千綿市

大村市是長崎空港(P.29)的所在地,位處長崎縣中央,不論是前往北面的佐世保市,還是要到南面的長崎市,交通都十分便利。這裏面向大村灣,坐擁美麗的灣景,而且還有長崎縣內唯一一個櫻花名所百選大村公園,都是在北九州旅行不能錯過的自然景色。

千綿市與大村市相距 15 分鐘車程,乘搭 JR 大村線前往,沿途能看到大村灣的景色。千綿車站的月台擁有一望無際的海景,坐在車站裏的千綿食堂一邊呷茶,一邊欣賞火車沿着海邊的路軌駛進月台,不但打卡拍照一流,更能使人感到愜意放鬆。

(本章節圖文: Pak)

大村觀光情報: www.e-oomura.jp

前往交通

JR 博多站

(1 小時 57 分鐘 ● ¥4,380(HK$258)) →

JR 大村站

大村市市內交通攻略

大村市內的景點很多都相距大約 15 分鐘的步行路程,因此自駕會比較方便。除了自駕外,長崎縣營巴士公司在大村市內亦設有 13 條巴士路線,來往大村 JR 站,以及大村公園、野岳湖等主要景點。縣營巴士的乘搭方法與一般日本巴士無異,都是由巴士後門上車,並領取乘車券,下車時,把車費和乘車券一併放入司機旁的收銀箱,然後在前門下車。

Info
📞 0957-53-4151
🔗 縣營巴士網站 www.keneibus.jp

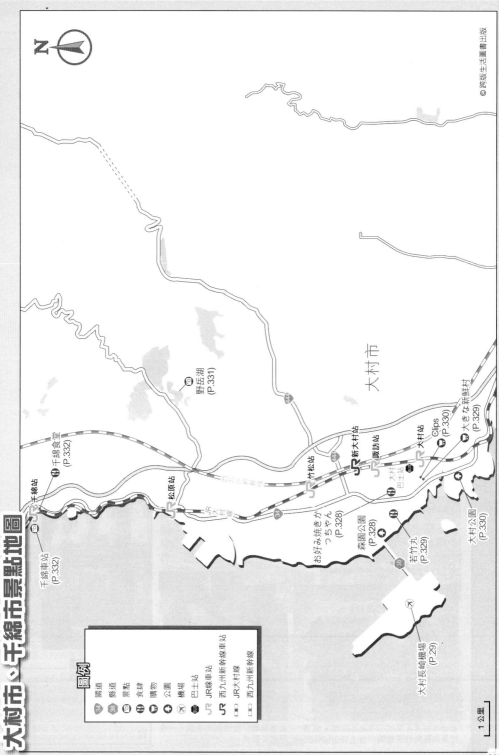

大村市、千綿市景點地圖

© 跨版生活圖書出版

N

大村市

野岳湖
(P.331)

千綿食堂 (P.332)

千綿車站
(P.332)

松原站

竹松站

新大村站

諏訪站

大村站

Clips
(P.330)

大きな新鮮村
(P.329)

お好み焼きかっちゃん
(P.328)

森園公園
(P.328)

若竹丸
(P.329)

大村公園
(P.330)

大村長崎機場
(P.29)

圖例

國道

縣道

景點

食肆

購物

公園

機場

巴士站

JR線車站

西九州新幹線車站

JR大村線

西九州新幹線

1公里

327

充滿個性的文具雜貨 Clips ⏱ 地圖 P.327

　　Clips 位於大きな新鮮村 (P.329) 旁邊，是一間專門售賣一些文具、日用品、家品和時裝的雜貨店。這裏提供的貨品絕不是甚麼名貴高檔的款式，但每類貨品的設計都十分時尚，而且富有心思，即使只是比較不同貨品的顏色也會使人看上一整天，是喜歡小物的人不能錯過的店鋪。

▲ 雜貨店 Clips。

◀店內有不少文具，包括多款別具個性的筆記簿。

◀連浴鹽的包裝也經過精心設計。

◀還有各種時裝。

Info
🏠 長崎縣大村市東本町 604
🚃 JR 大村站下車步行約 4 分鐘
🕙 10:00~19:00；元旦休息
📞 0957-52-3860
🌐 clips-net.co.jp

長崎縣內唯一櫻花名所百選 大村公園 ⏱ 地圖 P.327 賞櫻

MAPCODE 44 820 372*26

　　大村公園是長崎縣內唯一一個入選日本賞櫻名所的景點，公園裏種有 21 個品種，多達 2,000 株櫻花樹。當中最著名的品種是大村櫻，這種櫻花的花瓣較其他品種多，是國家指定天然紀念物，盛開時會更為艷麗，把整個公園都染成粉紅色。此外，公園裏的神社、城跡和水池，皆能為賞櫻之旅添上古樸之感。

◀大村公園是日本賞櫻 100 名所之一。(攝影：hlinghan)

◀大村櫻的花瓣數量比較多。(攝影：hlinghan)

◀公園內的城跡。

▲ 園內的大村神社。

◀還有梅花可賞。

Info
🏠 長崎縣大村市玖島 1-45
🚌 從大村巴士站乘前往向木場的縣營巴士，於大村公園前站下車即達；或從JR 大村站步行約 20 分鐘

▲ 公園種滿櫻花樹。

使人心境平靜的人工湖 野岳湖 ⏱ 地圖 P.327 MAPCODE 461 192 801*41

野岳湖是建於江戶時期的人工湖，湖的面積寬廣，而且湖面平靜，四周的環境優美，在春、秋兩季還能看到櫻花和紅葉，幽靜的景色使人心曠神怡。野岳湖四周有一條道路圍繞，遊客既可沿路漫步散策，也可以踏單車繞湖一周，途中會經過野岳大橋、親水公園等景點，讓遊客以湖景襯托，拍攝一幀幀美照。

▶巴士站旁的店舖，遊客可在此租單車。

▲▶野岳湖的風景令人心境平靜。

▲湖的四周有一條單車道。

▶湖邊還有一些供小朋友玩樂的設施。

Info

🏠 長崎縣大村市東野岳町 1097-1
🚌 從大村巴士站乘前往野岳湖的縣營巴士，於野岳湖站下車即達；或從 JR 新大村站駕車約 13 分鐘
📞 0957-55-8254
🌐 nodakeko.com

Part 10
佐賀縣

佐賀縣 (Saga) 位於九州西北部，人口與面積比例為九州七個縣市中密度最小的。古時的佐賀曾被稱為佐嘉，至明治維新期間才改稱為佐賀。現時的佐賀縣以農業為第一產業，而近年佐賀出產的佐賀牛亦愈來愈受歡迎。

由各縣前往佐賀 (以 JR 唐津站為終點站) 的交通

出發地	JR 車程 / 車費	高速巴士車程 / 車費
福岡 (博多站)	1 小時 18 分鐘 / ￥1,160(HK$68)	1 小時 13 分鐘 / ￥1,030(HK$78)
長崎	54 分鐘 / ￥4,780(HK$281)	——
熊本	2 小時 22 分鐘 / ￥5,560(HK$327)	——
宮崎	5 小時 29 分鐘 / ￥14,520(HK$854)	——
大分	3 小時 46 分鐘 / ￥7,820(HK$460)	——

註：不同時間開出的 JR 班次車程及車費不一，上表摘自較快班次的資訊。

佐賀縣觀光情報：
www.asobo-saga.tw

實用！

在 Facebook 輸入「元氣佐賀」
(www.facebook.com/asobosaga.tw)

10.1

美麗海岸線
唐津市

　　位於東松浦半島基部的唐津市，有着優美的海岸線，並以地標「唐津城」為觀賞海岸線的最佳地點。每年11月2日到4日的「唐津くんち」祭典，在九州十分有名。唐津還出產高質素的燒物，不容錯過啊！

🔍 唐津市：www.city.karatsu.lg.jp

前往交通

1.
JR 博多站 ──── 39 分鐘 ──── JR 筑前前原站 ──── 40 分鐘 ──── JR 唐津站
¥ 1,160(HK$68)

2.
博多巴士總站 ──── 約 1 小時 38 分鐘 • ¥ 1,050(HK$62) ──── ARPINO 前站 ──── 徒步 • 約 5 分鐘 ──── JR 唐津站

唐津市景點地圖

圖例

204	國道
553	縣道
景	景點
食	食肆
廟	廟宇/神社
住	住宿
公	公園
學	學校
BUS	巴士站
JR	JR線車站
▭▭	JR唐津線

渚館
きむら

埋門ノ館
(P.343)

舞鶴海浜
公園

唐津城
(P.341)

御宿 海舟
(P.343)

唐津神社
(P.342)

舊唐津銀行
(P.343)

唐津街道

347

236

安淨寺

唐津Bus
Center

曳山展示場
(P.342)

JR唐津線

唐津站

200 米

© 跨版生活圖書出版

唐津市位置地圖

東松浦半島
(佐賀縣)

唐津市

虹ノ
松原站

鏡山温泉茶屋
美人の湯
(P.344)

5 公里

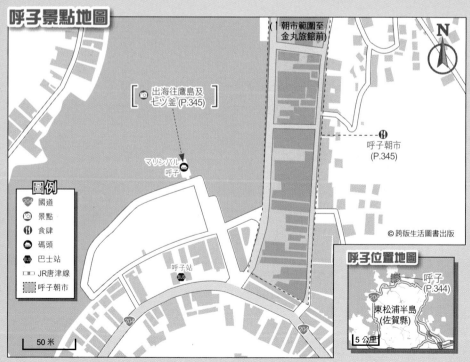

呼子景點地圖

(朝市範圍至
金丸旅館前)

出海往鷹島及
七ツ釜(P.345)

マリンパル
呼子

呼子朝市
(P.345)

圖例

204	國道
景	景點
食	食肆
碼	碼頭
BUS	巴士站
▭▭	JR唐津線
▤	呼子朝市

呼子站

50 米

© 跨版生活圖書出版

呼子位置地圖

呼子
(P.344)

東松浦半島
(佐賀縣)

204

5 公里

遊覽歷史名城 唐津城 ⏱ 地圖 P.340(上) MAPCODE 182432019

☑ 共通券適用 (唐津城 + 曳山展示場 + 旧高取邸)

在 1602 年，唐津城由豐臣秀吉的武將、唐津藩第一代藩主寺澤廣，花了七年時間終於建成。唐津城的中心部分遺址現為舞鶴海浜公園，是賞櫻花及紫藤花勝地。唐津城的天守閣樓高五層，下面四層為展示室，展出唐津城的模型、出土文物及歷史資料等。在塔頂，則可看唐津灣及松浦川美麗的景色。

▶ 復修後的唐津城。

▶ 若 打 算 一 次 過參觀唐津城、曳山展示場及旧高取邸，可購買共通券￥1,000(HK$76)。不過，若只參觀其中兩個館，購買共通券並不划算。(攝影：黃穎宜)

▶ 到 了 5 月，舞鶴公園便會開滿紫藤。

戴上面具或盔甲。

▶ 2 樓新增的體驗區，可

▲頂樓觀景台，外面有收費望遠鏡。(攝影：黃穎宜)

▲ 從天守閣中向外眺望，可看到唐津灣及松浦川美麗的景色。(攝影：黃穎宜)

Tips

前往唐津城需要走 300 多級樓梯，若不想走樓梯，可以到電梯售票機購票。(圖文：黃穎宜)

▲ 電梯售票機，￥100(HK$7)，成人￥50 (HK$4)，小童

▲ 由這裏走 300 多級樓梯往古城。

▲ 唐津城模型：江戶時代的城下町。(攝影：黃穎宜)

Info

🏠 佐賀縣唐津市東城內 8-1
🚃 JR 唐津站步行約 10 分鐘
🕐 09:00~17:00，12 月 29 至 31 日休息
📞 0955-72-5697
💲 天守閣一般 ￥500(HK$38)，初中生、小學生 ￥250(HK$19)
🌐 www.karatsu-bunka.or.jp/shiro.html

(文字：黃穎宜)

鏡山展望台 鏡山展望テラス 🕐 地圖：北九州自駕遊大地圖

MAPCODE 182 347 253*54

▲ 把唐津灣一覽無遺。

鏡山展望台位於佐賀縣西北部的唐津市，建於海拔 284 米高的鏡山山頂之上。在展望台上，不僅可以眺望唐津市區全景，還可以看到國家特別風景名勝唐津灣、虹の松原，將美麗的自然景致盡收眼底。天氣晴朗時還可以看到漂浮在海面上「壱岐」小島的影子。

Info
🏠 佐賀縣唐津市鏡鏡山山頂
🚃 JR 虹の松原站駕車約 15 分鐘
📞 955-72-4963 💲 免費 ❗ 泊車免費
🌐 saga-karatsu.com/kagamiyamatembodai/

巡遊大花車 曳山展示場 🕐 地圖 P.340(上)   MAPCODE 182 401 109

☑ 共通券適用 (唐津城 + 曳山展示場 + 旧高取邸)

唐津於每年 11 月 2 日至 4 日舉行秋季祭祀活動「唐津宮口」，其中的大型巡遊一共舉辦了 400 多年，被列為日本重要非物質民俗文化遺產。

曳山展示場展示了活動當中使用的大型花車，當中的「唐津曳山 14 台」，即鯛魚、獅、虎、龍等主題花車，更被列為佐賀縣指定重要有形民俗文化遺產。

▲ 11 號花車「酒吞童子和源賴光之兜」。

▲ 5 號花車「鯛」。

Info
🏠 佐賀縣唐津市新興町 2881-1
🚃 JR 唐津站步行約 10 分鐘
🕐 09:00~17:00，12 月 29 日 至 31 日、12月第一個周二及周三休息
📞 0955-73-4361
💲 成人 ¥310(HK$23)，小童 ¥150(HK$11)
🌐 www.city.karatsu.lg.jp/kankoushisetsu/shisetsu/hikiyamatenjijyo.html

(圖文：黃穎宜)

「三韓征伐」時期祈願神社 唐津神社 🕐 地圖 P.340(上)

MAPCODE 182 401 798

唐津神社是「三韓征伐」時期祈願的神社，神社位於曳山展示場對面，每年來到 11 月的祭祀活動「唐津宮口」，便會擠滿參與巡遊的人，大鑼大鼓，好不熱鬧。

◀▲ 神社前有多塊祈願板，供遊客寫上願望。

▲ 神社前的巨大鳥居。

Info
🏠 佐賀縣唐津市南城內 3-13
🚃 JR 唐津站步行約 10 分鐘
🕐 24 小時 📞 0955-72-2264
💲 免費入場

(圖文：黃穎宜)

唐津市
佐賀市
有田町
武雄市
嬉野市
鹿島市
神埼市
鳥栖市
基山町

優雅日本庭園 埔門ノ館 地圖 P.340(上) MAPCODE 182 401 896

埔門ノ館展示了舊唐津藩時代的家居，當中可欣賞到優雅的日本庭園，館內還會定期舉辦茶道、舞蹈等文化活動。

Info
🏠 佐賀縣唐津市北城內 6-56
🚌 JR 唐津站步行約 15 分鐘
🕐 09:00~17:00，周一及 12 月 29 日至 1 月 3 日休息
💲 免費參觀
📞 0955-75-1810

▶在埔門ノ館，遊客可一睹真實的日本庭園，感受其典雅清幽的氣息。

(圖文：黃穎宜)

鮮味海鮮料理店 御宿 海舟 地圖 P.340(上)

在御宿 海舟可以吃到漁市場新鮮運到的海鮮，這餐廳是旅館的附屬食堂，提供各式新鮮海鮮套餐，一於在這兒吃豐富海鮮大餐！

看招到牌▶料。，理遊店客外從掛遠上處巨也大可的

Info
🏠 佐賀縣唐津市東城內 2-45
🚌 JR 唐津站步行約 14 分鐘
🕐 11:00~18:00　📞 0955-72-8101
💲 人均消費：午餐約 ¥2,500(HK$190)，晚餐約 ¥4,500(HK$341)
🌐 www.onyado-kaisyu.com

(圖文：黃穎宜)

唐津最早期西洋建築 舊唐津銀行 地圖 P.340(上)

MAPCODE 182 401 414*87

舊唐津銀行於 1912 年建成，連地牢共有 3 層，當年為唐津銀行的本店，建築物由日本一代建築名家──東京站的建築師辰野金吾及其徒弟田中實合力設計而成，也是唐津市最早期的西洋建築之一。銀行現時作展示用途，免費開放予遊客入內參觀，館內的裝潢重現了當時銀行的風貌。

有吾▶相同似的樣的手出地筆自方，建嗎看築？上大去師與辰東野京金站

▲西洋風味的裝潢，每個角落都非常精緻。

Info
🏠 佐賀縣唐津市本町 1513-15
🚌 從 JR 唐津站步行約 10 分鐘
🕐 09:00~18:00，12 月 29 至 31 日休息
📞 0955-70-1717
💲 免費 (特別展需收取費用)
🌐 karatsu-bank.jp

高級感。高挑的天花帶有

舉一下便知道了！

一億日元有多重？試

《Yuri!!! on Ice》主角老家 ♨泡湯

鏡山溫泉茶屋 美人の湯 ⏱地圖 P.340(上) MAPCODE® 1823478818*31

鏡山溫泉茶屋 美人の湯集日歸溫泉與茶屋於一身，溫泉的泉水取自 1,600 米深的地底，美肌效果尤其顯著。茶屋則提供新鮮的海鮮料理，而茶屋亦因動畫《Yuri!!! on Ice》把它設定為主角勝生勇利的老家，吸引眾多國內外粉絲前來朝聖及品嘗動畫中的名物滑蛋豬排蓋飯！

▲溫泉兼茶屋的美人之湯。

沒想到溫泉水也能出售，20 公升只需 ¥100(HK\$7)！

▲泡完湯就來吃一頓美食吧！

▶分開男女湯。

滑蛋豬排飯

茶屋的名物客滑蛋豬排飯，每份 ¥750(HK\$57)。

Info
🏠 佐賀縣唐津市鏡 4733
🚌 從 JR 虹ノ松原站步行約 8 分鐘
🕙 10:00~22:00，每月第 3 個周四、12 月 31 日休息，1 月、2 月、8 月不休息；餐廳 11:00~21:30，除了星期日及公眾假期外，15:00~17:00 休息
💲 泡湯：成人 ¥700(HK\$41)，小童 ¥350(HK\$21)
(17:00 以後，分別 ¥600(HK\$18) 和 ¥300(HK\$35)
📞 0955-70-6333
🌐 kagamiyamaonsenchaya.com

在漁港品嘗活魷魚刺身 呼子 ⏱地圖 P.340(下)

呼子位於唐津市內，是佐賀縣的主要漁港之一，活魷魚刺身是這裏的特產。天氣好時，呼子風光明媚，環境舒適，而且這裏擁有全日本三大朝市之一的呼子朝市，各式海鮮食店少不了。來到呼子還可參與不同的海上觀光活動。

呼子是佐賀的主要漁港之一。

◀唐津 Bus Center(バスセンター)，在這兒乘巴士往呼子。

Info
🏠 佐賀縣唐津市呼子町呼子
🚌 JR 唐津站徒步約 5 分鐘，在唐津 Bus Center 乘昭和巴士往呼子，約 30 分鐘，車費 ¥750(HK\$57)

(圖文：黃穎宜)

呼子 吃買玩精選

買海鮮湊熱鬧 呼子朝市　地圖 P.340(下)　MAPCODE 182722261*41

　　呼子朝市是日本三大朝市之一，共有 80 多家店，主要售賣海鮮、蔬菜、醬油等食物。每家店開店時間稍有不同，多於早上營業，想購買最新鮮的海鮮的話，建議早一點前來，而大部分店鋪會提供冰塊以保持海鮮鮮度。

▶朝市的店鋪主要在早上營業。

▲大部份店鋪都提供試吃，不妨吃過喜歡才買。

◀燒魚乾一盒 ￥500 (HK\$38)。

Tips 朝市的「朝」不要唸作「潮」，而是「蕉」，所謂「朝市」即早上開的市場。

Info
- 🏠 佐賀縣唐津市呼子町呼子朝市通り
- 🚌 呼子巴士站步行約 5 分鐘
- 🕐 07:30～12:00

(圖文：黃穎宜)

坐潛艇欣賞水底世界 出海往鷹島　地圖 P.340(下)

MAPCODE マリンパル呼子：182 722 166*85

　　「ジーラ海中展望船」是艘半潛水型潛艇，駛往鷹島一帶水域，帶遊客在水底賞魚。在這片水域，四季也有不同種類的魚類在這兒棲息，乘客可在船中觀察海底生物在海中央自由自在地游泳，是個難得的體驗。

Info
- 🏠 佐賀縣唐津市呼子町　📞 0955-82-3001
- 🚌 呼子巴士站步行約 5 分鐘抵達上船碼頭「マリンパル呼子」
- 🕐 遊覽船出發時間：09:00、10:00、11:00、12:00、13:00、14:00、15:00、16:00、17:00(11 至 2 月尾班船為 16:00)
- 💲 成人 ￥2,200(HK\$129)；小學生 ￥1,100(HK\$64)
- 📱 www.marinepal-yobuko.co.jp/zeela.html

▲呼子遊覽船碼頭，遊客可於相中碼頭(マリンパル呼子)上船出海遊覽。

(圖文：黃穎宜)

驚險刺激之旅 坐船探索七ツ釜　地圖 P.340(下)

MAPCODE マリンパル呼子：182 722 166*85

　　來到呼子可以乘遊覽船(イカ丸號)前往七ツ釜探險神秘自然的世界。在玄武岩斷崖下遊湖，既驚險又刺激。每船可坐 69 位或 60 位乘客，若事先預約，可以為 10 位以上的客人加開班次。

Info
- 🏠 佐賀縣唐津市呼子町
- 🚌 呼子巴士站步行約 5 分鐘抵達上船碼頭「マリンパル呼子」
- 🕐 遊覽船出發時間：09:30、10:30、11:30、12:30、13:30、14:30、15:30、16:30，航行時間為 40 分鐘
- 📞 0955-82-3001
- 💲 成人 ￥2,000(HK\$118)，小學生 ￥1,000(HK\$59)，一名成人可免費帶同一名幼兒上船
- 📱 www.marinepal-yobuko.co.jp/ikamaru.html

▲イカ丸號遊覽船，船身以魷魚作裝飾。

(圖文：黃穎宜)

側邊欄： 唐津市　佐賀市　有田町　武雄市　嬉野市　鹿島市　神埼市　鳥栖市　基山町

10.2

新鮮紫菜盛產地
佐賀市

佐賀市位於佐賀縣東南部，為縣內最大的城市，亦是佐賀縣的縣廳所在地。佐賀市面對有明海峽，市內的紫菜產量佔全日本第一位，所以，來到佐賀市，一定要品嘗最新鮮美味的紫菜！

● 佐賀市：www.city.saga.lg.jp

(相片由佐賀縣觀光連盟提供)

前往交通

JR 唐津站

約 1 小時 15 分鐘 ● ￥1,130(HK$66) →

JR 佐賀站

市內交通

　　要遊走佐賀市，除了可漫步小城外，較遠的景點如佐賀城等均需乘搭市營巴士才可到達。車費單程 ￥150(HK$11) 起，還有一日乘車券，一般市內景點只需購買指定區域內一日乘車券便可，售價為成人 ￥350(HK$27)，小童 ￥180(HK$14)，乘車券可於巴士上直接購買。

　　佐賀市營巴士：www.bus.saga.saga.jp

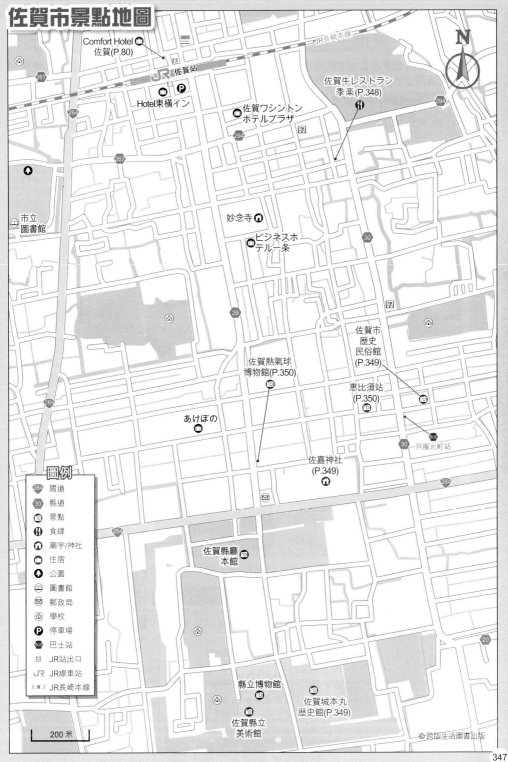

佐賀市景點地圖

N

Comfort Hotel
佐賀(P.80)

JR長崎本線

JR 佐賀站

佐賀牛レストラン
季楽(P.348)

Hotel東橫イン

佐賀ワシントン
ホテルプラザ

267

294

294

市立
圖書館

妙念寺

ビジネスホ
テル一条

30

29

佐賀市
歷史
民俗館
(P.349)

佐賀熱氣球
博物館(P.350)

惠比須站
(P.350)

あけぼの

呉服元町站

30

佐嘉神社
(P.349)

264

264

圖例

264	國道
30	縣道
	景點
	食肆
	廟宇/神社
	住宿
	公園
	圖書館
	郵政局
	學校
	停車場
bus	巴士站
	JR站出口
JR	JR線車站
	JR長崎本線

佐賀縣廳
本館

20

縣立博物館

佐賀城本丸
歷史館(P.349)

佐賀縣立
美術館

200 米

© 跨版生活圖書出版

擁有最多惠比須神像的市 **惠比須像巡遊** 🕐 地圖 (惠比須站)P.347

地圖 (惠比須站)P.347

惠比須為日本七福神中的一員，相傳惠比須為商人之神，能保佑信眾商貿繁盛及生意興隆。佐賀縣自古以來盛行供奉惠比須，大街小巷都可以找到不同的惠比須神像，截至 2011 年，單單佐賀市已有多達 800 尊惠比須像，成為日本擁有最多惠比須像的城市。佐賀市製作了惠比須的巡遊地圖，並設立了專售惠比須商品的惠比須站 (開運さが惠比須ステーション)，遊客可於惠比須站或 JR 佐賀站內的觀光協會取得免費的惠比須地圖，跟隨地圖到不同的惠比須像前蓋章及參拜。

▲巡遊前先到惠比須站，掌握各個惠比須像的位置後再出發吧！

▲ 在惠比須站內除可取得地圖，還可蓋章印到明信片上作為紀念品帶回家。

Tips

參拜惠比須

參拜方法非常簡單：部分惠比須的胸前和黑漆帽上刻有栗子形狀般的寶珠，這些寶珠於佛教中稱為如意珠，遇上這些惠比須，只要一邊撫摸寶珠，一邊祈求，便可願望成真了！ ▶可以摸摸惠比須的寶珠。

Info

惠比須站
- 🏠 佐賀縣佐賀市吳服元町 7-39
- 🚌 JR 佐賀站巴士中心，乘 11 號「佐賀大学 • 西与賀線」或 12 號「佐賀大学 • 東与賀線」，在吳服元町站 (ごふくもとまち) 下車，車程約 10 分鐘；或於 JR 佐賀站的南口步行約 30 分鐘
- 🕐 10:00~17:00，逢周一 (如遇假日改為翌日) 及年末年始休息
- 📞 0952-40-7137
- 🌐 www.saga-ebisu.com/guidebook/china

亞洲首座 **佐賀熱氣球博物館** 🕐 地圖 P.347 | MAPCODE 87 291 789*08

地圖 P.347

Saga Balloon Museum、佐賀バルーンミュージアム

佐賀市每年 11 月初均會舉辦盛大的佐賀國際熱氣球節 (詳見右頁)，在 2016 年，佐賀市政府開設了亞洲首座熱氣球博物館。博物館內除了展示巨大的熱氣球，還介紹了熱氣球的原理及熱氣球節的歷史。館內設有操作熱氣球的體驗遊戲及動感影院，讓遊客深入感受熱氣球的魅力。

◀佐賀熱氣球博物館為亞洲首座熱氣球博物館。

▲ 不同形狀的迷你熱氣球。

◀一入大門便看到熱氣球的實物，從下仰望甚有壓迫感！

人氣 No. 1

▲站在腳印上拍照，熱氣球便會載你乘風而去，出現於左邊的天空上了！

▲體驗模擬駕駛熱氣球！

▲製造熱氣球的材料有很多，觸摸時會發現各有不同。

▲利用立體影像介紹氣球的種類，生動有趣。

▶掛在房間作為擺設也不錯。

▶熱賣第一位的紀念品，以紙模型砌成熱氣球，

▶位於一樓的商店，出售許多與熱氣球相關的紀念品。

Info

🏠 佐賀熱氣球博物館
　佐賀縣佐賀市松原 2-2-27
🚌 JR 佐賀站巴士中心乘巴士至「県庁前」站下車，車程約 6~9 分鐘；或於 JR 佐賀站南口步行約 29 分鐘
🕐 10:00~17:00(最後入場時間 16:30)，逢周一(如遇假日改為翌日)及年末年始休息
💲 成人 ￥500(HK$38)，中學及小學生 ￥200(HK$15)，小學生以下免費
📞 0952-40-7114
🖥 www.sagabai.com/balloon-museum

佐賀國際熱氣球節 佐賀インターナショナルバルーンフェスタ

佐賀市每年 10 月底至 11 月初的一星期期間都會舉辦國際熱氣球節，這是日本兼亞洲區最大型的熱氣球大會。來自 10 多個國家的選手，接近 100 個熱氣球會齊集佐賀市的嘉瀬川競逐殊榮，不少是卡通造型的熱氣球。比賽大多在 07:00~15:00 進行，期間會有歌舞或煙花等精彩節目，亦有不少美食攤檔，吸引接近 100 萬人次前來參加盛會！

Info

🏠 佐賀縣佐賀市嘉瀬町大字荻野 嘉瀬川河川敷
🚌 國際熱氣球節期間，乘 JR 至臨時車站 JR バルーンさが站下車(與佐賀站相隔兩個站)，再步行約 10 分鐘
🕐 10 月底至 11 月初的一星期期間(每年時間略有不同)，約 07:00~15:00
🖥 www.sibf.jp

熱氣球節舉行位置地圖

JR長崎本線
バルーンさが站
佐賀インターナショナルバルーンフェスタ
(P.351)

圖例
景點
JR　臨時JR站(限熱氣球節期間通行)
JR長崎本線

200 米

© 跨版生活圖書出版

▲一個個熱氣球升上天空。(相片提供：佐賀縣香港事務所)

唐津市

佐賀市

有田町

武雄市

嬉野市

鹿島市

神埼市

鳥栖市

基山町

陶瓷精品 佐賀縣立九州陶磁文化館 　地圖 P.353　MAPCODE 104 330 089

有田以陶瓷製品聞名於世，因此佐賀縣特意在有田設立了陶瓷文物館，展出有田與伊萬里一帶出產的陶瓷藝術品，同時亦展出九州陶瓷發展史的相關資料。館內的常設展有約 1,300 件陶瓷展品，並不時舉辦特別展，展出其他地區的陶瓷精品。

▲陶器不限於食器，連陶瓷燈都可在此欣賞得到。

▲文化館連外牆都是以陶瓷砌成的。

▲明治時期的陶器，花瓶巨型得像人一樣高。

▲館內擁有一個巨型的陶瓷音樂鐘，每隔 30 分鐘玩偶便會隨着音樂起舞。

Info

🏠 佐賀縣西松浦郡有田町戸杓乙 3100-1
🚃 JR 有田站步行約 10 分鐘即達
🕐 09:00~17:00，逢周一 (若遇公眾假期順延一天)，12 月 29 日至 31 日休館
📞 0955-43-3681
💲 免費入場，特別展覽需額外收費
🌐 saga-museum.jp/ceramic

吃完咖喱帶走瓷碗 Oota Gallery アリタセラ店

創ギャラリーおた　アリタセラ店　　地圖 P.353

在有田，有名的除了陶瓷製品外，原來還有另一樣名物，就是有田咖喱！Oota Gallery 的有田咖喱，利用多達 28 種香料調配而成，再加上有田出產的棚田米與牛肉，製成這款極受歡迎的美食。另外，這款有田燒咖喱加上有田出產的瓷碗，曾榮獲九州列車便當第七回大賞，許多人特意到有田站都是為了購得這款便當，吃完後還可以把瓷碗帶回家留念呢！

▲熱騰騰的咖喱上場了！牛肉咖喱上鋪了一層香濃的芝士，咖喱內含多達 28 種香料，讓人齒頰留香！每客咖喱連瓷碗為 ￥1,800(HK$106)。

◀除了咖喱，店內的芝士蛋糕亦十分出色，連飲品全份套餐為 ￥800 (HK$61)。

◀吃罷還可寫上你的感想，或可看看其他人的評價。

Info

🏠 佐賀縣西松浦郡有田町赤坂丙 2351-169(有田燒卸団地内)
🚃 JR 有田站步行約 26 分鐘
🕐 11:00~16:00，逢周一休息
📞 0955-42-6351
🌐 aritayakicurry.com

400 多年的陶器手藝 酒井田柿右衛門館

⏱ 地圖 P.353

MAPCODE 307 659 282

這個博物館展示了日本其中一位最著名的陶藝家酒井田柿右衛門的作品。實際上，酒井田柿右衛門 (初代) 從 1596 年開始製作陶器，至今已傳至第 14 代，他們的技術被日本評為重要無形文化財。酒井田柿右衛門的作品風格以和式的花鳥圖案為主，顏色採用暖色系，在白色的陶瓷上繪出非對稱的圖案。無論在國內國外，酒井田柿右衛門都獲得極高評價，喜愛陶瓷的遊客很值得前往欣賞。

▲ 館內展示了許多出色的作品。

提到邊圖發館
升的的案現外
戀話看的頭鯉池
愛，板部的
！幫心塘
運若，形內
助看旁有

Info

🏠 佐賀縣西松浦郡有田町南山丁 352
🚇 JR 有田站乘巴士西方線，至柿右衛門館入口站下車，車程約 5 分鐘，車費成人 ￥200(HK$15)，小童￥100(HK$7)
🕐 09:00～17:00，12 月 29 日至 1 月 3 日休息。
📞 0955-43-2267　kakiemon.co.jp

歐洲宮殿風 有田陶瓷公園　有田ポーセリンパーク

📍 地圖：北九州自駕遊大地圖　MAPCODE 104 274 308

有田陶瓷公園以有田燒為主題，園內最主要的建築物為仿照 18 世紀德國巴洛克風格的歐洲宮殿，內裏展示了自江戶末期至明治初期的有田燒藝術品，而在陶瓷歷史館內亦展示了日本童畫畫家古賀亞十夫的作品。公園內建有大小各異的巴洛克庭園，參觀時猶如置身歐洲。

Info

🏠 佐賀縣西松浦郡有田町戶矢乙 340-28
🚇 從有田站乘計程車約 8 分鐘
🕐 09:00～17:00
💲 宮殿：成人 ￥600(HK$35)，中學生￥300(HK$23)，小學生或以下免費
📞 0955-41-0030
📱 www.nonnoko.com/app

(相片由佐賀縣觀光連盟提供)

▲ 宮殿內展示了許多古時留下來的有田燒藝術品。

▲ 有田燒在歐洲一帶相當有名，難怪公園會採用歐洲宮殿風格的建築。

延綿 4 公里 500 間陶器店 有田陶器市集

⏱ 地圖 P.353

每年 4 月 29 日至 5 月 5 日，有田市都會舉辦全國最大型的有田陶器市集。從有田站至上有田站之間 4 公里內的商店街，其兩旁逾 500 間陶器店都會參加，並以特惠價錢出售名家作品。舉辦當天，市集每日都會錄得超過 20 多萬人次參加，整個小鎮堆滿陶瓷愛好者與遊客，相當熱鬧。

Info

🏠 有田站至上有田站之間的商店街
🚇 JR 有田站下車後步行約 25 分鐘，或 JR 上有田站下車後步行約 15 分鐘
🕐 06:00～19:00　📞 0955-42-4111
📱 arita-toukiichi.or.jp

▶ 有田陶器市集舉辦期間，許多瓷器都打折出售，有時更低於 ￥300(HK$18)。

(相片由佐賀縣觀光連盟提供)

10.4

人氣溫泉區
武雄市 泡湯

　　武雄市最有名的要說是武雄溫泉，開湯至今已超過1,300年，傳說中，在神功皇后凱旋回歸途中，以太刀的刀柄劈向岩石，溫泉水隨即湧出，因此古時武雄溫泉稱為「柄崎溫泉」。現時武雄溫泉為佐賀縣內其中一個著名的溫泉鄉，江戶時代不少名將如豐臣秀吉、伊達政宗、宮本武藏等名將均曾於此泡湯療傷。武雄溫泉與嬉野溫泉(P.361)為佐賀縣最具代表性的溫泉。

　　每年7月中至9月尾，武雄溫泉一帶都會舉辦「武雄之夏」的特別活動，市內景點如御船山樂園、慧州園及武雄神社等均會有亮燈活動，充滿夢幻色彩。

● 武雄市觀光協會：www.takeo-kk.net

前往交通

1. JR 博多站 → 約 1 小時 • ¥2,880(HK$169) → JR 武雄溫泉站

2. JR 唐津站 → 約 1 小時 41 分鐘 • ¥2,060(HK$121) → JR 武雄溫泉站

市內交通

可由 JR 武雄溫泉站步行或乘巴士前往各景點。

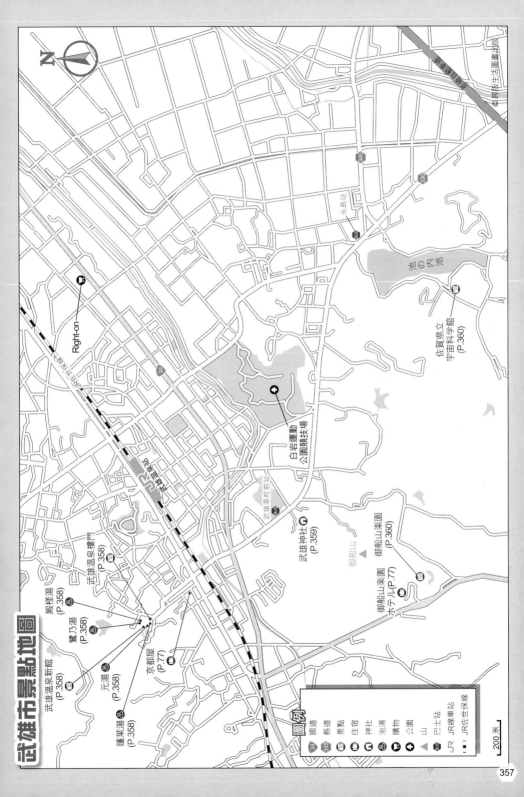

福岡縣

大分縣

熊本縣

長崎縣

佐賀縣

宮崎縣

重要文化財 🕐 地圖 P.357　MAPCODE 樓門：104 407 180*38

武雄溫泉樓門、樓門附近泡湯場所 ♨泡湯

　　武雄溫泉街入口處的**樓門**可說是武雄溫泉最著名的地標之一，朱紅色的樓門又稱為天平樓門，於 1915 年建成，設計出自東京站設計師辰野金吾之手。樓門於 2005 年被列為國家重要文化財，2 樓的天井有四個雕繪，為十二干支中的鼠、兔、馬與雞，與 2012 年復原的東京站南北面天井上的八個干支，拼湊成完整的十二干支，成為一時佳話。每晚日落至 23:30，樓門會亮起燈光，猶如黑夜中的寶石一樣耀眼。

　　樓門旁有旅館「桜門亭」，為旅客提供純住宿，成人 ¥5,000(HK$294)，小童 ¥3,500(HK$206)。樓門後方設有多個泡湯場所，如日本現存最古老的木造公眾浴場**元湯**、**蓬萊湯**、位於桜門亭的**鷺乃湯**及曾為江戶時代中期領主鍋島氏專用的貸切溫泉**殿樣湯**等。

▲外型帶點中國風的武雄溫泉樓門。

▶ 設有露天桑拿的鷺乃湯。

▲ 元湯與蓬萊湯位於樓門後方。

Info

🏠 **樓門** 佐賀縣武雄市武雄町大字武雄 7425 番地
🚉 **樓門** 從 JR 武雄溫泉站步行約 15 分鐘
🕐 **樓門** 24 小時，日落至 23:30 亮燈；泡湯場所：**元湯及鷺乃湯** 06:30~24:00，**蓬萊湯** 06:30~21:30，**殿樣湯** 16:00~21:00，周六、日及假期 13:00~22:00，各場所最後進場為休息前 1 小時
📞 0954-23-2001
💲 **元湯及蓬萊湯** 成人 ¥400(HK$30)，3~12 歲 ¥200 (HK$15)；**鷺乃湯** 成人 ¥600(HK$45)，3~12 歲 ¥300 (HK$23)；**殿樣湯** 平日每小時 ¥3,300(HK$250)，周六、日或假期每小時 ¥3,800(HK$288)

參觀舊日大浴場 武雄溫泉新館 🕐 地圖 P.357　MAPCODE 104 406 179*12

　　位於樓門後的武雄溫泉新館於 2003 年復修而成，與樓門一樣被列為國家重要文化財。新館重現昔日大正時期華麗的大浴場面貌，展出當時浴場的裝潢與設計獨特的瓷磚。另外，遊客可在此參加陶瓷體驗。

◀ 武雄溫泉新館免費開放予遊客參觀。

Info

🏠 佐賀縣武雄市武雄町大字武雄 7425
🚉 從 JR 武雄溫泉站步行約 15 分鐘
🕐 10:00~18:00，逢周二休館
📞 0954-23-2001
💲 免費

市內最古老神社 武雄神社 地圖 P.357 MAPCODE 104 377 173*63

武雄神社為武雄市內最古老的神社，石製的鳥居被稱為肥前鳥居，香蕉似的形狀為其獨特之處，也是石造文化史上的珍貴遺產。神社入口旁種有一對夫婦檜，除可求得姻緣運或夫妻感情和順外，與朋友、工作甚至金錢也可締結緣份。在神社深處，可找到樹齡超過 3,000 年、全日本巨木之中排第 7 位的武雄之大楠。楠樹高達 30 米，樹幹約有 20 米，除了是市內天然記念物外，亦是武雄神社的巨木，樹幹中更以多達 12 疊面積範圍供奉了天神。

▲武雄神社相當古樸。

▲進入神社參拜前，先拜夫婦檜祈求良緣吧！

▲懸掛繪馬的地方成八角形，並根據不同座向掛上，如東南方。

▲神社本殿以白色為主色，非常特別。

武雄之大楠

神社的武雄之大楠樹齡已經超過 3,000 年，為參觀神社必到的景點。

步射占卜

神社內還可體驗佐賀縣內最古老的步射占卜，先向神社以 ¥500(HK$36) 購買神矢，然後前往神社左方的射場。

右側圖注：園圈、射場

Tips

步射祭

每年 2 月 17 日，神社會舉行傳統儀式步射祭。這個儀式已有超過 1,200 年歷史，當日 14:00 神官會射出 6 支箭，祈求五穀豐收，而神社會派發豬汁給信眾專用。

Info

🏠 佐賀縣武雄市武雄町大字武雄 5335
🚌 從 JR 武雄溫泉站步行約 25 分鐘，或乘搭祐德巴士祐德線至武雄高校前巴士站下車，再步行約 3 分鐘
🕐 24 小時
☎ 0954-22-2976
🌐 takeo-jinjya.jp

▲以兩手緊握箭矢，在心中祈願，確定箭場方向沒有人後，從破魔弓納所的小箱內取出弓，若箭矢順利通過圓圈即代表願望達成；若穿不過則代表除災招福。把箭矢帶回家更可作為護身符！

右側直排：唐津市、佐賀市、有田町、武雄市、嬉野市、鹿島市、神埼市、鳥栖市、基山町

求家宅及生意 祐德稻荷神社 地圖 P.367 MAPCODE 461 568 459*81

祐德稻荷神社與京都伏見稻荷大社及茨城笠間稻荷神社，合稱為日本三大稻荷神社。祐德稻荷神社早於 1687 年創建，本殿則在 1957 年重建。神社以祈求商貿繁盛及家庭宅運為主，每年多達 300 萬人前來參拜，是九州繼太宰府天滿宮 (P.142) 後最受歡迎的神社之一。另外，神社對面設有**祐德博物館** (見地圖 P.367)，常設展展出祐德稻荷神社的寶物，以及舊鹿島藩歷代藩主使用的鎧兜等。

以稻荷神社都會以狐狸代替狛犬，祐德稻荷神社也不例外。

▲有三大稻荷之稱的祐德稻荷神社。

▲神社的本殿位於山腰，以朱紅色的柱子支撐，非常特別。

▲既為稻荷神社，又怎少得了鳥居陣呢？

Info

🏠 佐賀縣鹿島市古枝乙 1855
🚌 從 JR 肥前鹿島站旁的鹿島巴士中心 (鹿島バスセンター) 轉乘前往祐德神社的巴士 (奧山線或祐德線)，在祐德神社前站下車即達，車程約 11 分鐘
🕐 祐德博物館：09:00～16:30
💲 祐德博物館：成人 ¥300(HK$23)，大學生及高中生 ¥200(HK$15)，初中生及小學生 ¥100 (HK$7)
📞 0954-62-2151　🌐 www.yutokusan.jp
❗ 免費泊車

免費參觀及試酒 觀光酒藏 肥前屋（峰松酒造場） 地圖 P.367 MAPCODE 104 029 584*85

鹿島市為日本其中一個釀製清酒的著名地方，在肥前浜一帶就有多達六間，當中峰松酒造場更打造了以觀光為主的觀光酒藏 肥前屋，提供免費酒藏參觀。遊客除了可看到釀酒使用的工具與場所外，參觀後更可免費試飲，例如清酒及燒酒，也有果醋與不含酒精飲料，即使是自駕人士也可一嘗各款美味的飲品。免費參觀時間約 30~40 分鐘。

▲可免費參觀的肥前屋。

▲用來儲存酒的大罐子。

小酒藏深處有一個個小小藏室收藏著多種昭和時代的物品。

◀內藏的都是代表的物品。

▲從前用作蒸米釀酒用的大釜，要利用梯子才能爬進去。

◀來到酒藏，怎能不品嘗一下各款佳釀？

Info

🏠 佐賀縣鹿島市浜町乙 2761-2
🚶 從 JR 肥前浜站步行約 10 分鐘
🕐 09:30～17:00，不定休
💲 免費
🌐 www.hizennya.com
❗ 在日本，必須年滿 20 歲才可飲酒

限定泥漿體驗 道の駅鹿島 ⏱ 地圖 P.367 MAPCODE® 325 842 533*88

　　這個道路休息站就在有明海旁，除了設有市場「千菜市」出售當地生產的海產與乾貨外，更擁有日本最大、佔地約 188 平方公里的泥灘。每年 4 月中至 10 月逢周六、日及假期，七浦地區振興會都會在泥灘舉辦體驗活動 (干潟体験)，例如泥漿浴，遊客可在泥灘上盡情暢玩。

▶ 道の駅鹿島為九州其中一個重點道路休息站。

▲ 一望無際的有明海，潮退後為日本最大的泥灘。

▲ 有興趣的話可在有明海享受泥漿浴，設有淋浴設備。

Info

🏠 佐賀縣鹿島市音成甲 4427-6
🚉 從 JR 肥前七浦站步行約 10 分鐘
🕐 **千菜市市場** 09:00~18:00，**泥灘體驗** 4 月中至 10 月逢周六、日及假期、黃金周及夏休期間 09:00~17:00
💲 泥灘體驗一般 ¥700(HK$53)，小童 ¥400 (HK$30)
📞 0954-63-1768
🖥 michinoekikashima.jp/main/

▶ 佐賀縣盛產柑橘，道の駅鹿島內出售柑橘軟雪糕，微酸的味道帶來刺激的口感，每個 ¥300 (HK$23)。

鹿島市景點地圖

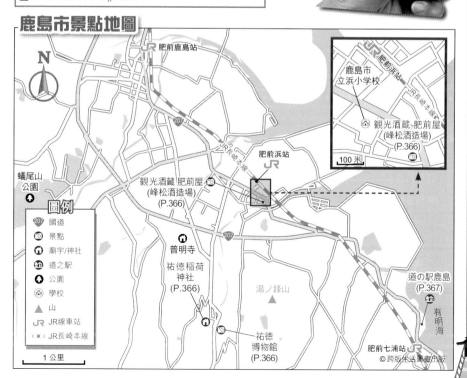

鹿島市立浜小学校

観光酒蔵 肥前屋
(峰松酒造場)
(P.366)

100 米

肥前浜站 JR

蟻尾山公園

圖例
207	國道
🔟	景點
⛩	廟宇/神社
🏠	道之駅
❀	公園
🏫	學校
▲	山
JR	JR線車站
▪▪▪	JR長崎本線

1 公里

観光酒蔵 肥前屋
(峰松酒造場)
(P.366)

普明寺

祐德稲荷神社
(P.366)

湯ノ鋒山

祐德博物館
(P.366)

道の駅鹿島
(P.367)

有明海

肥前七浦站 JR

© 跨版生活圖書出版

10.8

掃一折品牌
鳥栖市

鳥栖位於佐賀市東面,位於九州最大的交通中樞地區,貫通九州各大城市的鐵道與國道均以此為交集點。另外,九州唯一的賽馬場佐賀競馬場亦位於鳥栖市內,市內熱門旅遊點還有 Tosu Premium Outlets,不時提供折扣優惠。

● 鳥栖観光コンベンション協会:www.tosu-kanko.jp

前往交通

1. JR 博多站 ——— 約 19 分鐘 • ¥1,320(HK$78) ———→ JR 鳥栖站

2. JR 唐津站 ———— JR 佐賀站 ————→ JR 鳥栖站
約 1 小時 26 分鐘 • ¥2,000(HK$118)

低價衣物精品 Tosu Premium Outlets

鳥栖プレミアム・アウトレット ⏱ 見北九州景點及 JR 鐵路大地圖 `MAPCODE` 37 856 351

　　Premium Outlets 於日本全國各地都設有分店，Outlet 內集合了各國及日本的名店，出售折扣低於一折的衣物或精品。九州的 Premium Outlets 分店位於鳥栖，從天神便有巴士直達 (不是每天開出)，十分方便。

　　Premium Outlets 內可找到許多耳熟能詳的品牌，如：A Bathing Ape、Burberry、Coach、Nike、Pageboy、Afternoon Tea Living 等。

▲ Beams 外經常堆滿人潮，看來在日本相當受歡迎。

▲ A Bathing Ape 部分貨品低至三折！

▲開始血拼前可先到客戶服務處以護照領取優惠券，購物時可獲得更多優惠。

▲ Afternoon Tea Living 專售家品，貨品相當精緻。

Info

🏠 佐賀縣鳥栖市彌生が丘 8-1

🚌 1. 西鐵福岡天神巴士總站 6 號站乘搭巴士直達，車程約 45 分鐘；單程車費成人 ￥770(HK$45)，小童 ￥390(HK$23)，來回每人 ￥1,400(HK$82)；時間見下，但減價期間的平日只有 2 班班次。

	西鐵天神巴士總站	Tosu Premium Outlets
平日	10:02	16:30
周六、日、假日	10:02、12:02	14:30、16:30

2. JR 鳥栖站下車，轉乘巴士「鳥栖プレミアム・アウトレット行き路線」直達，車程約 15 分鐘，車費 ￥210(HK$16)

3. JR 彌生が丘站下車，轉乘巴士「鳥栖プレミアム・アウトレット行き路線」直達，車程約 7 分鐘，車費 ￥160(HK$9)

📞 0942-87-7370

🕐 10:00~20:00，2 月第 3 個周四休息

🌐 www.premiumoutlets.co.jp/tosu

▲ Outlet 內除了有餐廳，還有大型美食廣場，讓大家在購物之餘也能填飽肚子。

10.9

柿及梨子的盛產地
基山町

　　雖然基山町屬佐賀縣的一部分，但因地理位置上十分接近福岡，所以亦被劃為福岡都市圈的其中一員。基山町盛產柿及梨子，常看到農家販賣自家種植的水果，遇到賣家的話不妨買來嘗嘗。另外，極具鄉郊風情的甘木鐵路貫通基山町、朝倉市及筑前町一帶，乘火車往基山町時可慢慢欣賞。

● 基山町：www.town.kiyama.lg.jp

前往交通

1. JR 博多站 ————— 約 22 分鐘 · ￥480(HK$78) ————→ JR 基山站

2. JR 唐津站 ———— JR 佐賀站 ———— JR 鳥栖站 ———→ JR 基山站
約 1 小時 42 分鐘 · ￥2,180(HK$128)

夜觀紅葉飛舞 大興善寺

見北九州景點及 JR 鐵路大地圖　MAPCODE 419044023

　　大興善寺建於奈良時代養老元年 (717 年)，後於承和 14 年 (847 年) 正式命名為大興善寺。正大末期，大興善寺在附近山頭種植大量杜鵑花，並開設大興善寺公園，漸漸被日本人認識，一些人更會稱寺廟為杜鵑花寺。到了現在，每逢秋天，公園與寺廟內均會被開滿紅葉的樹林包圍，令大興善寺成為熱門的賞紅葉熱點，吸引不少人慕名前來。想看紅葉可 11~12 月前來，4~5 月則盛放杜鵑花。

🍁 賞紅葉

◀ 設有抹茶處供遊人在這兒喝茶或吃和菓子。

▲ 紅葉期間大興善寺公園會延至晚上 8 時關門，遊客可於公園內夜賞紅葉。圖中樓梯上的竹籃便是用以放置燈光。

◀ 落下的紅葉鋪滿樓梯，不少遊客特意前來健步或遠足。

Info

🏠 佐賀縣三養基郡基山町園部 3628

🚌 每年杜鵑花季節與紅葉期間，JR 基山站均有臨時巴士前往大興善寺，車程約 10 分鐘，費用為成人 ￥200(HK$15)，小童 ￥100(HK$7)；非花季時可於 JR 基山站乘 2 號巴士園部線於小松站下車，班次不多，逢星期日及公眾假期停駛，車費 ￥100(HK$7)；詳細交通：www.daikouzenji.com/access

🕐 08:30 至日落 (紅葉期間延遲至 20:00 關門)

💲

杜鵑花季節 (4 至 5 月)	一般 ￥600(HK$38) 初中、小學生 ￥300(HK$23)
紅葉期間 (11 至 12 月)	一般 ￥600(HK$38) 初中、小學生 ￥300(HK$23)
其他時間	一般 ￥300(HK$23) 初中、小學生 ￥100(HK$7)

📞 0942-92-2627

🌐 www.daikouzenji.com

▲ 公園依山而建，還有建在水池內的鳥居。

▲ 如烈火般的紅葉掛在大樹上，難怪這裏能成為賞紅葉的熱點！

唐津市
佐賀市
有田町
武雄市
嬉野市
鹿島市
神埼市
鳥栖市
基山町

特篇 宮崎縣精華遊

　　宮崎縣位於九州東南部，縣廳為宮崎市，由於臨近太平洋，不少城市與觀光點都充滿南國風情，60年代時期更是日本國內的蜜月勝地。宮崎一帶亦流傳許多神話故事，當中最為人熟悉的是《古事記》內山幸彥與海幸彥的神話，許多景點都是圍繞這個故事衍生出來的。

 由各縣前往宮崎(以JR宮崎站為終點站)的交通

宮崎縣：
www.kanko-miya
zaki.jp/chinese-t

出發地	JR車程/車費	高速巴士車程/車費
福岡 (博多站)	4小時/ ¥13,670(HK$804)	4小時25分鐘/ ¥5,000(HK$294)
佐賀	4小時22分鐘/ ¥14,170(HK$834)	——
長崎	5小時/ ¥17,580(HK$1,034)	5小時33分鐘/ ¥6,810(HK$401)
大分	3小時10分鐘/ ¥6,470(HK$381)	——
熊本	3小時20分鐘/ ¥10,650(HK$626)	4小時20分鐘/ ¥4,720(HK$278)

註：不同時間開出的JR班次車程及車費不一，上表摘自較快班次的資訊。

一年四季舒適悠閒
宮崎市

宮崎市為宮崎縣之縣廳所在地，平均溫度約為 18 度，每年日照時間更超過 2,000 小時，被認為是最能代表九州氣候的地區。宮崎市以出產番茄及芒果聞名，市內青島一帶則以漁業為主要產業。著名的食物為南蠻雞塊及稱為「日向夏」的柑橘，在大街小巷都可買到以日向夏製成的果汁，買一杯邊喝邊遊覽最舒服，更是夏天消暑之寶。此外，愛吃和牛的朋友，來到宮崎又豈能不吃 A5 頂級的宮崎牛呢！

📍 宮崎市觀光協會：
www.miyazaki-city.tourism.or.jp/tcn

前往交通

JR 博多站 — — — — — **JR 鹿児島中央站** — — — — — ▶ **JR 宮崎站**

全程約 4 小時 • 車費 ￥13,670(HK$804)

市內交通

宮崎市內的景點大多可乘搭巴士前往，由於路線眾多，一些熱門景點會有多條巴士線路可以直達。若巴士會途經一些熱門景點如宮崎神宮的話，會於巴士車窗及路線牌的當眼處顯示出來，旅客可先在 JR 宮崎站的觀光案內所取得巴士路線圖。

另外，持有外國護照的旅客可以特價 ￥2,000(HK$118) 購買 Visit Miyazaki Bus Card，一天之內可無限乘搭宮崎巴士，當中更包括前往青島、日南及飫肥的路線，非常划算！巴士卡可於 JR 宮崎站的觀光案內所或宮崎站巴士服務中心購買，購買時要告訴職員乘搭的日期。

宮崎巴士：www.miyakoh.co.jp/bus/rosen

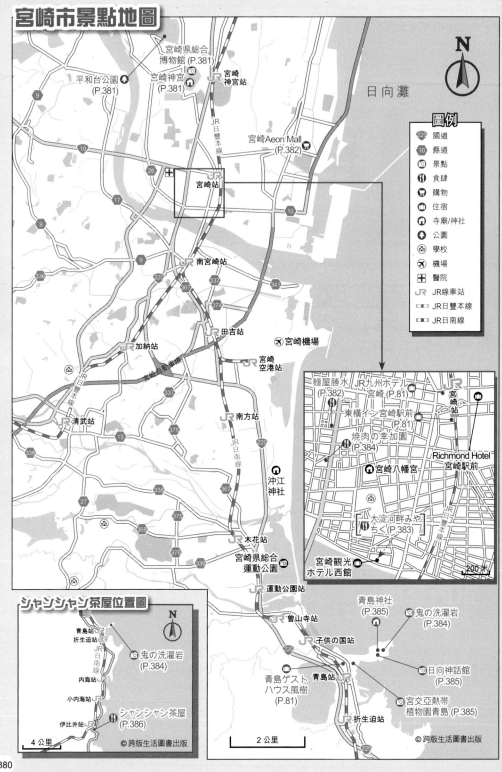

宮崎市景點地圖

日向灘

圖例

- 229 國道
- 10 縣道
- 景點
- 食肆
- 購物
- 住宿
- 寺廟/神社
- 公園
- 學校
- 機場
- 醫院
- JR JR線車站
- JR日豐本線
- JR日南線

宮崎県総合博物館 (P.381)
平和台公園 (P.381)
宮崎神宮 (P.381)
宮崎神宮站
JR日豐本線
宮崎Aeon Mall (P.382)
宮崎站
南宮崎站
田吉站
宮崎機場
宮崎空港站
加納站
宮崎自動車道
JR日豐本線
南方站
清武站
沖江神社
JR日南線
木花站
宮崎県総合運動公園
運動公園站
曽山寺站
青島神社 (P.385)
鬼の洗濯岩 (P.384)
子供の国站
青島ゲストハウス風樹 (P.81)
青島站
日向神話館 (P.385)
宮交亞熱帯植物園青島 (P.385)
折生迫站

麺屋勝水 (P.382)
JR九州ホテル宮崎 (P.81)
東横イン宮崎駅前 (P.81)
焼肉の幸加園 (P.384)
宮崎八幡宮
Richmond Hotel 宮崎駅前
宮崎站
大定河畔みやちく (P.383)
宮崎観光ホテル西館
200 米

シャンシャン茶屋位置圖

N

青島站
折生迫站
JR日南線
鬼の洗濯岩 (P.384)
内海站
小内海站
伊比井站
シャンシャン茶屋 (P.386)
4 公里
©跨版生活圖書出版

2 公里
©跨版生活圖書出版

年度大祭 宮崎神宮 地圖 P.380 MAPCODE 66381153

宮崎神宮歷史悠久，最初設立時曾被稱為神武天皇宮及神武天皇御廟，至明治六年 (1873 年) 才改稱為宮崎神社。每年 10 月 26 日，宮崎神宮都會舉行一年一度的大祭，大祭後的第一個周六及周日還會於宮崎市內舉辦大型巡遊，遊客可看到多種傳統表演，如獅子舞、太鼓、流鏑馬等。

▶ 宮崎神宮的神門。

Info
- 宮崎縣宮崎市神宮 2-4-1
- JR 宮崎神宮站下車步行 10 分鐘，或從 JR 宮崎站乘搭巴士 20、21、22、23、24、25 號至宮崎神宮站下車再步行約 5 分鐘
- 幣殿 (御社殿)06:00~17:30，神門 05:30~17:30，5 至 9 月皆延長休息時間至 18:30
- 0985-27-4004
- miyazakijingu.or.jp

包羅萬有 宮崎県総合博物館 地圖 P.380 MAPCODE 66 381 333

Info
- 宮崎縣宮崎市神宮 2-4-4
- JR 宮崎神宮站下車步行約 11 分鐘，或從 JR 宮崎站乘搭巴士 20、21、22、23、24、25 號至宮崎神宮站下車再步行約 5 分鐘
- 09:00~17:00，逢周二及公眾假期翌日休館 (若假期翌日為周六、日或公眾假期則繼續營業)，個別休館日子可參考官網
- 0985-24-2071
- 常設展免費
- www.miyazaki-archive.jp/museum

博物館於 1951 年開館，內裏除了展出宮崎縣的歷史資料及文物外，更展出了暴龍化石及隕石等珍貴展品。另外，博物館不遠處設置了歷史悠久的民家園，遊客可在此參觀到四棟宮崎縣古時的民家，了解古時宮崎縣人的生活。

▲ 博物館免費開放。

▲ 館內最讓人震撼的展品──暴龍化石！

宮崎市最大的公園 平和台公園 地圖 P.380 MAPCODE 66 410 214*22

公園的建造目的是為了紀念日本神話中第一個皇帝──神武天皇誕辰 2,600 年。公園建在小山丘上，入口可看到高 37 米的和平塔。園內有觀景台，可飽覽宮崎市的景色和海岸，十分壯觀！埴輪園也是公園的特色，「埴輪」是為古墳而設的陶器，有動物、人物、器物等。這裏有 400 件，從日本各地所發掘出來，放置在園內的森林保存。

▶ 埴輪園內有 400 件由古墳掘出來的陶器。

▶ 觀景台可飽覽宮崎市和海岸。

▲ 平和台公園的「平和」意即「和平」，而「台」則有「塔」之意思。高高的那座便是和平塔。

Info
- 宮崎縣宮崎市下北方町越ケ迫 6146
- JR 宮崎站東口乘搭宮交巴士 8 號，乘約 30 分鐘於總站平和台下車步行約 10 分鐘
- 0985-35-3181
- h.park-miyazaki.jp

(圖文：Him)

宮崎市

日南海岸

高千穗

最大！170 間專門店 宮崎 Aeon Mall

イオンモール宮崎 地圖 P.380 MAPCODE 66 325 214*05

宮崎 Aeon Mall 有多達 170 間專門店，為宮崎市內最大型的購物中心。Aeon Mall 樓高兩層，除了 Aeon 自家品牌的百貨店外，其他著名的日本商店如旭屋書店、Italian Tomato、Mister Donut 等均在此設店，是遊客消閒及血拼的好去處。

▲ Aeon Mall 內設有不少食店，任君選擇。

▲ Aeon Mall 佔地甚廣，就算逛大半天也不會嫌多！

▲ 從服裝到雜貨一應俱全。

Info

🏠 宮崎縣宮崎市新別府町江口 862-1
🚌 從 JR 宮崎站東口，乘搭直通巴士約 10 分鐘即達，成人 ￥230(HK$17)，小童 ￥120(HK$8)
巴士班次 miyazaki-aeonmall.com/static/detail/access-bus ◄
🕐 09:00~22:00(個別店鋪營業時間見官網)
📞 0985-60-8000
🌐 miyazaki-aeonmall.com

宮崎拉麵 麵屋勝水 地圖 P.380 推介 👍

遊覽日本不同地區，不少人都會一嘗當地的拉麵，只因各地的拉麵都有自己的特色，與在香港吃到的大大不同！麵屋勝水以自家製的宮崎拉麵闖出名堂，湯底採用豚骨熬製而成，拉麵更全部以日本麵粉製成，吃下去滋味無窮。

◄ 晚上不少當地人都會前來光顧麵店。

▲ 宮崎另一名物「チキン南蛮」，就是炸雞塊加上他他醬，每客兩件 ￥380(HK$29)。

◄ 熱騰騰的宮崎拉麵，每碗 ￥700(HK$41)。

Info

🏠 宮崎縣宮崎市橘通西 3-3-33
🚶 JR 宮崎站步行約 15 分鐘即達
🕐 11:30~02:00
📞 0985-28-7878

宮崎牛鐵板燒 大淀河畔みやちく 推介!

🕐 地圖 P.380　MAPCODE® 66 261 221*84

　　説到宮崎牛和鐵板燒餐廳,必定想到這間在全日本均有分店的大淀河畔みやちく,而要吃宮崎牛,當然要到宮崎店吃。店內的牛肉種類分為赤身、牛肩肉(ロース)及牛柳(ヒレ)。**赤身**的脂肪非常低,口感較韌;**牛肩肉**的日文意思是適合燒烤用的肉,脂肪較赤身多,溢出豐富美味的肉汁;**牛柳**價格較高,因為牛柳約佔了一頭牛的 3%,非常罕有,口感柔軟,脂肪較低。吃飯過程中,客人可以近距離觀摩大廚煎和牛以及炮製甜品的精湛廚藝,也可以與大廚聊天交流。

▲ 餐前小吃。

▲ 最受歡迎的用餐位置是對着窗口的座位,白天時更可飽覽河畔的景色。

▲ 每塊牛肉旁都清楚標明生產者的名字。

◀ 和牛優雅地上枱。

▲ 煎好的牛肉會放在麵包上。千萬不要吃了那片麵包,因為之後它有意想不到的用途。

▲ 煎和牛之前,大廚會先煎野菜。

◀ 吃完和牛,大廚會利用那塊原來平平無奇、吸滿肉汁的麵包製成精緻的甜品。

▶ 甜品是和牛之外的一大亮點,為晚餐畫上完美句號。

Info

🏠 宮崎縣宮崎市松山 1-1-1 宮崎観光ホテル西館(宮崎觀光酒店西館)2F

🚗 從 JR 宮崎站駕車前往約 5 分鐘,步行約 18 分鐘,或乘計程車約 7 分鐘,車費約 ¥730(HK$55)

🕐 11:00~15:00、17:00~22:00,兩節用餐時間的最後點餐為休息前 1 小時

📞 0985-62-1129

💲 赤身 特選 Course(180g)¥8,800(HK$650)
牛肩肉 上 Course(130g)¥8,900(HK$659)
牛柳 上 Course(120g)¥12,900(HK$956)

🌐 rest.miyachiku.jp/oyodo

(圖文:沙發衝浪客)

A5 頂級宮崎牛 焼肉の幸加園 🕐 地圖 P.380 [MAPCODE] 66 290 058*00

所有在宮崎生長的牛都稱為「宮崎和牛」，而只有達到 A4 級別以上的才有資格稱為「宮崎牛」。昭和 62 年 (1987 年) 時，幸加園是唯一一家認可出售「宮崎牛」的店。幸加園對於和牛肉的色澤、脂肪分佈、肉質等都作出嚴格挑選，牛肉極為鮮甜，肉質柔軟嫩滑，入口即融，幾乎不用咀嚼。來到宮崎，務必一試這令人印象難忘的 A5 級美味。

◀ 吃過和牛，不妨再試一下野菜沙律，每一份 ¥550(HK\$32)。

▲ 肉之王樣 A5 和牛，一份 ¥3,620 (HK\$213)。

▶ 特上A5 和牛，一份 ¥2,940(HK\$173)，肉質細嫩，入口即融，十分美味！

Info

🏠 宮崎縣宮崎市橘通西 2-5-24
🚇 JR 宮崎站西口出口步行約 15 分鐘
🕐 16:00～24:00，12 月 31 至 1 月 2 日休息
📞 0985-61-8929
🌐 www.koukaen.jp

(圖文：黃穎宜)

巨型波狀岩 鬼の洗濯岩 🕐 地圖 P.380 [MAPCODE] 843 192 228*48

這個景點位於宮崎市的青島，叫「鬼の洗濯岩」(鬼之洗衣板)，難道有人目擊到鬼魂蹲在海邊洗衣服？其實，這不是靈異景點，所謂鬼之洗衣板是指波狀岩。波狀岩是由於砂岩與泥岩長年被海水侵蝕，從而形成波浪般的形狀，侵蝕面積甚廣，遠看就像一塊巨型的洗衣板。這塊巨型的洗衣板據説自 1,500 至 3,000 萬年前開始形成，從市內的青島一直延伸至南部的巾着島，長達 8 公里，潮退時可踏上這塊巨型化石拍照留念。

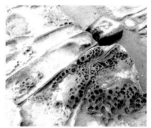

◀ 從遠處觀看，凹凸的坑紋果然像一塊巨大的洗衣板！

▲ 潮退時可步行至波狀岩上，觀賞岩石風化的情況。

Tips 江戶時代之前，日本人相信青島本身為靈域地帶，因此全島皆禁止人民擅自進入，相當神秘。

Info

🏠 宮崎縣宮崎市青島
🚇 從 JR 青島站步行約 12 分鐘
🕐 24 小時開放

祈求姻緣和安產 青島神社 🕐 地圖 P.380 　MAPCODE 843 192 098*23

青島神社最初建於文化五年 (1809 年)，是青島上唯一的大型建築物。神社是宮崎縣一大觀光景點，也是人們祈求姻緣及安產的熱門地方。

📍必到

神島神社與大部分日本的神社一樣，以朱紅色為建築的主要顏色。

Info
- 🏠 宮崎縣宮崎市青島 2-13-1
- 🚃 JR 青島站步行約 14 分鐘
- 🕐 08:00~17:00
- 📞 0985-65-1262
- 🌐 www.aoshima-jinja.jp

◀ 神社內還出售號稱為全日本最迷你的護身符，非常可愛！每個 ￥600(HK$45)。

▲ 由祈願繪馬形成的繪馬迴廊。

青島神社 精選景點

山幸彥與海幸彥的故事 日向神話館 🕐 地圖 P.380

青島神社建有一座日向神話館，內裏以人形模型配合燈光及機動效果，為觀眾上演日本神話山幸彥與海幸彥的故事。相傳海幸彥及山幸彥為兩兄弟，兩人均是日本神話內的神明，神話館內上演的正是兩兄弟之間的恩怨情仇故事。

Info
- 🏠 宮崎縣宮崎市青島 2-13-1
- 🚃 JR 青島站步行約 14 分鐘
- 🕐 08:00~17:00　📞 0985-65-1262
- 💲 成人 ￥600(HK$45)，中學生 ￥400(HK$30)，小童 ￥300(HK$23)

▲ 日向神話館就在青島神社的入口處。

▲ 館內的場景非常逼真。

奇花異草 宮交亞熱帶植物園青島 🕐 地圖 P.380

宮交ボタニックガーデン青島 　MAPCODE 843 161 769*07

宮交亞熱帶植物園建於 1967 年，由於地理關係，植物園內種植了許多熱帶地區才能看到的珍貴植物。園內除了有室外展區，更設一個面積達 1,322 平方米的大型溫室，每年都吸引不少遊客前來參觀。

▶ 植物園的大溫室不時會免費開放。

Info
- 🏠 宮崎縣宮崎市青島 2-12-1
- 🚃 JR 青島站步行約 10 分鐘
- 🕐 08:30~17:00，溫室 09:00~17:00，溫室逢周二閉館
- 📞 0985-65-1042
- 💲 免費入場
- 🌐 mppf.or.jp/aoshima

▶ 植物園正面的花壇是園內的象徵。

品嘗巨型日式炸蝦和新鮮伊勢海老 🕐 地圖 P.380、391

シャンシャン茶屋 `MAPCODE 274 745 366*44`

看着海景吃海鮮,可謂人生一大享受。這間位於日南市大海旁邊的餐廳,除了有極佳的地理位置,更有鎮店招牌:巨型炸蝦定食。一份定食有兩隻與手掌差不多大、裹着日式炸粉的炸蝦,每一口都感受到日本海鮮的好滋味。除了炸蝦,餐廳另一人氣美食是伊勢海老(即龍蝦),可以選擇蒸、刺身、燒烤、味增湯等多種食法,各有風味。為確保龍蝦新鮮和客人滿意,烹調前職員會讓客人親自挑選活龍蝦。

▲茶屋的窗口位置可以飽覽美麗的海景。留意,窗口座位只有「座敷席」(即需要坐在傳統日式榻榻米上)。

▲海鮮丼及伊勢海老味噌湯￥4,289(HK$252)。

▲實蒸龍蝦(￥3,500、HK$265起,實際價格按龍蝦大小而定)。

▲蒸超級巨型炸蝦定食￥3,520(HK$207)。

▲龍蝦刺身(￥4,000,HK$303起,實際價格按龍蝦大小而定)。

◄咬開後,可見裏面肥美的龍蝦肉。

Info

- 🏠 宮崎縣日南市大字伊比井99-1
- 🚌 JR伊比井站(由JR宮崎站乘JR日南線火車需時約50分鐘,青島站乘17分鐘)下車,步行約9分鐘
- 🕙 10:30~15:00,17:30~20:30,逢周四休息
- ☎ 0987-29-1850　🌐 www.syansyan-chaya.com

(圖文:沙發衝浪客)

福岡縣 大分縣 熊本縣 長崎縣 佐賀縣 宮崎縣

挑戰膽量!綾の照葉大吊橋 🕐 見北九州景點及 JR 鐵路大地圖

從宮崎市開車約1小時便會來到綾の照葉大吊橋。吊橋架設 `MAPCODE 600 068 826*31`
於綾南川上,全長250米,高142米,是九州著名的步行吊橋。在吊橋上可看見被列為國家公園範圍的照葉林,而且可欣賞到腳下的綾南川溪谷景色,也能挑戰一下膽量!穿過吊橋後,可沿樹林的步道散步,觀賞自然景色。

Info

- 🏠 宮崎縣東諸縣郡綾町南俣5691-1
- 🚌 從JR宮崎市駕車前往約1小時;從JR南宮崎站步行至宮交City巴士中心(宮交シティバスセンター),乘搭301至305、314、324、325的宮崎交通巴士,於「綾待合所」站下車(約1小時),再轉乘的士前往(約20分鐘)
- 🕙 4月至9月 08:30~18:00,10至3月 08:30~17:00　💲￥350(HK$27)
- ☎ 0985-77-2055
- 🌐 www.town.aya.miyazaki.jp/site/tour-guide/1099.html

▲橋身以兩座橋塔和99條鋼纜支撐,非常堅固。

▲橋下的綾南川景色宜人。

(文字:嚴潔盈,攝影:宮崎縣香港事務所)

特篇 2

亞熱帶風情
日南海岸

日南海岸位於宮崎縣南部 (主要為日南市) 至鹿兒島縣志布志灣西岸一帶，此區域亦為日南海岸國定公園的一部分。由於整個區域均沿海而建，因而有日南海岸之稱。不少遊客會從宮崎市出發，前往日海南岸享受一個充滿亞熱帶風情的短途旅行。

前往交通

1. 從宮崎市出發，可於宮崎站乘搭前往日南海岸的**宮崎線巴士**，前往日南海岸及飫肥城跡一帶的景點。右邊時間表只列出主要停靠站：

宮崎發車：

宮崎駅	サンメッセ日南	鵜戸神宮	飫肥
———	7:42	———	08:27
09:40	11:02	11:08	11:49
11:10	**12:32**	**12:37**	**13:19**
11:45	13:07	13:13	13:54
13:55	15:17	15:23	16:04
———	16:07	16:13	———
15:40	17:02	17:08	17:49
18:55	20:16	20:20	21:01

飫肥發車：

飫肥	鵜戸神宮	サンメッセ日南	宮崎駅
06:45	———	07:30	08:52
07:50	**08:32**	**08:37**	**10:00**
10:20	11:02	11:07	12:30
12:40	13:22	13:27	14:50
14:44	15:25	15:31	16:54
16:00	16:42	16:47	18:10
16:41	———	17:25	———

註：**粗體**標示時間在周六、日及假期停運。

巴士網址：
www.miyakoh.co.jp/bus/rosen/20101.html
(選擇「9 日南地区」的「宮崎線·郊外線·コミュニティバス」巴士線之最新時間表)

2. JR 有一列名為「海幸山幸」的**特別火車**行走日南海岸 (JR 宮崎站 — JR 南鄉站)，行走時間為周六、日及公眾假期 (海幸山幸詳見 P.37)。

九州小京都 **飫肥城下町** 地圖 P.391 MAPCODE 售票處：274432704

飫肥又稱為「九州小京都」，而圍繞在飫肥城下的飫肥城下町，佔地超過 5 萬 7 千石，不少江戶時代遺留下來的武家屋敷、町人町、寺町等都保留得十分完整，現時整個城下町都受文化財保護法保護，是日本重要傳統建造物群保存地區之一。另外，遊覽城下町，可購買「食べあるき・町あるき」的優惠券，免費換取有趣的東西。

▼ 飫肥城下町的主要道路上，兩旁建有古舊的建築，相當有風味。

▲ 參加了優惠計劃的商鋪門口都掛上寫有數字的木牌，只要根據優惠券上的號碼便知道可在該鋪換取到甚麼禮物了。

▲ 街上兩把紙傘，讓城下町更添古色古香的味道。

▼ 優惠券正面為飫肥城下町的地圖，背面則顯示了可於商鋪換取的物品。如果商店當天休息，職員都會在休息的商鋪上蓋上「休」字的蓋章。

Tips

飫肥城下町與城內 42 間商鋪合作推出「食べあるき・町あるき」的優惠券，當中包括飫肥著名的魚餅及蛋卷，還有和風的手巾、電話繩等的紀念品，相當有趣。

優惠券分為兩種價錢：

- 以￥800(HK$47)購買五張換領券（內含商家資料館、山本豬平家及舊高橋源次郎家的入館費用）
- 以￥1,400(HK$82)購買飫肥設施共通券（包括豫章館、松尾之丸、歷史資料館、小村記念館、舊山本豬平家、舊高橋源次郎家及商家資料館共七館的入場券）+五張換領券

Info

🏠 可在飫肥城下町的售票處購買

Info

飫肥城售票處

🏠 宮崎縣日南市飫肥 9-1-14

🚌 從 JR 宮崎站乘搭前往日南海岸的宮崎線巴士，在飫肥站下車，車程約 2 小時 10 分鐘，車費￥2,080(HK$158)

📞 0987-67-6029

💲 進入飫肥城下町不需入場費，但部分展館收費；可以￥200(HK$15)購買換領券或￥620(HK$46)購買共通券

🌐 obijyo.com

漫遊 **飫肥城下町**

▲ 元祖おび天本舖出售飫肥名物魚蛋為主。

◀ 憑優惠券可在店內換得兩塊魚蛋，十分美味！魚蛋以新鮮魚肉製成魚蛋，與我們平常吃到的有天壤之別。

▲ 舊伊東傳左衛門家為飫肥上級家臣的武家屋敷及庭園，推斷為19世紀時期的建築，亦是飫肥武家屋敷的典型建築。

名，店家之所以會如此聞名，全靠人氣日本繪本作家高木直子曾在日本繪本作品介紹過。

▲ 憑優惠券可免費嘗到美味的蛋卷，雖然看起來像布甸，但真的是以蛋製成的蛋卷，而熱情的店主更會給你奉上綠茶一杯。

▲ 飫肥厚燒たまご あらたけ以蛋卷聞名，它們的蛋卷口感猶如布甸！

▲ 在擁有園林景致的お食事處平庵內品嘗午市或茶點，份外寫意。圖為柚子汁 + 湯圓，共 ¥600(HK$45)。(11:00~15:00)(圖文：黃穎宜)

▲ 從舊山本豬平家內的陳設可想像當時富商的生活。

參觀商家資料館後，可讓你對飫肥有更深的認識。

▶ 商家資料館建於明治三年 (1870年)，經過復修後成為資料館，展出有關飫肥的歷史及文物。

飫肥城下町 精選景點

日本一百名城 飫肥城跡

🕐 地圖 P.391　MAPCODE 274 432 853*27

飫肥城跡位於飫肥城下町內，飫肥城於古時為日向國(即現在的日南市)的城池，江戶時代為飫肥藩藩主伊東氏的藩廳。根據研究，飫肥城最初於戰國初期

▲於 1978 年復原的大手門。

築城，經過多年戰火洗禮，至今只剩下城跡。日本政府於1978 年復原古時的大手門，而飫肥城亦為日本一百名城其中一員。城跡內有飫肥城歷史資料館，需門票入場。

▲現時舊本丸跡種滿杉樹，這些杉樹的樹齡平均超過 140 年，站在樹林中，真有一種給治癒的感覺呀！

◀飫肥城歷史資料館下的角落種有各種巨大的杉樹，相傳站在這對角線正中心的大杉樹祈願的話，就能心想事成！

Info

🏠 宮崎縣日南市飫肥 10 丁目

🚌 從 JR 宮崎站乘搭前往日南海岸的宮崎線巴士，在飫肥站下車，再步行約 10～15 分鐘，車程約 2 小時 10 分鐘，車費 ¥2,080(HK$158)

飫肥城歷史資料館

🕐 09:00～17:00，12 月 29 日至 31 日休館

📞 0987-25-4533

💲 ¥200(HK$15)，另可購買飫肥設施共通券，成人 ¥800(HK$47)、大學生、高中生 ¥600(HK$35)、初中生、小學生 ¥350(HK$21)，參觀設施包括豫章館、松尾之丸、歷史資料館、小村記念館、舊山本豬平家、舊高橋源次郎家及商家資料館共 7 館

復活島人像重現 Sunmesse 日南

サンメッセ日南

🕐 地圖 P.391　MAPCODE 274 565 882*17

Sunmesse 日南位於日南海岸的小山丘上，園內人氣最高的景點就是復刻版的復活島人像！這七座復活島人像與本尊的形態及大小可謂一模一樣，可它們絕對不是翻版貨，因為它們是經過復活島長老特許，唯一在世上重現的復活島石像！日本人更稱這些人像各有神力，從右而左的復活島人像可分別提升你的學業、財運、結婚運、全體運、戀愛運、健康運與事業運！

▲在山丘上不時看到趣怪的雕塑。

▲園內飼養了不同動物，還可購買餌食餵飼牠們。

▲沿着車道往上而行，便是 Sunmesse 日南的所在地。　▲攀上海拔 120 米遠眺日南海岸，漂亮！

▼要到復活島未必是件容易的事，但到日南海岸就很容易簡單了。

Info

🏠 宮崎縣日南市大字宮浦 2650

🚌 從 JR 宮崎站乘搭前往日南海岸的宮崎線巴士，在サンメッセ日南站下車，再步行約 10 分鐘即達，車程約 1 小時 20 分鐘，車費 ¥1,420(HK$108)

🕐 09:30～17:00，逢周三休息 (8 月及公眾假期除外)

📞 0987-29-1900

💲 成人 ¥1,000(HK$59)、中學生 ¥700(HK$41)、小童 ¥500(HK$29)

🌐 www.sun-messe.co.jp　🅿 泊車：免費

斷崖洞窟內求姻緣 **鵜戶神宮** 🕐 地圖 P.391　MAPCODE 274 536 547*05

　　鵜戶神宮的所在位置非常特別，神宮的本殿位於一個高 8.5 米的斷崖洞窟當中。神宮主要祈求結緣、夫妻和合與安產，其中一塊位於海中的龜石頂部經風化後留有洞穴，信眾可於神宮以 ¥100(HK$7) 購買五個以黏土製成的運玉，若能把運玉投進龜石的洞孔內便可願望成真！記着男性要以左手投出，女性則以右手投出才能達至效果。

▼本殿的頂部幾乎貼近斷崖底部，極具壓迫感！

▲ ¥100(HK$7) 便可購得五個運玉，一試你的眼界與運氣。

▲龜石上的洞孔不大，要投進去確實有點難度！

◀可從樓梯往下走，便可看到斷崖內的鵜戶神宮。

Info

🏠 宮崎縣日南市大字宮浦 3232
🚌 從 JR 宮崎站乘搭前往日南海岸的宮崎線巴士，在鵜戶神宮入站下車，再步行約 30 分鐘，車程約 1 小時 30 分鐘，車費 ¥1,480(HK$112)
🕐 06:00~18:00
📞 0987-29-1001　🌐 www.udojingu.com

日南海岸景點地圖

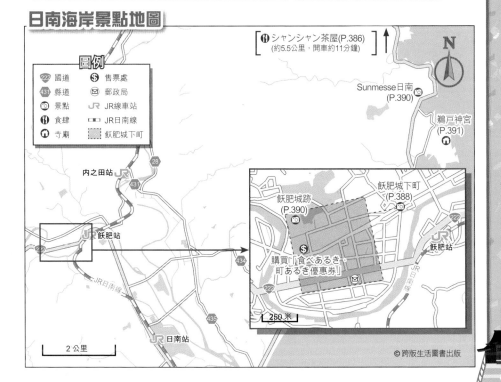

[🍵 シャンシャン茶屋(P.386)
（約5.5公里，開車約11分鐘）]

圖例

222 國道	🅢 售票處		
431 縣道	✉ 郵政局		
🔟 景點	JR JR線車站		
🍴 食肆	▭ JR日南線		
🛕 寺廟	▨ 飫肥城下町		

N

Sunmesse日南
(P.390)

鵜戶神宮
(P.391)

內之田站 JR

飫肥站 JR

飫肥城跡
(P.390)

飫肥城下町
(P.388)

飫肥站 JR

🅢 購買「食べあるき・町あるき優惠券」

250 米

JR日南線

2公里

JR 日南站

© 跨版生活圖書出版

仙境般的世界
高千穗

　　高千穗町位於宮崎縣北部，屬西臼杵郡的一個小村町。高千穗町四面環山，加上南部的高千穗峽擁有美麗的大自然環境，再配合日本神話中高千穗乃第一代天皇神武天皇誕生之地，遂讓這裏成為一個充滿神話氣氛的觀光熱點，每年吸引許多國內外遊客前來旅行，感受身處仙境般的世界。另外，來到高千穗，還有不可錯過的流水麵，感受地道風情。(推薦店家「千穗の家 (食事処)」，營業時間約 09:00~17:00，位置見地圖 P.393)

● 高千穗町觀光協會：
http://takachiho-kanko.info

前往交通

1. 乘巴士・約 3 小時 50 分鐘・¥4,100(HK$241) →

博多巴士總站
(博多バスターミナル)

高千穗巴士總站
(高千穗バスターミナル)

博多發車：08:25、10:25、15:50、17:50
高千穗發車：08:57、11:07、16:37、18:37
註：全車皆為預約席，需要事前預約座位。巴士詳情可瀏覽：
www.miyakoh.co.jp/bus/express/gokase.html

2. JR 熊本站 乘巴士・約 2 小時 58 分鐘・¥2,700(HK$159) →

高千穗巴士總站
(高千穗 BC)

熊本站發車：09:11、15:31；高千穗 BC 發車：08:45、17:00

3. JR 宮崎站 59 分鐘・¥2,880(HK$169) → JR 延岡站 在 JR 延岡站側的延岡巴士總站 (延岡 BC) 乘車・約 1 小時・¥1,820(HK$107) → 高千穗巴士總站 (高千穗 BC)

延岡站的巴士班次較多，可瀏覽以下時間表：
qbus.jp/cgi-bin/time/tablepdf.exe?from=000G00026&to=000LM0015&yt=&kai=
&yb0=0%20&yb1=1%20&yb2=2

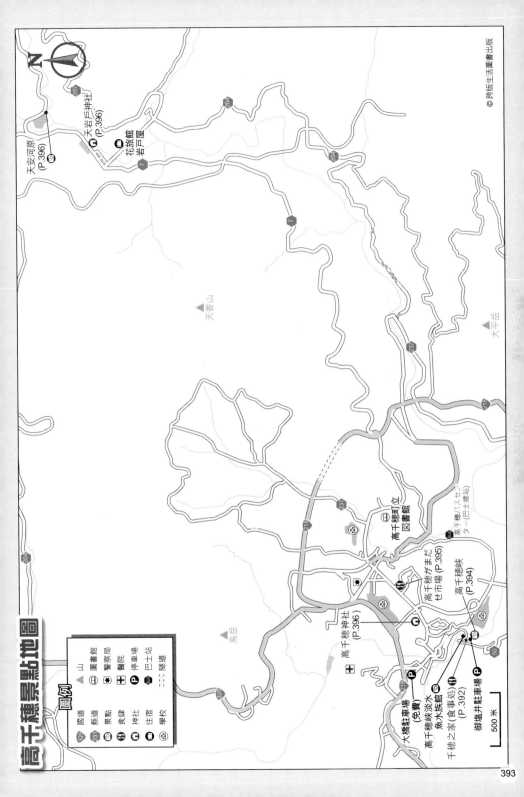

高千穗景點地圖

© 跨版生活圖書出版

N

天安河原
(P.396)

天岩戶神社
(P.396)

花旅館
岩戶屋

7

天香山

大平岳

高千穗町立
図書館

高千穗バスセン
ター（巴士總站）

高千穗がまだ
せ市場 (P.395)

高千穗峽
(P.394)

鳥岳

高千穗神社
(P.396)

大橋駐車場
(免費)

高千穗峽淡水
魚水族館

千穗之家(食事処)
(P.392)

御塩井駐車場 P

圖例

國道	▲	山	
縣道	図	圖書館	
景點	⊗	警察局	
食肆	✚	醫院	
神社	P	停車場	
住宿	🚌	巴士站	
學校	⋯	隧道	

500 米

393

經典撐艇照 高千穗峽

　　若你有搜尋過高千穗的旅行資料，必定被一張在峽谷中撐艇的海報深深吸引，這經典照片的拍攝地就在高千穗峽。高千穗峽由阿蘇火山活動形成，而位於高千穗峽的真名井瀑布在 1934 年被指定為「名勝 • 天然紀念物」，並當選為日本の滝100選之一（「滝」即瀑布）。到高千穗峽一定要試試撐艇，穿過平均 80 米高的峭壁間，加上由高處激烈瀉下的瀑布，場面壯麗，難怪人們説到高千穗峽而沒撐過艇的話，不算到此一遊呢！注意，**撐船活動或因水量問題而停駛**，出發前宜先瀏覽官網（網址見右頁）。

▲ 真名井瀑布隱藏在兩峽之間。（攝影：黃穎宜）

▲ 要拍下在峭壁間撐艇的情景，要先移步至高千穗峽附近的散步道上。

▲ 由遊步道前往真名井瀑布時，記得要打傘啊！（攝影：黃穎宜）

◀ 撐船費用為 ￥4,100-5,100(HK$241~300)/30 分鐘，每船可乘載三人（0 至 6 歲小童兩名當作一名乘客）。活動非常受歡迎，有興趣的話就要到步後馬上在高千穗峽停車場內預約處預約。租船處開放時間：08:30-17:00（16:30截止預約）。

Tips

真名井瀑布

　　高千穗峽的真名井瀑布是觀光重點所在。傳說中天照大御神派遣天孫瓊杵尊降臨到真名井瀑布，令瀑布充滿神祕感。夏天的流水量最多，讓瀑布呈現最壯闊的一面。

（文字：黃穎宜）

Info

高千穂峽

🏠 宮崎縣西臼杵郡高千穂町大字三田井御塩井

🚌 由博多巴士總站、JR熊本站或JR宮崎站乘前往高千穂(高千穂バスセンター)方向的巴士,在高千穂巴士總站(高千穂BC)下車,再步行約25分鐘,詳細巴士資訊見P.392

🕐 撐船:08:30~17:00(受天氣影響會停駛)

📞 高千穂町觀光協會:0982-73-1213

🖥 takachiho-kanko.infosightseeing/taka_boat.php

🅿 泊車:附近有數個停車場:有免費(大橋駐車場)或￥500(HK$38)

▲撐船時不但可近距離欣賞到瀑布,有時更可看到彩虹!

地道物產 高千穂がまだせ市場 🕐 地圖 P.393

　　高千穂除了以神話及美景聞名外,近年高千穂牛亦屢獲殊榮。當中日本農業協同組織(JA)更於「高千穂がまだせ市場」設置店鋪專賣高千穂牛,雖然未能把生肉買回家享用,但可在此吃到美味可口的高千穂牛,愛吃牛肉的話千萬不要錯過啊!

◀用炭爐烤出來的牛肉最為美味!

▲市場內的高千穂牛專門店「高千穂牛レストラン 和」,除了有生肉外,還供應燒肉讓旅客大快朵頤。

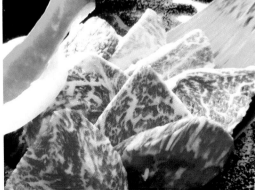

Info

🏠 宮崎縣西臼杵郡高千穂町大字三田井1099-1

🚌 由博多巴士總站、JR熊本站或JR宮崎站乘前往高千穂(高千穂バスセンター)方向的巴士,在高千穂巴士總站(高千穂BC)下車,步行約15分鐘即達,詳細巴士資訊見P.392

🕐 「高千穂牛レストラン 和」:11:00~14:30、17:00~21:00,每月第2個周三休息

📞 0982-73-1109

🖥 www.town-takachiho.jp/gamadase

▲午餐設有燒和牛套餐,價格由￥1,700(HK$129)起,非常划算。

夜神樂表演 高千穗神社 🕐 地圖 P.393　MAPCODE 330 741 315*41

高千穗神社於垂仁天皇時代創建，有 1,200 多年的歷史，神社四周種有很多高大的古樹，為這裏增添不少神秘感。晚上 20:00~21:00 神社有長約一小時的「夜神樂」表演 ￥1,000、HK$59，這節目原是為了感謝秋天豐收的慶祝活動，後來因為愈來愈受歡迎，便成為每晚指定的表演節目，深受遊客歡迎。

◀以繩子連繫着的兩棵杉樹名為夫婦杉，在杉的周邊與伴侶或朋友牽着手繞三個圈的話，可結緣、保佑家宅平安兼子孫繁榮，相當神奇！

▲神社內另一重要文物為樹齡達 800 年的秩父杉，杉樹高達 55 米，樹幹粗 7.5 米，據說由平安時代的武將畠山重忠親手種植。

Info
🏠 宮崎縣高千穗町三田井 1037
🚌 由博多巴士總站、JR 熊本站或 JR 宮崎站乘前往高千穗 (高千穗バスセンター) 方向的巴士，在高千穗巴士總站 (高千穗 BC) 下車，步行 10~15 分鐘，詳細巴士資訊見 P.392
📞 0982-72-2413　💲 免費
🌐 takachiho-kanko.info/kagura

（文字：黃穎宜）

大神憤怒了 天岩戶神社、天安河原 🕐 地圖 P.393

MAPCODE 天岩戶神社 330 837 607*25

天岩戶神社的創建日期不詳，主要拜祭天岩戶。天岩戶為日本神話中的一個洞窟，相傳象徵太陽的天照大神被弟弟激怒，忿而藏身在天岩戶神社後的洞窟內，世界因而變成漆黑一片。眾神施計在洞外載歌載舞，最後天照大神才現身，世界亦因而重現光明。

▲天岩戶神社。

▲傳說，天照大神發怒後藏在這個洞穴拒絕見任何人。

另外，由天岩戶神社裏參道步行約 10 分鐘會來到天安河原，在這裏會發現一座座由遊客堆疊而成的石山，據說是用作許願之用。大家來到的話，不妨也堆砌一座小石山。

◀人們在堆砌石山。

Info
🏠 宮崎縣西臼杵郡高千穗町岩戶 1073-1
🚌 由博多巴士總站、JR 熊本站或 JR 宮崎站乘前往高千穗 (高千穗バスセンター) 方向的巴士，在高千穗巴士總站 (高千穗 BC) 下車，再轉乘計程車約 15 分鐘即達，詳細巴士資訊見 P.392。另外，也可由高千穗 BC 坐岩戶線巴士，在總站岩戶站下車前往景點，不過巴士班次不多
📞 天岩戶神社：0982-74-8239
💲 免費　🌐 amanoiwato-jinja.jp

附錄
常用日語

以下為一些簡單的日本旅行基本用語，看到日本人，不妨嘗試跟他們說一句「こんにちわ」(Kon Ni Chi Wa，即「你好」之意)！。

交通

(日語協力：Gigi、Him)

日語	日語讀音	中文意思
方面 (ほうめん)	hoo-men	列車行駛方向
バス	ba-su	巴士
タクシー	ta-ku-shi	的士
おとな	o-to-na	大人
小児 / 子供こども	ko-do-mo	小童
駅員 (えきいん)	e-ki-in	站務員
切符 (きっぷ)	ki-ppu	車票
乗車券 (じょうしゃけん)	jyou-sha-ken	車票
お得	o-to-ku	優惠
整理券 (せいりけん)	sei-ri-ken	整理券 (用於乘搭巴士時計算車資)
バス	pa-su	周遊券、任搭/ 任乘車票 (Pass)
乗り放題 (のりほうだい)	no-ri-hou-dai	任搭
運賃 (うんちん)	un-chin	車資
券売機 (けんばいき)	ken-bai-ki	購票機
チャージ	cha-ji	增值 (用於 SUICA 或 ICOCA 時)
乗り越し精算機 (のりこしせいさんき)	no-ri-ko-shi-sei-san-ki	補車費差額的機器
高速 (こうそく)	kou-sou-ku	高速
普通 (ふつう)	fu-tsuu	普通車 (每站停)
各停 (かくてい)	ga-ku-tei	每站停的列車
快速 (かいそく)	kai-so-ku	快速 (非每站停)
特急 (とっきゅう)	to-kkyu	特快
特急料金	to-k-kyu ryo-u-kin	特快列車的附加費用
片道 (かたみち)	ka-ta-mi-chi	單程
往復 (おうふく)	ou-fu-ku	來回
ホーム	ho-mu	月台
乗り換え (のりかえ)	no-ri-ka-e	轉車
改札口 (かいさつくち)	kai-sa-tsu-ku-chi	出入閘口

住宿

日語	日語讀音	中文意思	日語	日語讀音	中文意思
ホテル	ho-te-ru	酒店	夕食 (ゆうしょく)	yuu-sho-ku	晚餐
カプセル	ka-pu-se-ru	膠囊	お風呂 (おふろ)	o-fu-ro	浸浴
宿泊 (しゅくはく)	shu-ku-ha-ku	住宿	バス	ba-su	沖涼房
フロント	fu-ron-to	服務台	トイレ	to-i-re	洗手間
鍵 (かぎ)	ka-gi	鎖匙	ボディーソープ	bo-di-so-pu	沐浴乳
予約 (よやく)	yo-ya-ku	預約	シャンプー	shan-pu	洗頭水
チェックイン	che-kku-in	登記入住	インターネット	in-ta-ne-tto	上網
チェックアウト	che-kku-a-u-to	退房	タオル	ta-o-ru	毛巾
部屋 (へや)	he-ya	房間	歯ブラシ (はぶらし)	ha-bu-ra-shi	牙刷
シングル	sin-gu-ru	單人房	スリッパ	su-ri-ppa	拖鞋
ツイン	tsu-in	雙人房	ドライヤー	do-rai-ya	風筒 (吹風機)
ダブル	da-bu-ru	大床房	布団 (ふとん)	fu-ton	被子
素泊り (すどまり)	su-do-ma-ri	純住宿 (不包早餐和晚餐)			
朝食 (ちょうしょく)	chou-sho-ku	早餐			

日常會話

日語	日語讀音	中文意思
すみません	su-mi-ma-sen	不好意思 （如在街上問路，可先說這句）
ありがとうございます / ありがとう	a-ri-ga-tou-go-za-i-ma-su/ a-ri-ga-tou	多謝（第一個説法較為客氣）
こんにちは	kon-ni-chi-wa	你好 / 午安！（日間時説）
お元気ですか	o-gen-ki-de-su-ka	你好嗎？(How are you?)
さよなら	sa-yo-na-ra	再見！（這説法較為莊重，年輕人常 用「byebye」。）
いくらですか	i-ku-ra-de-su-ka	多少錢？
おはようございます / おはよう	o-ha-you-go-za-i-ma-su/ o-ha-you	早晨 / 早安！（第一個説法較為客氣）
こんばんは	kon-ba-wa	晚上好！
おやすみなさい / おやすみ	o-ya-su-mi-na-sa-i/ o-ya-su-mi	睡覺前説晚安 （第一個説法較為客氣）
いただきます	i-ta-da-ki-ma-su	我不客氣啦！（用餐前説）
ごちそうさまでした	go-chi-sou-sa-ma-de-shi-ta	謝謝你的招待！
お手洗	o-te-a-rai	洗手間
そうです	sou-de-su	是的
違います（ちがいます）	chi-ga-i-ma-su	不是
大丈夫です（だいじょうぶです）	dai-jyou-bu-de-su	沒問題
できません	de-ki-ma-sen	不可以
わかります	wa-ka-ri-ma-su	明白
わかりません	wa-ka-ri-ma-sen	不明白
観光案内所 （かんこうあんないしょ）	kan-kou-an-nai-sho	觀光介紹所
漢字で書いていただけません か？（かんじでかいていただけ ませんか）	kan-ji-de-kai-te-i-ta- da-ke-ma-sen-ka	可以請你寫漢字嗎？

購物

日語	日語讀音	中文意思
値段（ねだん）	ne-dan	價錢
安い（やすい）	ya-su-i	便宜
中古（ちゅうこ）	chuu-ko	二手
割引（わりびき）	wa-ri-bi-ki	折扣
セール	se-ru	減價
現金（げんきん）	gen-kin	現金
クレジットカード	ku-re-ji-tto-ka-do	信用卡
レシート	re-shi-to	收據
税抜き（ぜいぬき）	zei-nu-ki	不含稅
税込み（ぜいこみ）	zei-ko-mi	含稅

時間和日期

日語	日語讀音	中文意思
年 (ねん)	nen	年份
月 (がつ)	ga-tsu	月份
時 (じ)	ji	時
日 (にち)	ni-chi	日子
分 (ふん)	fun	分鐘
秒 (びょう)	byou	秒
時間 (じかん)	ji-kan	小時
今何時ですか？ (いまなんじですか？)	i-ma-nan-ji-de-su-ka	現在幾點？
午前 (ごぜん)	go-zen	上午
午後 (ごご)	go-go	下午
朝 (あさ)	a-sa	早上
今朝 (けさ)	ke-sa	今早
昼 (ひる)	hi-ru	中午
夜 (よる)	yo-ru	晚上
一昨々日 (さきおととい)	sa-ki-o-to-to-i	大前天
一昨日 (おととい)	o-to-to-i	前天
昨日 (きのう)	ki-nou	昨天
今日 (きょう)	kyou	今天
明日 (あした)	a-shi-ta	明天
明後日 (あさって)	a-sa-tte	後日
明々後日 (しあさって)	shi-a-sa-tte	大後日
日付 (ひづけ)	hi-zu-ke	日期
一日 (ついたち)	tsu-i-ta-chi	1 號
二日 (ふつか)	fu-tsu-ka	2 號
三日 (みっか)	mi-kka	3 號
四日 (よっか)	yo-kka	4 號
五日 (いつか)	i-tsu-ka	5 號
六日 (むいか)	mu-i-ka	6 號
七日 (なのか)	na-no-ka	7 號
八日 (ようか)	you-ka	8 號
九日 (ここのか)	ko-ko-no-ka	9 號
十日 (とおか)	to-o-ka	10 號
月曜日 (げつようび)	ge-tsu-you-bi	星期一
火曜日 (かようび)	ka-you-bi	星期二
水曜日 (すいようび)	sui-you-bi	星期三
木曜日 (もくようび)	mo-ku-you-bi	星期四
金曜日 (きんようび)	kin-you-bi	星期五
土曜日 (どようび)	do-you-bi	星期六
日曜日 (にちようび)	ni-chi-you-bi	星期日
平日 (へいじつ)	hei-ji-tsu	平日
週末 (しゅうまつ)	shu-ma-tsu	周末

飲食

日語	日語讀音	中文意思
レストラン	re-su-to-ran	餐廳
メニュー	me-nyu	餐單
ラーメン	ra-men	拉麵
丼	don-bu-ri	燴飯
うどん	u-don	烏冬
蕎麦（そば）	so-ba	蕎麥麵
寿司（すし）	su-shi	壽司
カレー	ka-re	咖喱
お好み焼き（おこのみやき）	o-ko-no-mi-ya-ki	大阪燒
ミニ盛	mi-ni-mo-ri	迷你份量
小盛	ko-mo-ri	輕盈份量
並盛	na-mi-mo-ri	普通份量
大盛	o-o-mo-ri	加大份量
特盛	to-ku-mo-ri	特大份量
ネギ	ne-gi	葱
玉子（たまご）	ta-ma-go	蛋
ライス	ra-i-su	白飯
味噌汁（みそしる）	mi-so-shi-ru	味噌湯
餃子（ぎょうざ）	gyou-za	餃子
からあげ	ka-ra-a-ge	炸雞
豚	bu-ta	豬
フライドポテト	fu-ra-i-do-po-te-to	薯條
サラダ	sa-ra-da	沙律
替玉（かえたま）	ka-e-ta-ma	加麵
トッピング	to-ppin-gu	配料
ドリンク	do-rin-ku	飲料
ビール	bi-ru	啤酒
オレンジジュース	o-ren-ji-jyu-su	橙汁
コーヒー	ko-hi	咖啡
ウーロン茶（ウーロンチャ）	u-ron-cha	烏龍茶
ミルク	mi-ru-ku	牛奶
水	mi-zu	水
小皿（こざら）	ko-za-ra	小碟
箸（はし）	ha-shi	筷子
スプーン	su-pun	匙
れんげ	ren-ge	吃拉麵的匙
フォーク	fuo-ku	叉子
〜ください	〜 ku-da-sai	請給我〜
いくらですか	i-ku-ra-de-su-ka	多少錢？
お会計お願いします （おかいけいおねがいします）	o-kai-kei-o-ne-gai-shi-ma-su	請結賬
いただきます	i-ta-da-ki-ma-su	開動了
こちそさまでした	go-chi-so-sa-ma-de-shi-ta	謝謝款待

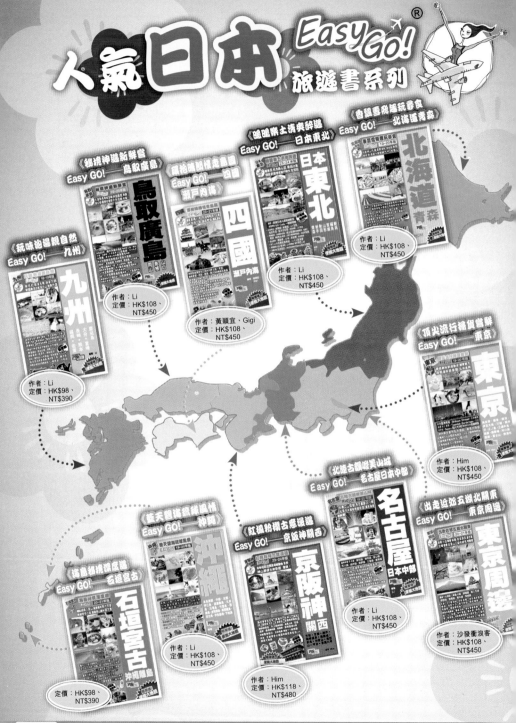

《溫泉探秘賞楓景 Easy GO!──福岡長崎北九州》

編著：Li、跨版生活編輯部
撰稿：李柏怡
責任編輯：高家華、劉希穎
版面設計：李美儀、麥碧心
攝影鳴謝：九州觀光推進機構、日本國家旅遊局 (JNTO)www.welcome2japan.hk JNTO、
　　　　　福岡市、(社) 福岡縣觀光聯盟、柳川市役所觀光課、佐賀縣觀光連盟、大分
　　　　　旅遊協會、杵築市觀光協會、宮崎縣香港事務所、詩人、黃穎宜、Vivian、
　　　　　Hikaru、Carlton、CheukTable、Jeff Ng、HUISTEN BOSCH、蘇飛、JR 九
　　　　　州、©iStock.com/Artit_Wongpradu, Robert CHG, Sean Pavone, Takatoshi
　　　　　(排名不分先後)

出版：跨版生活圖書出版
地址：荃灣沙咀道 11-19 號達貿中心 910 室
電話：31535574　　　傳真：31627223
專頁：http://www.facebook.com/crossborderbook
網站：http://www.crossborderbook.net
電郵：crossborderbook@yahoo.com.hk

發行：泛華發行代理有限公司
地址：香港新界將軍澳工業邨駿昌街 7 號星島新聞集團大廈
電話：2798-2220　　　傳真：2796-5471
網頁：http://www.gccd.com.hk
電郵：gccd@singtaonewscorp.com

台灣總經銷：永盈出版行銷有限公司
地址：231 新北市新店區中正路 499 號 4 樓
電話：(02)2218 0701　　　傳真：(02)2218 0704

印刷：鴻基印刷有限公司

出版日期：2023 年 5 月第 2 次印刷
定價：港幣一百零八元　新台幣四百五十元
ISBN：978-988-75023-5-7

出版社法律顧問：勞潔儀律師行

讀者意見調查表（七五折購書）

為使我們的出版物能更切合您的需要，請填寫以下簡單 7 題問卷（可以影印），交回問卷的讀者可以七五折郵購本社出版的圖書，**郵費及手續費全免**（只限香港地區）。

請在以下相應的□內打「✓」：

性別：□男　□女

年齡：□ 18 歲以下　□ 18-28 歲　□ 29-35 歲　□ 36-45 歲　□ 46-60 歲　□ 60 歲以上

學歷：□碩士或以上　□大學或大專　□中學　□初中或以下

職業：＿＿＿＿＿＿＿

一年內買書次數：1 次或以下□　2-5 次□　6 次或以上□

1. 您在哪裏購得本書《溫泉探秘賞楓景 Easy GO! ——福岡長崎北九州 (23-24 年版)》：
   □書店　□郵購　□便利店　□贈送　□書展　□其他＿＿＿＿＿

2. 您選購本書的原因（多可選）：
   □價錢合理　□印刷精美　□內容豐富　□封面吸引　□題材合用　□資料更新
   □附送地圖　□附送自駕遊地圖　□其他＿＿＿＿＿

3. 您認為本書：□非常好　□良好　□一般　□不好

4. 您認為本書是否有需要改善？(可選多項，刪除不適用)
   □沒有　□頁數 (過多 / 過少)　□景點資訊 (太多 / 太少)　□飲食 / 購物 (太多 / 太少)
   □地圖準確度　□住宿介紹　□交通 / 行程　□其他＿＿＿＿＿＿＿＿＿＿

5. 您對跨版生活圖書出版社的認識程度：□熟悉　□略有所聞　□從沒聽過

6. 請建議本社出版的旅遊書題材：＿＿＿＿＿＿＿＿＿＿＿＿＿＿＿

7. 其他意見和建議 (如有的請填寫)：＿＿＿＿＿＿＿＿＿＿＿＿＿＿＿

七五折購書表格

請選購以下圖書：（全部 75 折）

□ 《出走近郊五湖北關東 Easy GO! ——東京周邊》　　（原價：HK$108 折實$81）　＿＿ 本

□ 《海島秘境深度遊 Easy GO! ——石垣宮古》　　（原價：HK$98 折實$73.5）　＿＿ 本

□ 《北陸古韻峻美山城 Easy GO! ——名古屋日本中部》（原價：HK$108 折實$81）　＿＿ 本

□ 《紅楓粉櫻古意漫遊 Easy GO! ——京阪神關西》　（原價：HK$118 折實$88.5）　＿＿ 本

□ 《環抱晴朗慢走島國 Easy GO! ——四國瀨戶內海》（原價：HK$108 折實$81）　＿＿ 本

□ 《　　　　　　　　　》　　　　　　　　　　＿＿ 元　＿＿ 本

共選購＿＿＿＿ 本，總數（HK$）：＿＿＿＿＿＿＿＿＿＿＿＿

（其他可選圖書見背頁，詳情請瀏覽：http://www.crossborderbook.net）

（訂購查詢可致電：3153 5574）

本社根據以下地址寄送郵購圖書（只接受香港讀者）：

姓名：＿＿＿＿＿＿＿＿＿＿＿＿　聯繫電話 #：＿＿＿＿＿＿＿＿＿＿＿＿

電郵：＿＿＿＿＿＿＿＿＿＿＿＿＿＿＿＿＿＿＿＿＿＿＿＿＿＿＿＿

地址：＿＿＿＿＿＿＿＿＿＿＿＿＿＿＿＿＿＿＿＿＿＿＿＿＿＿＿＿

聯絡電話必須填寫，以便本社確認收件地址無誤，如因無法聯絡而郵寄失誤，本社恕不負責。

請把問卷傳真至 31627223 或寄至「荃灣郵政局郵政信箱 1274 號 跨版生活圖書出版有限公司收」。

* 購書方法：請把表格剪下，連同存款收據 / 劃線支票 (不接受期票) 郵寄至「荃灣郵政局郵政信箱 1274 號 跨版生活圖書出版有限公司收」。或把表格及存款收據傳真至 31627223（只限銀行存款方式付款）。收到表格及款項後本社將於五個工作天內將圖書以平郵寄出。

* 付款方式：
(1) 請將款項存入本社於匯豐銀行戶口：033-874298-838
(2) 支票抬頭請寫：「跨版生活圖書出版」或「Cross Border Publishing Company」。
* 此問卷結果只供出版社內部用途，所有個人資料保密，並於使用後銷毀。

（影印本有效）

新界荃灣沙咀道11-19號

達貿中心910室

「跨版生活圖書出版有限公司」收

請沿虛線剪下，傳真或郵寄到本社。

圖書目錄